杜学文◎著

融合与创新

——从山西之东西方交融看中华文明的品格

山西出版传媒集团

三晋出版社

图书在版编目（CIP）数据

融合与创新：从山西之东西方交融看中华文明的品
格／杜学文著. —太原：三晋出版社，2021.12（2023.7重印）
（山西与丝绸之路丛书）
ISBN 978-7-5457-2407-3

Ⅰ.①融… Ⅱ.①杜… Ⅲ.①地方文化－研究－山西
Ⅳ.①G127.25

中国版本图书馆 CIP 数据核字（2021）第263343号

融合与创新：从山西之东西方交融看中华文明的品格

著　　者：杜学文
责任编辑：薛勇强
责任印制：李佳音

出　版　者：山西出版传媒集团
　　　　　　三晋出版社（原山西古籍出版社）
地　　　址：太原市建设南路21号
电　　　话：0351-4956036（总编室）
　　　　　　0351-4922203（印制部）
网　　　址：http://www.sjcbs.cn

经　销　者：新华书店
承　印　者：北京兴星伟业印刷有限公司

开　　本：720mm×1020mm　　1/16
印　　张：17.75
字　　数：250千字
版　　次：2022年3月　第1版
印　　次：2023年7月　第2次印刷
书　　号：ISBN 978-7-5457-2407-3
定　　价：65.00元

如有印装质量问题，请与本社发行部联系　电话：0351-4922268

写在前面的话

　　任何一种文明的诞生、形成都有很多原因。其中最重要、最初始的是自然地理环境。也可以说，有什么样的自然地理条件就会形成什么样的文明形态。游牧文明肯定是适应北方草原地区的自然地理环境而形成的。这种环境决定其生产生活方式不可能像中原地区的农耕文明那样，长时间、有规律地通过耕种来获取果实。它必然随季节的变化在合适的草场中迁徙。而中原农耕文明的形成当然与中原地区的土地、气候、物产等相适应。华夏文明显然与其他文明的形成有不同的自然地理条件，并因此形成独特的生产生活方式、思维与情感方式、认知与判断方式，最终孕育出不同于其他形态的文明。作为华夏文明的主要发祥地，山西的自然地理条件有其特殊性。如便于农作物生长的黄土地，高山、丘陵、平原、河流等多样交汇的地貌，适宜的气候温度与降水量，丰富的物产与矿藏，特别是能够呵护文明长期成长的地理环境等等。这些自然地理条件的多样汇聚综合作用，使一种文明能够形成并成长。一旦这种条件被打破，文明就会受到影响损坏，严重时将会导致其消亡。

　　单纯从自然地理环境来看，某种文明的形成具有被动性。她不能在还没有形成时决定自己的成长形态。当然，即使是在某种文明形成后，也很难完全以某一文明的主观愿望形成自己期待的发展模式。但我们不能否认的是，某种文明一旦形成，就会发挥出自身的主动性。这种主动性既与其与生俱来的品格有着极大的关系，也与其成长发展中接受的文化元素有关。这种"接受"就是在文明形成之后，需要不断地汲取其他文化或文明的有益成分，使之转化为有助于自身发展进步的动力。不过需要我们认识到的是，这种吸收转化也存在很多不确定性。一种情况可能是吸纳了与自身无益且难以转化的成分，使这种文明的发展表现出违背自然进程，甚至倒退的状态。另一种是吸纳了与自身文明的本质相悖的成分，使这种文明逐渐蜕化为另一种文明的附庸，失去了自身的独立性，进而丧失了存在的意义。还有一种可能是吸纳了于己有益且能够适应时代要求的成分，使自身的局限性被突破，获得了新的生命活力，并转化为这种文明的新形态。无论如何，文明的发展进步是在不断的交流、融合中新变才能够使其葆有活力、生命力。

研究山西地区的历史文化，并从中探讨文明形成演进的特点，对我们进一步了解中华文明的发展演变，及其独特的品格与魅力具有非常重要的意义。这主要是因为这样几个方面的原因。首先我们要注意到的是，山西地区，特别是晋西南地区是华夏文明的主要发祥地。我们不能忽略这样一个地区存在的历史文化的发展变化，也不能忽略这种地域的自然地理条件，以及这种客观性对文明的影响。其次是山西地区存在的历史文化对中华文明的影响甚大，亦可说对塑造中华文化的品格产生了重要的甚至是根本性作用。要对中华文明有深入的了解，不可能不去研究山西的历史文化。再次是在山西存留着极为丰富的历史文化遗存，从中可以梳理出中华文明形成发展的完整序列。单从这一点而言就是极为特殊的文化财富。它为我们提供了一种可触可见的、直观具体的文明样态，使我们能够直接进入已经消逝了的时光之中。还有一个非常特殊的现象需要强调，山西的自然地理环境基本是中华自然地理环境的缩影。不是从其具体条件的对应性来看，而是从其自然地理环境的特征来说。我们了解了山西之所以能够成为华夏文明的主要发祥地，就可以知道为什么在中华地区能够形成一个独特的伟大的文明。

山西的自然地理环境与中华之自然地理环境具有同一性，主要表现在这样几个方面。首先是山西大部分地区处于北纬 36 度至 40 度之间，这一纬度决定山西一带非常适宜农业生产，主要是其降水量与无霜期能够满足大部分植物，特别是以粟作植物为代表的农作物的成熟。而就中华地区言，其北部为粟作植物的原生地，当是农业生产能够得到发展的主要原因。实际上其南部也同样适宜农业的发展。中华之南部是稻作植物的原生地。尽管其南部在很长时期内并不发达，但仍然是中华文明的重要发祥地。只是在其自然地理环境发生重大变化后使其文明生成的进程发生了中断、转移——本地域的中断以及向北部高原地区，具体说就是山西黄土高原地区的转移。其次是山西的土壤以黄土为主，也十分有利于农作物的生长。而黄土高原是中原地区的主要组成部分，其农业生产，特别是北方的农作物与这种土壤条件密切相关。再次是山西的物产、矿藏十分丰富，具备自足性。也就是说它可以不依赖其他地区的物产就可以使本地区的民众拥有比较富足的生活。这也正是中华地域的一大特点，所谓幅员辽阔，物产丰富。

特别需要强调的是，山西三面环山，两面临水，只有北部与草原相连，且境内地势复杂多样，山河错综交构，具有某种封闭性。这种封闭性对文明的形成，特别是当一种文明尚处于幼年时期难以承受强烈的冲击时，有非常充分的保护性。在与外来文明的交流中，能够拥有一个相对延缓而不是突发的消化、融合期，便于本地文明的转化，使之形成文明的新形态，不至于因遭受强烈的冲击而断裂。所以这种"封闭性"客观上形成了对文明的呵护。但是，山西的地理环境并不是一种绝对的封闭状态。如果是这样的话，将会使文明窒息。绝对的封闭就是绝对的消亡。非常幸运的是山西的地理条件仍然具有突出的开放性。只是这种开放也不是绝对的开放，而是在呵护中的开放，是一种能够经受时间检验的开放。山西的北部是草原，也是草原族群进入中原地区的门户。其东南部沿太行山脉有太行八陉，是连通太行山东西两翼的通道。尽管这种通道并非坦途，但亦非绝壁，是可以保证东西往来的。其西部有黄河环护，形成了另一重天然屏障。但是沿河一线仍然有很多可供通行的渡口，如茅津渡、风陵渡、蒲津渡、龙门渡、孟门渡、军渡、碛口渡等均为跨越黄河的渡口。但是这种通道不同于曾经的"直道"，可以畅通无阻，而是需要相应的设施、人力才能完成。历史上很多非山西地区的外来族群多有在山西生存者，山西地区的族群亦有迁往其他地区者，这是历史的常态。所以山西自然地理环境表现出极为典型的封闭性与开放性的统一。这也与中华传统疆域的特点非常一致。以中原为中心的中华地域之北部为草原，是与游牧族群交融的地带。其西部有包括喜马拉雅山脉在内的众多高山，南部与东部为大海，使中华地域拥有了一种地理上的封闭性。但同样的是，这种封闭并不是绝对的，而是相对的。在一定时期与历史条件下，高山可以跨越，沙漠亦可往来，大海便于航行。如丝绸之路的形成，就是人类克服高山沙漠的阻挡，远航四海各洲的历史证明。她最突出的特点就是封闭性与开放性的高度统一共存。这种自然地理条件既有利于文明的生长新变，能够很好地呵护转化文明，又有利于文明的交流融合，能够有条件地接受不同文明于我有益的成分，并转化为具有新的生命活力的文明形态。

除了这种自然地理的先天性条件外，人文的社会生产环境也在按照文明自身的需要而推动文明的发展。受其自然地理环境的影响，不同地区的人们，当然更包括不同文明形态下的人们总是对其他地区及其文明充满了好奇与希冀，拥有足够强烈的交流愿望。中华文明从其形成的文化基因来看，就具有开放、融合、新变的本质。其对外来文化元素的态度从生成的时候起就具有了包容、同化的功能。因而也可以说，开放、包容、新变是中华文明最突出的品格，是其能够生生不息、文脉永续，处艰难而不堕、临生死而再生的重要原因。研究讨论中华文明的生命力，必须充分认识到中华文明这种极为重要的品格。而当我们以山西为视点来讨论中华文明的这种品格时，就会发现这并不是中华文明后天形成的，而是她与生俱来的。在其文化血脉中已经拥有了这种开放融合、包容大度，海纳百川、协和万邦，终使天下归仁的精神内涵。

由此看来，当我们以山西地域为视点研究其文化与文明在不断的开放、交流中融合、新变时，就对中华文化及其文明的基本品格有了初步的了解。尽管收录在这本书中的文章基本是以山西为主进行梳理的，但我们也可以从中看到中华文化及其文明的基本形态、主要品格。这些文章大部分为散录在不同著作中的篇章，还有一部分是对相关著作的研究评价。其中也收录了几篇以历史研究为依据的散文性质的作品。尽管体裁多有不同，但关注的问题实只一个——那就是由山西而拓展至中华，在其文化与文明的形成、发展中与不同文化及其文明的交流与融合，特别是东西方文化的交流与融合。这既体现在文明初成时期对不同文化的融汇，也体现在文明形成之后与不同地区文明的交流与融合。特别是以山西为基点的东西方文明的交流与融合。通过这些文章中讨论的问题，希望能够帮助我们认识山西乃至中华地域在不同文化与文明之间相互融合，特别是丝绸之路连接起来的不同文化融合的具体形态——曾经发生过什么，产生了什么影响，以及应该如何等等。希望我们能够从许多零星散乱的现象中看到一种文明是如何在不断的交流中吸纳新的文化并转化为自身发展的新的动力，从而对今天的发展产生积极的启示。

2020 年 5 月 6 日于太原

写在前面的话

目　录

以华夏为基点的整合

西阴之花：多元文化交流融合中形成的华夏文明

不同形态的文化基因影响或决定了某一文明的文化品格。华夏文明的形成，仰韶文化庙底沟类型发挥了极为重要的作用。这一文化形态具有突出的开放品格。它在吸纳融合诸多文化的基础上逐渐形成，并表现出强烈的外向扩展性。这一时期，称之为仰韶文化庙底沟类型时期，或者也可以称之为西阴文化时期。

关于这一时期文化之所以有不同的称谓，是因为考古界的出发点不同。按照考古界的惯例，一般以最早发现地来命名。这样的话，应该称之为"西阴文化"。事实上，山西晋南地区也是这一文化的滥觞之地。但是当年李济先生在发掘了西阴遗址后，没有及时对这一文化现象做出识别鉴定，所以人们并没有以"西阴"来命名。后来在庙底沟发现了同样的文化类型，随着研究的深入，反而以"庙底沟"来命名了。不过，在考古界还是有很多人认为应该称之为"西阴文化"。一是在西阴最早发现了这一文化形态。二是相对于河南庙底沟，西阴的意义更为重要。三是李济与袁复礼先生在山西夏县西阴村进行的考古研究是我国现代考古学的发端，意义重大。因此，以"西阴"来命名这一文化现象具有特殊的意义。实际上，认为应该使用"西阴文化"者亦有大量著作、文章。除李济先生《西阴村史前的遗存》等著作外，还有余西云的《西阴文化：中国文明的滥觞》等。如张培忠、田建文等考古界同仁也力主使用"西阴文化"来命名。

西阴之花—庙底沟（西阴）文化的渊源及其意义

20 世纪之初的 1926 年，年轻的考古学家李济与地质学家袁复礼来到山西，考察传说中的夏墟。在夏县西阴村，他们发现了意想不到的史前陶片场所，竟然有好几亩地。之后，李济等考古工作者先后对西阴村遗址进行了发掘考察，发现了大量极具考古学价值的遗存。如石器、骨器、居住设施及陶器残片，以及被切割过的半个蚕茧等。其中的陶片，不仅数量大，而且其文化意义非同一般。它们虽然不完整，但已经能够看出最基本的特点。其主要图案是被高度抽象化了的几何图形，颜色主要为红色，纹饰以线纹与彩绘为主。比较典型的陶器有钵、敛口瓮、夹砂罐等，尤以双唇小口尖底瓶与玫瑰花图案彩陶盆为最具特色的文化因素。从这些发现来看，大约在距今 6000 年的时候，农业生产已经得到了较快的发展，人们能够收获比较多的种植食物。磨制的新石器已经被广泛运用，陶器已经成为当时极为重要的生产生活工具。动物的驯化已经出现了重大进步，以丝织品为代表的纺织技术也得到了快速发展。这一时期，西阴人已经能够对自己生产生活的中心地带进行规划，有了比较合理的聚落建筑设计。

在西阴村的考古发现中，一种被人们称为"玫瑰花"的花卉图案最具典型性。这种彩陶花卉图案通过高度抽象的线条、色块，以弧线、钩叶、三角等母题配以斜线、直线、圆点等，勾画出构图严谨、线条流畅的艺术效果，成为当时人们日常生活器皿上最常见、最具代表性的装饰图案，被称为"西阴之花"。西阴之花是庙底沟文化最具典型意义的代表，也可以说是"华族"的图腾。

考古学家在山西各地，尤其是晋南一带发现了一系列具有庙底沟文化特征的遗存。距今 7000 年左右的翼城枣园遗址，被认为是庙底沟文化的滥觞、渊源。特别是其中的陶器，以红陶为主，次为褐陶及灰陶、黑陶。在这处仰韶文化早期的遗址中，红陶器皿的出现是之后仰韶彩陶的先声。翼城枣园及北橄遗址、芮城东庄遗址均为最具代表性的庙底沟文化遗存。在东庄遗址中的彩陶图案与西阴风格一致。

山西是庙底沟文化遗存非常集中的地区。特别是新中国成立以来，仅庙底沟二期的文化遗址就发现了百处以上。它们比较集中地存在于涑水河流域及中条山南麓以黄河沿岸为主的晋西南地区，以汾河下游为中心的晋南地区，以及以汾河中游与吕梁山中段为主的晋中地区。比较重要的遗址除前面所述外，还大量存在。如垣曲古城东关、龙王崖，侯马东呈王、乔山底，襄汾陶寺，太谷白燕，汾阳杏花村，石楼岔沟，芮城清凉寺、西王村等。其主要特点除了彩陶及所绘图案的抽象表达之外，还有建筑布局中的城壕、半地穴房屋，以及墓葬中的多人二次葬等。在农业生产方面，以粟、黍为主，并出现了稻，以及猪等家畜（杨子荣：《山西考古学文化与古代文明》，三晋出版社，2013 年第 1 版，第 38 页）。

庙底沟文化，或者说庙底沟一期文化是仰韶文化中期的考古文化。其存在时间为公元前 4200 年至公元前 3500 年左右，距今大约 6000 年的时间。虽然其命名是由于 20 世纪 20 年代瑞典考古学家安特生主持对河南、陕西庙底沟村遗址发掘后确定的，但是考古学界一般认为其渊源在山西翼城枣园遗址，并且以夏县西阴及芮城东庄最为典型。通过对仰韶文化庙底沟类型考古发现的研究，许多专家认为庙底沟文化起源于晋南，来源于枣园。一些专家甚至认为，庙底沟文化应该被称为西阴文化。同时，我们也必须注意到，尽管庙底沟文化在很多省份如陕西、河南等地都有发现，并扩散至十分广泛的地区。但它们主要分布在晋西南与豫北、关中一带。庙底沟文化与山西的关系至为重要。

华夏文明的形成，以及华夏族群的出现，与以西阴之花为代表的庙底沟文化直接相关。有学者指出，中原核心地区仰韶文化的东庄—庙底沟类型迅猛崛起，向周边强力扩张，导致这些地区发生重大的文化格局调整和文化面貌改变，其影响的深度和广度前所未见。正是在这一过程中，中国大部分地区文化首次形成以中原为核心的文化共同体。早期中国文化圈或者文化意义上的早期中国正式形成，而这个早期中国形成的辉煌时代就是庙底沟时代（韩建业：《早期中国：中国文化圈的形成和发展》，上海古籍出版社，2015 年 4 月，第 79 页）。类似的观点也多有人提及。如严文明认为庙底沟时期是一个相当繁盛的时期。这一方面表现在内部各地方类型融合和一体化趋势的加强，另一方面表现在对外部文化影响的加强。苏秉琦认为庙底沟文化对远方邻近地区产生很大影响。他在《中国文明起源新探》中指出，山西晋南地区的新石器文化是构成中国古代文明的重要源头之一。这一带在中国文化史上曾是一个最活跃的民族大熔炉。距今 6000 年到距今四五千年间，中华大地如满天星斗的诸文明花火，这里是升起最早也是最光亮的地带，所以也是中华文化总根系中一个最重要的直根系。这些研究说明，源于山西晋南地区的以西阴之花为代表的庙底沟文化对中华文明的形成具有极为重要的意义。

西阴之花—庙底沟（西阴）文化向四方的拓展扩张

西阴之花—庙底沟文化的主要特征表现在这样几个方面。最典型的是其陶器，以红陶、彩陶为主，装饰图案以鸟，特别是被称为"玫瑰花"的花卉图案最为引人注目。其陶制器物包括玫瑰花瓣纹彩陶盆、双唇小口尖底瓶、豆荚纹黑彩装饰、小口折腹釜形鼎、葫芦形瓶等。其聚落住宅多为圆角方形半地穴式房屋。墓葬最典型的是多人二次葬。生产工具主要为石刀（爪镰）、石铲、石磨等反映农业耕作需求的器具。其影响范围从晋南、豫西及关中地区向东南西北四方拓展。东至辽河流域，南至江浙一带，西至甘青地区，北至内蒙古额尔多斯草原，基本上与传统中原地区吻合而更显辽阔广大。这一被视为影响形成中国中原文化核心圈的西阴之花—庙底沟文化以强势之态向周边地区的扩张，造成了仰韶文化的"庙底沟化"及黄河中上游文化的空前趋同，并对其他更偏远的地区产生了重要影响（韩建业：《早期中国：中国文化圈的形成和发展》，上海古籍出版社，2015 年第 1 版，第 83 页）。韩建业在其研究中对这一现象进行了比较翔实的论述考证。

庙底沟文化首先在关中一带更广大的地区产生影响。东庄类型文化一经形成就向西辐射，促使仰韶文化之半坡类型进入晚期。这一文化浪潮并继续向西，延伸至关中西部乃至于甘肃东部，直至河西走廊东缘。受其影响，出现了器物造型的变化，以及构图的丰富。图腾崇拜也呈现出半坡之鸟与东庄之鱼的鸟鱼融合现象。在一些地方发现了碳化的小米与腐坏的粟粒。生产工具中原来的圆形陶、石"爪镰"锐减，长方形陶刀增多，使农业生产的效率大大提高。

与此同时，以东庄类型为主的庙底沟文化向北扩展至晋中和晋北地区、内蒙古中南部、陕北北部及冀西北地区。这一地带一直存在着比较接近的文化样态，其文化基因可以从这次庙底沟文化的北向延展寻找。比较典型的是双唇小口尖底瓶出现，钵、盆等器物流行宽带纹、花瓣纹黑彩装饰，充分显示其与晋西南庙底沟文化的同一性。这一带的生产工具、经济形态与晋南核心区相似，但狩猎、采集的成分更大。

这一文化也向南延伸，对河南中南部及鄂北产生很大影响，双唇小口尖底瓶及花瓣纹、豆荚纹黑彩等文化现象也在这一地带出现。其中的花瓣彩陶纹成为这些地区的典型因素，双口尖底瓶及葫芦形瓶也见于各地，并在一些地区发生了新的变化。多人二次葬与瓮棺葬更为普遍。但是，其对太行山以东地区的影响却非常有限，人们发现的考古遗存很少。仅在河北正定、磁县钓鱼台等地发现少量黑彩宽带钵等。可以说，这一时期在河北平原大部分地区出现了文化萧条的景象。

尽管在河北平原缺少庙底沟文化的影响，但其对仰韶文化之外的东北地区却产生了深远影响。它们曾到达内蒙古锡林郭勒盟一带，并到达冀西北地区，而后进入被人们称为红山文化的内蒙古赤峰及辽河流域广大地区，并对红山文化产生了重要影响。在红山文化的代表性遗址牛河梁等地出现了装饰黑彩的泥质红陶钵、盆、壶等器具。其中的宽带纹黑彩钵明显源自东庄类型因素。更重要的是，庙底沟文化与红山文化发生了积极的融合。这一融合意义十分重大。如在这一带出现了大重麟纹（或平行弧线纹）、菱块纹等彩陶就是仰韶文化与当地文化融合后的变体新形态。其中的彩陶源于中原，而麟纹则是当地文化的传统。这与苏秉琦所说的从晋南一带沿汾河北上至辽河流域的仰韶文化庙底沟类型的北移是一致的。这种文化的影响也表现在房屋建筑等方面。红山文化中也出现了环壕聚落及半地穴房屋、圆形灰坑等。其生产工具有磨制的斧、锛、凿、刀（爪镰）、铲等，与仰韶文化有非常近似的一面。同时也反映出这一带的农业生产有了较大的发展。由于庙底沟文化的影响，红山文化进入了一个接受核心地区文化的发展新阶段。

庙底沟文化的扩张也引发了黄河下游与长江中下游地区文化的趋同发展，使地处海岱的大汶口文化面貌发生了改观，并刺激了江淮及浙江地区文化的"崧泽化"进程，为长江中游地区带来了鼎、豆、壶等新的文化元素。在这一时期，庙底沟文化的影响呈现出显著增强的状态。花瓣纹彩陶以及敛口鼓肩深腹彩陶钵、宽折沿彩陶盆等文化因素使大汶口文化的面貌发生了一定程度的改观。其聚落一般为有木骨泥墙的半地穴式或地面式，墓葬也出现了多人二次合葬的现象。农业生产得到发展，在一些遗址中发现了粟壳，显然是从更北方传播而来。在江淮、江浙地区的遗存中也发现了花瓣纹彩陶、葫芦形瓶等，说明庙底沟文化对这一地区产生了明显的影响。在汉水两岸地区，以及长江中游地带，庙底沟文化的影响也非常深入，花瓣纹彩陶、宽带黑彩钵、雏形双唇小口尖底瓶、小口鼓腹旋纹鼎、鸟纹彩陶装饰等广泛出现。

尽管庙底沟文化的影响并未扩展至中国全域，但其意义十分重大。按照韩建业的研究，根据其影响力的大小，可以分为三个层次。首先是其核心区，在晋西南、豫西及关中东部地区。这一地区的文化是仰韶文化庙底沟类型的原生地，最具代表性的是花瓣纹彩陶，也就是我们所说的"西阴之花"，此外还有双唇小口尖底瓶、折腹釜形鼎等器具。这一时期的文化已经出现了一定数量的宫殿式房屋。这一地区的文化具有核心意义，在图腾崇拜方面，由动物鱼、鸟崇拜转化为"花"崇拜。这也是"华族"的标志。同时，核心地区的文化具有强大的吸引力与辐射力，不断向周边地区拓展。这就形成了庙底沟文化的第二层次，即其主体区。主体区大致在黄河中游地区，还包括其南部的汉水上中游及淮河上游等地。这一地区包括了除核心区外的整个仰韶文化分布区。其标志性文化出现了因地区差别而显现出来的变化。可以看出，在其主体区地带，核心区的文化特征仍然十分明显，但又有区域性的差异，在原来基本特征的基础上发生了变化。在这两个层次之外，还有一个边缘区，大致为黄河下游、长江中下游及东北等仰韶文化的邻近地区。虽然这些地区出现了属于庙底沟文化的器物，但其主要的器物仍然是当地传统类型。而最常见的则是在当地传统器物上面装饰了属于庙底沟文化的花纹图案。可见其影响与主体区大为不同。这三类地区的文化形态形成了一个源于晋西南、豫西及关中地区的庙底沟类型而又不断变化的文化共同体。用韩建业的观点来说，构成了绵延六七百年的辉煌时期，可以称为庙底沟时代。

庙底沟文化的延伸拓展，使中国早期文化发生了极为重要的变化。首先是庙底沟文化的形成及其扩张使散见于各地的不同文化类型拥有了共同的特征，因而使这些不同的文化在共同的文化基因中统一起来。这为之后中华文化能够具有统一的文化品格，并形成追求大一统的品格奠定了最早的基础。其次是庙底沟文化在各地的传入，使这些地区既有的文化发生了新变。不仅改变了各地文化的品格，也使各地的文化具有了能够接受不同文化影响，吸纳异质文化为我所用的功能。再次是基本形成了中国文化的核心区，即之后以中原地区为核心的华夏文化的标志性地区。之后中国历史上的各种族群、政权，均以取得中原正统地位为追求。这种政治—文化现象是中原文化乃至于中华文化具有非同一般的凝聚力的最初表现。可以说，庙底沟文化是早期中国在文化意义上的正式

以华夏为基点的整合

形成（韩建业：《早期中国：中国文化圈的形成和发展》，上海古籍出版社，2015 年第 1 版，第 105 页）。

在这样的历史进程中，山西无疑具有极为重要的地位。首先是庙底沟文化源于晋南、豫西、关中地区，特别是山西西南部地区。山西对这一文化的生成具有极为重要的贡献。其次是在山西地区出现的庙底沟文化成为"庙底沟时代"的核心、价值标准与典型代表，既反映了那一历史时期社会生产力的发展水平，也表现出那一历史阶段的人类文化价值，包括精神世界与审美领域的标准。第三是这一文化基本奠定了中华文化的重要地域格局及其文化品格。特别是庙底沟文化由晋、豫、陕交界地带向周边拓展，形成了中华文化开放、包容的精神。

西阴之花—庙底沟（西阴）文化形成中对其他地区文化的吸纳

关于中国文化的形成及其特色，已有很多人进行了极有成效的研究。如考古学家严文明就认为，统一的多民族的现代中国格局在遥远的史前时代就已见雏形。他认为，中国史前文化具有统一性和多样性的特点，是一种"重瓣花朵式"的"多元一体格局"。他们"除了在一定范围内具有明显共同特征外，还形成了一个以中原为核心，包括不同经济文化类型和不同文化传统的分层次联系的重瓣花朵式的格局"。另一位考古学家张光直也指出，从约公元前 4000 年开始，在中国大地上由于文化的深入交流形成了一个"中国相互作用圈"。他们的论述强调了史前时期文化发展对中国形成的重要作用。同时，也突出地说明，在不同文化类型之间相互影响作用下，形成了中国文化的基本格局与品格。

以西阴之花—庙底沟类型为核心的文化拓展，对形成早期中国文化的统一形态具有重要作用。在这一时期，大约公元前 4000 年至公元前 3500 年的时期内，极为重要的文化现象是庙底沟文化向周边地区的扩展。而周边地区的文化则少有向庙底沟文化核心区域延伸，基本是一种单向影响的状态。但是，这并不能说明庙底沟文化没有受到其他文化的影响，更不能说明庙底沟文化是一种排斥外来文化的文化存在。实际上，从庙底沟文化的形成，到之后发生新变，都与其具有开放、包容的品格分不开，是在接受其他地区文化的影响后，庙底沟文化自身才出现了新的发展。

以东庄为代表的早期庙底沟文化形成过程中，在当地仰韶文化枣园类型的基础上，接受了东进的仰韶文化半坡类型的影响。比如其中的钵、盆、罐、瓮等陶器，就兼具枣园类型与半坡类型的特点。其尖底瓶的双口为枣园类型内折唇口和半坡类型杯形口的结合。绳纹、宽带纹、三角纹、鱼纹等黑彩，均来自半坡类型。可以看出，庙底沟文化受半坡文化的影响很大。正是由于接受了半坡及其他文化的影响，庙底沟文化才逐渐形成并产生了广泛的影响，改变了当时中华地域文化的格局。

在庙底沟文化强力扩展之后，各地文化出现了极为重要的新变，并在此基础上形成了具有地域特色的进一步产生重要影响的文化形态。这也可以说是一个百花齐放、百家争鸣的辉煌时代。由于吸纳了主要是庙底沟文化的新质，各地文化的活力被进一步激活。在大约公元前3500年至公元前1800年近两千年的时期内，中国早期文化再一次发生裂变，进入一个分化与整合的历史时期，出现了仰韶文化的西王村类型、庙底沟二期文化，以及良渚文化、红山文化等文化类型的再次兴盛。虽然其总体趋势趋于分化，但早期中国文化形成的基础仍然发挥着重要作用，并在一些地区延展。在大约公元前2200年的时候出现了龙山文化，使早期中国文化再一次从万国林立到中原中心的形态进一步确立。

在这一过程中，庙底沟文化的核心地区也在发生着剧烈的变化。一方面是原来的文化形态在经过五六百年的强势扩展之后，势头逐渐弱化。另一方面是来自周边地区的文化对其产生了重要影响。各地的文化反过来进入这一地区，开始了新的整合期。在汲取了这些外来文化的有益因素之后，出现了伟大的陶寺文化，标志着中华文明的早期形态华夏文明的形成。首先是原庙底沟文化的核心区发生了变化，转变成为西王村类型。其中属于庙底沟类型的文化特征在接受其他地区文化的基础上开始发生变异。如敛口折盘豆、敞口双腹豆、背壶、高领壶等与来自大汶口文化的影响有关,重麟纹是红山文化元素,折肩罐、高领罐、彩陶碗等为秦王寨类型因素,而带流器最早的源头在长江下游。可以说,西王村类型文化既是庙底沟文化的继承者,也是其新变者。

在西王村类型接受其他文化的影响之后,逐渐发展成庙底沟二期文化。其陶器与西王村类型有继承关系,但在形态上出现了变化。特别是其中的釜形斝是受到来自豫中地区的鬶的启发形成的。其他如彩陶薄胎斜腹杯等也是从豫中或者通过豫中传播而来。表现出明显大汶口文化因素的有宽沿直腹杯等。而盂形矮圈足杯、高柄杯等则有屈家岭文化元素。其中的琮形器则与良渚文化有关。在这一新变的过程中,山西地区除以上现象之外,还有义井类型、白燕类型等文化的出现。这些文化形态既接受了外来文化的影响,又继承了庙底沟文化的基本特点。

需要特别强调的是,红山文化在公元前 3500 年后进入新的兴盛期。其之字纹陶筒形罐、麟纹、填充斜线的三角形、相对双勾线、棋盘格纹、连续菱块纹、条带纹等因素出现了比较大的扩张,对内蒙古中南部、山西、河北、河南中部、山东等地产生了影响。而北部的老虎山文化也呈现出比较大的影响。老虎山文化以内蒙古凉城老虎山遗存为代表,辐射至山西汾阳、忻州等地,并继续南下对包括晋南一带的其他地区产生影响。良渚文化在这一时期也表现出强力的扩张,其向北至大汶口文化地区,甚至更北。而大汶口文化则同样呈现出显著扩张的态势,其西向进入了晋豫地区的大部分地带。比较典型的如高凿形足鼎、袋足鬶、直腹缸等。同时,山西的玉器制作技术有了新的发展,出现了璋等新型玉器。这不能不认为与良渚文化有千丝万缕的联系(韩建业:《早期中国:中国文化圈的形成和发展》,上海古籍出版社,2015 年第 1 版,第 107 页)。

在距今四五千年的时候,各地最先进的文化向晋南发展汇集,与原有的文化融合，并使晋南一带的文化发生了重大变革。其结果就是在庙底沟文化的核心地区出现了陶寺文化。这是这一分化整合历史进程中形成的最为重要的成果，是最具典型性与代表意义的文化形态。陶寺文化的历史时期大约在公元前2500年至公元前1800年之间，是在庙底沟二期类型的基础上大量借鉴融合了外来文化，包括红山文化、内蒙古中南部文化、大汶口文化及良渚文化等文化类型的基础上新变而成的。其中的一些仍然保持了原有文化的特征，如釜形灶、盆形鼎、侈口罐、扁壶等器物。而常施彩绘的高领折肩尊、折腹尊、簋、豆等陶器，彩绘中多以红色为底，有白、黄、黑、蓝、绿诸色，以及回纹、涡旋纹、勾连纹等图案，彩绘木器或漆器、玉器等表现出大量的良渚文化与大汶口文化的特征。而以老虎山文化为代表的内蒙古中南部文化的南下，对陶寺文化也产生了很大的冲击，并促使陶寺文化发生了转变。

陶寺所在地区为汾河流域之晋南地区，这里原本是庙底沟文化的核心地带，其文化主要是对"花"的崇拜。尽管我们从史籍中还可以看到对"龙"这一图腾的各种描述，认为诸多部族与龙有重大关系。但是从考古的角度来看，龙更主要出现在红山文化的范围之内。在红山文化的众多遗存中，有种类不一的玉龙、玉猪龙及多处用石块摆塑的龙形象，这充分显示龙崇拜在红山文化中的重要地位。仰韶文化庙底沟类型沿汾河河谷北上，并沿燕山山麓东迁后，对红山文化产生了重要的影响。之后，红山文化又在大致相同的线路向中原地区迁徙。至少它们曾经在今天河北蔚县一带的北方地区相遇或停留，然后继续南下至晋南地区。在陶寺遗址中发现了多件彩绘龙盘，可以视为以红山文化为代表的龙崇拜文化已经融入原庙底沟文化地区，并与庙底沟文化的彩绘文化、表现手法等融为一体，形成了文化的新面貌，或者说使原有的文化发生重大变革。"华（花）"与"龙"成为华夏族群的文化图腾。苏秉琦指出，以玫瑰花图案彩陶为主要特征的仰韶文化庙底沟类型，与以龙鳞纹图案彩陶为主要特征的红山文化，这两个不同文化的共同体的南北结合是花（华）与龙的结合（苏秉琦：《中国文明起源新探》，辽宁人民出版社、人民出版社，2013年第1版，第93页）。这种不同文化在山西晋南形成共同体的融合现象，不仅证明晋南地区在华夏文明形成进程中至为关键的重要性，也说明，晋南地区是华夏文明的直根，在中华民族总根系中具有极为重要的地位。同时，我们也可以看到，在华夏文明形成的漫长过程中，总是不断地与其他文化因素接触、交流、融合，进而发生新变。这也决定了中华文明最基本的文化品格就是不保守、不封闭，不断拓展、不断开放，从而总是充满活力，充满新的发展可能性。也正因此，决定了中华文明具有连绵不断、创造新生的生命力。

西阴之花—庙底沟（西阴）文化大致相同时期历史传说中的文化融合

庙底沟文化生成与存在的历史时期大致为距今6000年至4000年，是仰韶文化向龙山文化过渡的关键时期。按照苏秉琦的研究，五帝时代以距今5000年为界可以分为前后两大段。以黄帝为代表的前半段，主要活动中心在燕山南北，红山文化的时空框架可以与之对应。而其后半段则是尧、舜、禹时期，其活动中心一直在晋南一带（苏秉琦：《中国文明起源新探》，辽宁人民出版社、人民出版社，2013年第1版，第117页）。这一时期，以庙底沟文化为核心，向四周扩展，促使各地文化发生了新变，形成了新的文化类型，也构成了早期中国的基本文化范围，为华夏民族的形成奠定了基础。稍后，各地的文化在新变之后也向可能的周边地区扩展，引发了各地文化的进一步分化与整合。最典型的就是这些文化类型向晋南地区的汇集，出现了标志华夏文明形成形态的陶寺文化。这些分析是基于考古研究的前提下形成的。从历史演变的进程来看，在这一两三千年的时期内，正是炎黄及尧、舜、禹时代。特别是各类史籍对他们的活动有非常繁杂的记载。由此，我们也可以发现华夏民族是在多地族群及其文化的开放、融合中形成的。

讨论华夏民族的形成，当然不能回避炎黄二帝。这一方面是与我们讨论的西阴之花—庙底沟文化的时代大致一致，另一方面当然也是因为炎黄二帝是华夏民族的人文始祖。不谈炎黄，就难以说清华夏。但是，直至今天，人们对炎黄二帝的相关情况还是众说纷纭，各有依据，互不相同。首先是炎帝与黄帝所处的历史时期谁更久远，或者也可以说谁更在前。其次是他们的地望在什么地方，从什么地方来，在什么地方交汇。再次是著名的阪泉之战、涿鹿之战到底在什么地方发生等等，均没有统一的认知。李学勤主编的《中国古代历史与文明：中国古代文明起源》就对炎黄二帝发源处的不同观点进行了比较全面的梳理。其中有炎帝东方说，认为在今山东西部地区，而西方说则又认为是陕西岐水或渭水一带。此外还有南方说与北方说，认为炎帝的发源地应在今湘鄂桂交界处之九嶷山，或者华北平原一带。至于黄帝，对其地望也有多种分析。如东方说，认为在山东泰山等地；西方说，认为在岐水一带；还有南方说，在今湖南长沙一带；北方说，应在今河北涿鹿等地（李学勤主编：《中国古代历史与文明：中国古代文明的起源》，上海科学技术文献出版社，2007 年第 1 版，第 74 页）。还有的学者努力把炎黄时期与考古发现结合起来，认为仰韶文化之半坡类型应该对应炎帝时期，而庙底沟类型应该对应黄帝时期。但是由于缺乏实证，这样的分析似乎还不够令人信服。不过也有人认为黄帝族群有龙崇拜文化，而红山文化中特别注重龙的文化，这恰是黄帝族群地望的证明等等。这些说法都有一定的道理，却还不能取得共识。

大致来看，炎帝部族应该在黄帝部族之前存在。他们活动的区域生产条件相对优越，农业生产得到了较快的发展。而黄帝部族的发展应晚于炎帝部族，其文明程度也比炎帝部族要低。当这两个部族处于大致相近的活动时期时，炎帝部族因为处于比较优越的自然环境中，已经有了相对发达的农业。而黄帝部族处于比较艰苦或自然条件艰难的地区，仍然处于游牧阶段，四处迁徙，以寻找适宜的生存地。如《史记》中就记载黄帝部族"迁徙往来无常处，以师兵为营卫"。这就是非常典型的游牧状态。一般而言，均认为黄帝部族起源于所谓的"姬水"，可能在陕西宝鸡岐水一带。他们逐水草而居，迁徙各处，也可能来到了辽河流域一带，也就是我们所说的红山文化辐射地带，并在大约距今 5000 年的时候陆续沿燕山山脉向西南迁徙，进入汾河谷地。当然也有一种可能是黄帝部族从晋陕豫交界的风陵渡一带渡过黄河，进入晋南。

比黄帝部族活动时期要早的炎帝部族，现在许多研究者认为其起源地在山西。如钱穆就认为历山、烈山应在晋中一带。炎帝也称历山氏，说明其在晋中（韩建业：《早期中国：中国文化圈的形成和发展》，上海古籍出版社，2015 年第 1 版，第 234 页）。而更多的人认为应该在山西南部。如刘毓庆就通过对晋东南及晋西南地区的民间传说、方志的研究，以及对考古发现、典籍记载等多个方面的梳理分析，认为炎帝之地望应该在山西南部。有的学者更具体地指出，炎帝姓姜，生长在姜水。不过这一姜水并不是一些人所说的陕西岐水一带的姜水。这一姜水是后出的被误读的姜水。炎帝所生的姜水是今屯留县的绛水。今天的浍河也就是绛水。这就是说，炎帝部族发源于山西屯留。同时，他们还进一步指出，尽管如此，炎帝部族的活动中心却在位于今长治、长子、高平之间的羊头山。因为羊头山具有十分重要的战略地位。

在讨论炎黄二帝的关系时，还必须提及蚩尤。蚩尤部族在炎黄大战中极其重要。一般认为蚩尤部族是炎帝部族的一支，其善于使用金属武器，蚩尤自己也是铜头铁额，头上有角，以金做兵器。这当然是说蚩尤在那一历史时期属于长于冶炼金属器具的部族。这被一些学者认为，蚩尤部族是从西北进入中原的草原游牧民族。他们在进入中原，首先是山西地区之后，发挥了长于冶炼的特长，并且在山西地区冶炼。这个地方就是今天的垣曲皋落，而这一带正是中条山所在地。中条山是中国最主要的铜矿产地，其铜储量居全国第二位。蚩尤部族之所以在这一带驻留，与这里储有丰富的铜铁矿藏有很大的关系。他们进入中原后，与原驻留的炎帝部族相遇，成为炎帝部族的一支。

在黄帝部族进入山西境内后，与炎帝部族发生了冲突，最激烈的战争就是阪泉之战与涿鹿之战。至于阪泉、涿鹿具体在什么地方，人们也有许多不同的观点。一些人认为涿鹿在今河北张家口一带，也有人认为在今河南修武涿鹿城。但是，如果我们分析为什么炎帝部族与黄帝部族在涿鹿发生了史前最激烈的战争时，就感到以上所言都缺乏必然性。所以，更多的研究者认为，所谓的阪泉、涿鹿均在晋南中条山一带的盐池附近。如沈括之《梦溪笔谈》就指出，解州盐泽方一百二十里，在"版泉之下"。而涿鹿则在盐池旁之解镇一带，解梁古称涿鹿。《梦溪笔谈》说，"轩辕氏诛蚩尤于涿鹿之野，血入池化卤，使万世之人食也。今池南有蚩尤城，相传是其葬处"。就是说，今运城的盐池是蚩尤之血化成的，盐池的存在使万世之人，也就是世世代代之人受益（刘玉堂：《炎帝神农文化读本》，人民出版社，2015 年第 1 版，第 141 页）。因此，他们极力争夺的是盐池。在当时生产力条件下，人们还没有掌握采掘井盐的技术。而今运城中条山下的盐池是一处可以自然产生盐的所在。每年春天到来之后，这里就自然产生出可供人们食用的食盐。而掌握食盐这一资源，对当时的人们来说十分关键，具有极为重要的战略意义。可以说，谁掌控了食盐的主导权，谁就占有了主导地位。毫无疑问，这里曾经是炎帝部族控制的地区。在蚩尤部族进入山西成为炎帝部族的一支后，由于其地近中条山，有铜铁可用，他们受炎帝命在此守护盐池，并借中条山之便冶炼铜铁器具。黄帝部族进入山西之后，亦欲控制食盐。所以炎黄二帝首先在"阪泉"发生了极为激烈的战争。战争的结果是黄帝部族取得了胜利，炎帝部族融入黄帝部族。如《列子·黄帝》中记有"黄帝与炎帝战于阪泉之野，帅熊、罴、狼、豹、貙、虎为前驱，雕、鹖、鹰、鸢为旗帜"。按照《史记》所言，"三战，然后得其志"。就是说，经过了许多次激烈的大战，才使炎帝部族服输。而在《艺文类聚》中则说黄帝与炎帝"凡五十二战，而天下大服"。这似乎说明黄帝与炎帝之间的战争持续了很长时间。但是守护盐池的蚩尤部族并不接受这一结果，继续与黄帝部族争夺盐池一带的控制权。蚩尤部族与融合后的炎黄部族之间在涿鹿的战斗更为激烈。《太平御览》中说"黄帝与蚩尤九战九不胜"。就是说，在黄帝与蚩尤之间的战争中，黄帝似乎一直处于下风，战况甚为激烈，所谓"流血百里"。在这一事关谁能够控制生活必需的战略资源——盐池的大战中，蚩尤发挥了其长于使用铜铁兵器的优势。而黄帝则发挥了其游牧族群的优势，使用了箭镞、弓弩、战车、指南车、战鼓等可以远距离杀伤对手的武器及联络方式。再加上自然气候条件的帮助，黄帝部族取得了最后的胜利，完全统一了包括蚩尤部族在内的炎帝部族。所以《史记》记载说，在这一大战之后，"诸侯咸尊轩辕为天子，代神农氏，是为黄帝"。也就是说，在彻底征服了蚩尤部族之后，黄帝才成为天下共主，真正取代了炎帝的统领地位。以这样的分析来看，不论是阪泉，还是涿鹿，都应在晋西南盐池附近。这一观点也被越来越多的研究者认可。

炎黄大战是史前最重要的战役，其结果是这两个部族的融合奠定了华夏民族的基础，为华夏文明的形成产生了奠基性作用。在这一历史进程中，原定居于中原地带以山西晋南为中心的农耕部族神农氏炎帝被外来的游牧族群轩辕氏黄帝所融合。炎帝部族创造的较为先进的生产生活方式改造了黄帝部族，使其从游牧进入农耕。同时，由于炎帝部族融入了黄帝部族，不仅其人民与黄帝部族的人们共同生活，而且中原地区也接受了黄帝部族游牧文化中具有生命力的文化因素。如学会了使用弓箭及相关的技术，吸纳了游牧族群长于奔袭、勇猛刚劲的品质。同时也从蚩尤部族中接受了其先进的冶炼技术等。这种融合促进了那一历史时期社会经济的发展，使其文明程度得到了极大的提高。

在这一融合的过程中，一部分炎帝部族及蚩尤部族的人群向中原以外的地区迁徙。如蚩尤部族就有一部分人向东转移，最远到达朝鲜半岛。还有人认为其部族甚至跨海到了日本（钱定平：《蚩尤猜想——中华文明创世纪》，上海古籍出版社，2011 年第 1 版，第 267 页）。而炎帝部族也有人向四处迁徙至今湖北、湖南、广东，甚至东南沿海地区及海外各地。在这样的历史进程中，山西地区成为一个汇集、辐射的中心。

炎黄之后，对中国历史发展进程产生重要影响的是尧、舜、禹。虽然我们还不能简单地把考古发现与史籍记载的内容等同起来，却可以相互参照。在这一时期，各地的文化向中原地区，特别是山西晋南汇聚。同时，作为最早的"中国"，也不断地使自己的文化向周边扩散，产生了重要影响。此外，在尧、舜、禹时期中心地带以外的那些高寒偏远地区，仍然生活着从事游牧的族群。这些族群虽然并不从事农耕，却也是历史进程极为重要的文化现象。这就产生农耕华夏与游牧夷狄之间的关系。这一关系成为直至今天仍然影响世界地域格局的重要因素。如何对待不同的生产生活方式、不同的文化、不同的族群，对于人类而言，意义重大。但是，华夏核心地区的人们并不采用简单排斥、否认的态度，而是努力共处，用文化来感化、同化。所谓"教化八狄"就是强调文化的影响。在这种"教化"中，不同生产方式的族群出现了融合，不同文化中的有益因素得以发挥，促进了社会的发展。与此同时，尧、舜、禹三圣均非常注重联合四方之民共同发展。如舜就巡行各地，并划天下为十二州。他在巡游南方时逝去，葬于今湖南之"苍梧之野"。大禹的足迹遍布四野，划分天下为九州，并制定五服，最后逝于今浙江之绍兴。据考古发现及史籍记载，夏时，中原文化出现了又一次规模浩大的扩张。首先是启把夏之都城向已经扩大了的中原之更中心的位置迁移。他们渡过黄河，来到今河南嵩山、伊洛一带。我们可以从二里头的考古发掘中找到其遗存。夏的控制地域，按照傅斯年的研究，"包括今山西省南半即汾水流域，今河南省之西部中部即伊洛嵩高一带，东不过平汉线，西有陕西一部分，即渭水下流。东方界线，则其盛时曾有济水上流，至于商丘"。而其最西、最南则难以说清（傅斯年：《民族与古代中国史》，上海古籍出版社，2012 年第 1 版，第 35 页）。尽管我们还不能认为傅斯年的研究就绝对准确，但也可以看出，夏并没有局限在晋南地区，而是努力向周边拓展。

通过以上的分析，我们发现，以西阴之花—庙底沟文化为代表的华夏文化的中心地区是晋南、关中与豫北。其中，晋南地区尤为重要。这一史前文化在其发展进程中，由于吸纳了其他文化的有益因素得以成长壮大，并向四方延展扩张。其文化影响奠定了华夏文化的早期形态，对华夏文明的出现、华夏族群的形成、早期中国的区域范围等具有极为重要的意义。与其相对应的炎黄时期及尧舜禹时期，也积极吸纳借鉴其他文化因素，并呈现出外向型发展的品格。正是这种开放包容的特质催生了华夏文明，并使其能够不断地接纳新的文化，具有了蓬勃的生命活力。

主要参考书目：

巩启明著：《仰韶文化》，文物出版社，2002 年第 1 版；

钱穆著：《黄帝》，生活·读书·新知三联书店，2005 年第 2 版；

李学勤主编：《中国古代历史与文明：中国古代文明起源》，上海科学技术文献出版社，2007 年第 1 版；

刘毓庆主编：《华夏文明之根探源：晋东南神话、历史、传说与民俗综合考察》，学苑出版社，2008 年第 1 版；

席永杰、徐子峰等著：《红山文化与辽河文明》，内蒙古人民出版社，2008 年第 1 版；

苏秉琦主编：《中国远古时代》，上海人民出版社，2010 年第 1 版；

田昌五著：《华夏文明的起源》，中国国际广播出版社，2010 年第 1 版；

王仁湘著：《中国史前文化》，中国国际广播出版社，2010 年第 1 版；

钱定平著：《蚩尤猜想——中华文明创世纪》，上海古籍出版社，2011 年第 1 版；

傅斯年著：《民族与古代中国史》，上海古籍出版社，2012 年第 1 版；

苏秉琦著：《中国文明起源新探》，人民出版社，2013 年第 1 版；

杨子荣编著：《山西考古学文化与古代文明》，三晋出版社，2013 年第 1 版；

韩建业著：《早期中国：中国文化圈的形成和发展》，上海古籍出版社，2015 年第 1 版；

刘玉堂主编：《炎帝神农文化读本》，人民出版社，2015 年第 1 版；

杜学文著：《我们的文明》，广西师范大学出版社，2016 年第 1 版。

以华夏为基点的整合

玉石之路：最早连通内地与西域的通道及其山西道

随着丝绸之路的研究不断深入，与之相关的"玉石之路"也越来越引起人们的重视。很多人认为，丝绸之路也可以称为玉石之路。而英国学者彼得·弗兰科潘在其著名的《丝绸之路：一部全新的世界史》中，干脆用各种各样的"路"来结构这部皇皇大著。其中有诸如信仰之路、变革之路等用来表示某一时期由丝绸之路而带来的文化变革意味的命名，此外还有诸如皮毛之路、黄金之路、白银之路、黑金之路、小麦之路等以丝绸之路上往来贸易的物资命名的章节。当然，在不同的研究者笔下，也有诸如香料之路、瓷器之路、茶叶之路等说法。这一现象说明，丝绸之路的内涵十分广泛，涉及的政治、经济、文化、军事、外交等众多领域，非常丰富。不过，在众多的命名之中，玉石之路尤为重要。因为在丝绸大量地传输至西方之前，玉石已经频繁地往来于西域与中原之间。可以说，玉石之路是早于丝绸之路的连接中原地区与西域各地的交通贸易动脉。而其最主要的通道是丝路与草原丝路相近的山西道。山西，在玉石之路中是一个极为重要的枢纽。经过山西，使西域与中原联系起来。

西玉东输与东玉西输及以山西为枢纽的玉石传输路线

一般而言，人们认为丝绸之路开通于张骞出使西域的公元前138年，也就是西汉建元三年。13年后，张骞回到长安。这是他第一次赴西域。公元前 119 年，张骞再次出使西域，与乌孙等西域国家建立了紧密的联系。也正因此，人们认为张骞之行是凿空之旅，也是丝绸之路正式开通的标志。但事实上，在张骞出使西域之前，中原内地与西域已经建立了各种联系，只是这种联系更多属于民间而不是政府。与此相应的是，丝绸也早已传往西域各地。据考古发现，在与新疆毗邻的俄罗斯巴泽雷克古墓中就出土了与丝绸之路有关的遗存，其中就有中原地区生产的丝绣织物。其时代大致相当于中国春秋末期到战国初期（刘迎胜：《丝绸之路》，江苏人民出版社，2014 年 9 月第 1 版，第 27 页）。这些丝绸由于被一层厚厚的冰雪覆盖而保存下来。此外，这里还发现了源自阿尔泰山地区的黄金原料制作的艺术品。根据这些发现，美国考古学家马拉·赖斯认为，在公元前 5 世纪至公元前 4 世纪期间，巴泽雷克是东方贸易的中心（李伟主编：《穿越丝路：发现世界的中国方式》，中信出版集团，2017 年 1 月第 1 版，第 16 页）。如果历史果真如此，那么丝绸的贸易活动显然在这一时期已经比较活跃了。至少在这时，丝绸已经传输至中原以西的地区。但可能直到今天，这一时期丝绸贸易与传输的规模、路线等具体情况还难以确认。按照西方一些学者的研究，丝绸之路的开通应该从亚历山大大帝开始。如英国学者彼得·弗兰科潘就从亚历山大东征波斯，并向东方扩张来叙述丝绸之路的形成，并告诉读者，其东征的影响深远，最重要的就是"古希腊文明与波斯、印度、中亚及中国文明的交汇融合"（［英］彼得·弗兰科潘：《丝绸之路：一部全新的世界史》，浙江大学出版社，2016 年 11 月第 1 版，第 5 页）。法国学者 F·—B·于格与 E·于格合著的《海市蜃楼中的帝国：丝绸之路上的人神与神话》中也把亚历山大视为"丝绸之路上的先驱"。但是，国内更多的学者则从《穆天子传》等史籍中寻找依据，认为至少在公元前 10 世纪，内地与西域已经有了比较紧密的联系。这其中，在丝绸的传输情况还难以说清的同时，另一种极为重要的物资即玉石，已经大规模地往来于西域与中原之间。也可以这样说，玉石传输的路线，是丝绸传输路线的先声。根据考古发现，在内地众多遗址中都发现了大量的玉器。

大约距今五六千年的生长在辽河及大凌河流域的红山文化中出现了极为丰富的玉器。红山文化的分布范围以辽河流域为中心，延展至内蒙古东部、河北北部，面积达 20 万平方公里，是新石器时代极为重要的遗存。其丰富的具有典型性的发现，说明中国早在 5000 年前，已经产生了植根于公社又凌驾于公社之上的高一级的社会组织形式，应该是"古国"阶段。"这一发现把中华文明史提前了 1000 年"（苏秉琦：《中国文明起源新探》，辽宁人民出版社、人民出版社，2013 年第 1 版，第 81 页）。在红山文化诸遗址中，除发现有大量的新石器、陶器、墓葬、神庙、祭坛等标志当时社会生产力水平及文化发展水平的遗存外，还有大量的玉器存在。其种类有镯、环、圆角方形璧、联璧、斜口筒形器、勾云形器、双人首或兽首三孔饰，以及玉人、玉凤、玉龟、玉贝等。尤其重要的是发现了各类关于龙的玉器，最典型的是玉猪龙。这些玉器种类丰富，数量繁多，造型各异，代表性极强。有研究者认为，这些玉器主要以透闪石类岫岩制作。

在时间上与东北地区红山文化接近偏晚的是长江下游地区的良渚文化。这一文化距今大约四五千年，分布范围大致在环太湖地区，以杭州西北部的良渚、瓶窑、安溪一带为中心区域，延展至上海、江苏等地。在其遗址中发现了许多新石器器具，特别是农具，如石犁、石镰、石刀，以及陶器如双鼻壶、贯耳壶等。此外还有竹编、木作、绸片等手工业遗存。但是，良渚文化中最引人注目的是玉器。按其用途主要有这样两类：一是礼器或宗教用具，包括玉琮、玉璧、玉钺；另一类是装饰用品，如玉珠、玉玦、玉环、玉坠、玉带钩等。其中在反山遗址出土的一件玉琮，四面均刻有神人兽面纹，神、人以极瑰丽的想象融为一体，构思极其巧妙，被称为"琮王"。从玉琮外方中圆的造型来看，似为中国古代天圆地方宇宙观的表现，也常作为祭祀与陪葬用器，从某种意义上反映出死者生前的地位。而在一般情况下，与玉琮配套随葬的玉璧，除了反映出死者生前的社会地位外，也表现出某种宗教意义，如有人认为是祭天的礼器。而在日常生活中，良渚地区的人们已经比较普遍地用来装饰自己。如玉珠、玉坠等可组合成串，作为项饰；玉镯可戴在手腕上；玉带钩则是男子所用的腰间佩饰等等（李学勤主编：《中国古代文明起源》，上海科学技术文献出版社，2007年第1版，第376页）。可以说，玉器已经成为良渚文化时期人们必不可少的生活用品，说明良渚地区的人们对玉的喜爱与尊崇非同一般。通过对良渚文化遗存的研究，我们可以知道，这一时期良渚已经发展出先进的犁耕农业，手工业也比较发达，而最重要的是其丰富的玉器文化。玉不仅是人们的日常生活用品，同时也具有某种宗教信仰意义，表现出良渚时期人们的宇宙观与价值追求。

除以上所言红山文化与良渚文化外，山东地区的大汶口文化遗存的晚期也发现了许多玉石制品。大汶口文化为新石器时代文化，以山东泰安市大汶口遗址而名，分布在东至黄海，西至鲁西平原东部，北达渤海南岸，南至江苏淮北一带的地区。距今6500年至4500年左右，基本处于古籍所记之少昊文化地区，被认为是龙山文化的源头。这一文化以其制陶技艺为鲜明特点。但是在其中晚期遗址中发现了许多玉器，被认为是受良渚文化影响而成。

夏商时期的玉器也多有发现，最典型的是商王武丁的配偶妇好墓发现的玉器。此墓在河南安阳，属于殷墟第二期。其中共发现玉器755件，可分为礼器、仪仗用具、工具、生活用具、装饰用品及杂器六类。这是迄今为止商代玉器最大的一次发现。经过对其中300件玉器的鉴别，发现大部分是新疆玉，只有一件玉戈被认为是南阳地区的独山玉，此外还有少量为大理岩等材质。这些玉器如其中的玉龙、猪龙，被认为是吸收了红山文化的表现因素，而琮、璧等又受良渚文化的影响。此外，被认为是夏后期、商前期的二里头遗存中也发现了许多玉器。其中有 50 多厘米长的大玉璋及 60 多厘米长的大玉刀。

在西北地区的齐家文化遗址中也存在着大量的玉器。这是距今 4000 多年的新石器时期遗址，首先发现于甘肃省广河县齐家坪，主要分布在甘肃、青海境内的黄河、洮河、大夏河、渭河、湟水流域，以及内蒙古阿拉善左旗一带。其中青海境内的喇家遗址最具代表性。在各地属于齐家文化的遗址中，发现了新石器晚期及青铜器早期的墓葬、祭坛、半地穴式住宿遗址，以及大量的石器、骨器、青铜器与陶器。此外，还有麻织品、面条遗存等。最引人注目的是发现了大量的玉器，特别是玉璧、玉刀等尤为重要。

从以上很不完善的介绍中，可以看到，从距今 6000 多年以来，中国各地都有玉器发现，说明至少在那一历史时期，玉器在人们的生活中已经占有十分重要的地位。这种由玉而形成的文化现象，代表了史前时代民族文化的特色——这就是玉文化所表现出来的宇宙观、世界观、价值观。玉，由于其质地温润晶莹，且十分珍贵，被人们崇尚，成为美好、高尚、尊贵的代名词。因而玉也成为人的高贵品格的象征，所谓"君子比德于玉"。它不仅是人们日常生活中对美的一种标识，成为社会地位、经济地位的象征，同时也上升为一种价值观，具有了宗教色彩与礼仪性质，是当时人们价值观的体现。从某种意义来看，关于玉的这种认知也成为中华民族传统文化的重要组成部分。《礼记·聘义》记载了孔子关于玉的一段话。他说，玉，温润而泽，仁也；缜密以栗，知也；廉而不刿，义也；垂之如坠，礼也；扣之其声清越以长，其终诎然，乐也；瑕不掩瑜，忠也；孚尹旁达，信也；气如白虹，天也；精神见于山川，地也；圭璋特达，德也；天下莫不贵，道也。这似乎是对玉之精神品格的一个非常全面的描述。玉本身是石之一种，中国传统文化中有"美石为玉"之说。也正因为这种认识，使玉这种"石"成为一种影响广泛的"文化"。现在的问题是，这些分布在中国南北的玉是从哪里来的，而这些高超的制玉技术与玉文化观念又是怎样传播的，其中的通道是什么。

在妇好墓中发现的玉器，多为西部而来。南阳独山玉只有很少的几件。这说明，独山地区的玉石至少在商时仍然没有被大规模地开采。另一个很重要的问题就是妇好墓中的玉是从什么路线怎样传输到了中原地区。除了妇好墓藏玉器外，在偃师二里头遗址中还有 50 多厘米长的大玉璋与 60 多厘米长的大玉刀。这对玉石的体积要求非同一般，必须有相应体积的玉石才能制作出这样的玉器。从这两处的玉器来看，首先是数量比较多，其次是体积比较大，非一般玉石可成。这些从西部传往东部的玉石应当有比较方便的运输通道。这种从西向东的传输，是玉石原料的传输，被称为"西玉东输"。

另一方面是在西部地区齐家文化遗址中出现了玉璋、玉刀等玉礼器。据专家研究，齐家文化的前身马家窑文化并没有玉礼器生产的传统。因而，应该是后来接受了龙山文化的影响，才有齐家玉器的规模生产与使用情况。特别是其玉石的切割技术，是良渚文化中关于玉石的文化影响到大汶口文化，又从山东的大汶口文化起源，经过中原龙山文化及陕北的石峁文化，逐步传播到西北的齐家文化。也就是说，史前玉礼器文化是自动向西传播的（叶舒宪：《玉石之路踏查记》，甘肃人民出版社，2015 年第 1 版，第 9 页）。这种玉礼器文化，应该包括两个方面：一是其切割制作技术，二是被中原地区人们赋予玉石的品格及礼仪性质的内容。这种由东向西的传输，是关于玉石文化技术的传输，也就是玉石原料在从西部传入东部之后，被赋予了丰富的文化含义与技术含量，然后被反过来传回西部。那么，这种由东向西的关于玉石文化的传播被称为"东玉西输"。现在的问题是，不论是原料性质的"西玉东输"，还是文化性质的"东玉西输"，其传播又经过了什么渠道？

一般而言，在仰韶文化遗址中玉器的出现比较少，特别是大型玉礼器更少。这是因为在中原地区缺少生产优质玉石的资源环境。南阳独山地区虽然产玉，但至少在商之前还没有被大规模地开采。所以仰韶文化中发现的玉器多为小件装饰品。一直到陶寺遗址被发掘之后，发现了大件组合性玉礼器，标志着大型玉礼器第一次出现在中原地区。之后又有偃师二里头遗址出现了比较大型的玉礼器。这说明，西北地区的玉石在往东传输的过程中，必然经过了以陶寺为代表的中原地区。或者说，陶寺地区是"西玉东输"与"东玉西输"的中转站、枢纽地，连接了西部地区与中原地区，其重要性至为突出。

在陶寺遗址已经发掘的 1309 座墓葬中，随葬玉石器的有 200 多座，其中各类玉石器发现了 800 多件。据鉴定，其中的真玉有 98 件，大约占十分之一。半玉或假玉大约占一半。其他均属于大理石、云母石、绿松石等石器。至目前，陶寺文化中发现的玉器源自何处，还没有定论。但是，根据这些玉器的品质、规模，研究者认为应该是来自西部地区。按照叶舒宪的观点，二里头与陶寺文化中的玉器，特别是其中规模比较大的玉礼器，应该与甘青地区出产的"祁连玉"近似。因而，"我国史前玉文化传播的路线图是由东向西，以陶寺文化为中转站，继续向西传播，一直到达甘青地区的齐家文化"（叶舒宪：《玉石之路踏查记》，甘肃人民出版社，2015 年第 1 版，第 12 页）。这一传输路线，就是大约千年之后，西周穆王西巡时所走的路线。它不是今人一般认为的经过关中地区将陇东与中原联系起来，而是先北上河套地区，再沿着黄河河道向西。这说明，在西部地区与中原地区之间有一条在当时历史条件下被大家认为是最方便、最适宜的通道。这条道路的一个较为重要的环节就是山西。一方面，西部的玉石原料沿黄河河道往东，经过山西，再至中原。这一传输主要是物质的。另一方面，中原地区，实际上就目前的考古发现而言，首先是良渚文化地区的玉石文化经山东大汶口文化地区进入山西地区，再往西。这一传输主要是文化形态的。这就是史前玉石文化中的"西玉东输"与"东玉西输"。其中，以陶寺文化为代表的地区是这一东西传输的中心地区。

《穆天子传》等史籍中关于山西在中原连通西域中的地位

在史籍中有许多关于玉石的记载，不过对玉石传输的明确记载还比较少。我们只能从一些零星的记录中分析。在《山海经》中就记录了很多产玉之地。不过，这些"玉"可能与今天我们所说的玉还有距离。新疆和田产美玉，在世界各地都有比较大的影响。如据说是形成于 10 世纪，由波斯佚名学者撰写的著作《世界境域志》中就记载"于阗诸河出产玉石"（佚名著，王治来译，《世界境域志》，上海古籍出版社 2010 年 8 月第 1 版，第 53 页）。这说明，今天我们所说的和田玉在历史上不仅对中原内地有很大的影响，至少在中亚地区的影响也很大。《史记·大宛列传》中记有张骞出使西域之后对西域一带情况的介绍，说："于阗之西，则水皆西流，注西海；于阗之东，水皆东流，注盐泽，盐泽潜行地下，其南则河源出焉，多玉石，河注中国。"这应该是当时中原地区人们对西域产玉比较清晰的认知。在《战国策·赵策》与《史记·赵世家》中均提到赵国赖以立国的具有战略意义的资源"三宝"，即胡犬、代马、昆山之玉，这既说明当时对包括西域地区的玉石在内的"三宝"的重视，更凸显出赵国所代表的今山西一带在玉石传输中的重要地位。如《战国策·赵策》中就记载了苏秦劝阻赵王不要追随秦国攻打齐国，否则的话，"勾注之西，非王有也"，而且"代马、胡驹不东，而昆山之玉不出也。此三宝，又非王之有也"。就是说，如果赵国追随秦国攻打齐国，那么雁门关之西的疆域就会丢掉，被当时称为"三宝"的代马、胡犬（胡驹）就"不东"，昆山之玉也"不出"。雁门关之西的疆域丢掉以后，最突出的后果就是"代马、胡驹"这些从西域而来的宝物难以到达赵国所在的东方，昆山之玉也不能从西域之地出来，进入赵国。从这段话可以看出，被当时赵国所看重的"三宝"均为西域之物。所谓代马，多为从西域而来在代地生长的马，其奔跑速度、体力均非内地的小种马可比。胡驹即胡犬，是西域游牧民族的猎狗，应该是很强壮的。这对赵国而言，当然是非常重要的战略资源，也是其重要的军事资源。而昆山之玉，当然不具有军事价值，但是却具有十分重要的政治文化价值，应该是体现一国政权神授合理性的标志，亦因此而有了经济价值。这三宝如果没有了，赵国就会处于危亡状态，是非常严重的问题。从这段对话中，我们可以看出，在战国时期，中原与西域地区的联系仍然是非常紧密的，其中的赵国最为突出。不过，就史籍所记载的中原地区与西域地区的联系而言，《穆天子传》最为详细典型。

《穆天子传》，其作者不详。西晋五年（公元 279 年）民间盗掘河南汲县魏王墓时发现了一批散乱的竹简，均为非常重要的文化典籍，被统称为《汲冢竹书》。其中有《穆天子传》及《周穆王美人盛姬死事》。后人合并二者为《穆天子传》，流传至今。该书以日月为序，详细记录了周穆王驾八骏西巡天下，在西王母之邦会见了西王母的经历，前后行程 35000 里。发现时，竹简已经散乱损坏，多有残缺，后人多有编辑。全书共六卷，前四卷叙述了周穆王西巡的经过，第五卷亦记述周穆王巡游之事，第六卷则是后人将盛姬事编入合为一书。其成书年代大约为战国后期，但也有人认为应该更早，似应为西周时成书。特别是常征在对比考证了诸种有关著作后，完成《穆天子传新注》一书，指出该书的作者应该是当时随周穆王征巡四海的周史官所作。

周穆王（约公元前 976 年—公元前 922 年），姬姓，名满，是周昭王之子，西周的第五位君主，在位 55 年。他大约 50 岁时继父位，是一位励精图治、开疆拓土的有为君王。如对北方犬戎进行征伐，取得了胜利。最著名的是西巡，在《穆天子传》中有比较详细的记载。西巡之后，又东征，平定徐国之乱，讨伐荆楚之变，大会诸侯于涂山。他在位时曾作《吕刑》，制定了五刑，用法治国，昭告四方，以正天下。这些举措虽然有力地巩固了周王朝的统治，但因常年征讨，天子不在朝堂，导致朝政松弛，诱发了周王朝的衰落。周穆王西巡，史多提及，但在

《穆天子传》中最为详尽。书中记述了周穆王西巡西域一事的详细经过。他从宗周出发，渡过黄河，翻越太行山，至黄河拐弯的河套地区，然后沿阴山山脉之南的黄河河道一直向西，直至西王母之邦，与西王母相见。然后又基本沿原路返回宗周，用了三年多的时间，行程35000余里。这是史籍中最早详细记载的中原与西域地区交通的实例。

《穆天子传》中另一位极为重要的人物是西王母。在中国传统文化中，西王母的形象十分复杂。不仅其身份复杂，所在地与时间也多有所说，甚至对道教也产生了重要影响，认为她是负责生育、掌管长寿的女神。从时间的角度来看，关于黄帝的传说中已经出现了西王母。她帮助黄帝讨伐蚩尤取胜，并遣使在舜帝即位后送白玉环、白玉琯及地图。在汉代的《贾子修政篇》中又记有"尧身涉流沙地，封独山，西见王母"。而《尔雅》则说夏时西王母曾献白玉玦。不过，先秦时代的典籍多记载西王母居昆仑山。今天的人们对西王母到底在什么地方也多有异说，观点并不统一。在一些研究者看来，西王母"可视为地中海文化东传在汉文典籍中留下的痕迹"（余太山：《早期丝绸之路文献研究》，商务印书馆，2013年第1版，第11页），应为叙利亚一带地中海沿岸国家崇拜的神灵。法国学者F·—B·于格与E·于格合著的《海市蜃楼中的帝国：丝绸之路上的人神与神话》就认为西王母为萨巴王后，是一个非常具体的人，而萨巴地处阿拉伯半岛南部。无论如何，西王母已经成为中国传统文化中的一部分。而周穆王所见的西王母，更主要的是从一个具体的人来说的。

《穆天子传》卷一叙述了周穆王从宗周附近的洛邑出发，渡过黄河，进入山西境内。"饮天子蠲山之上"。蠲山，在今山西的高平市。之后，"戊寅，天子北征，乃绝漳水"。漳水，漳河水，有清漳河、浊漳河之分。按照余太山的考证，这里指的是浊漳河，在今长治境内。然后，"觞天子于盘石之上"。盘石在今天山西的平定一带。据李书吉考证，盘石一名石门关。平定在太行山中部，距井陉不远。过平定之后，周穆王一行"载立不舍,至于钘常之下"。钘常,井陉山,在今河北井陉。"癸未,雨雪,天子猎于钘山之西阿,于是得绝钘山之队,北循虖沱之阳"。虖沱,就是今天的滹沱河。北循滹沱之阳,沿着滹沱河北部而上。这基本上已经在河北平山一带。从这一带再往北,"天子北征于犬戎。犬戎□胡觞天子于当水之阳"。犬戎,古之游牧民族,应该是以犬为图腾。其活动区域在今陕、甘地区,后迁至内蒙古草原一带,应该也延伸至晋北地区。从史籍的记载来看,犬戎族与黄帝族同源。《山海经·大荒北经》中说,"黄帝生苗龙,苗龙生融吾,融吾生弄明,弄明生白犬,白犬有牝牡,是为犬戎"。就是说,犬戎族是黄帝族后裔,只不过是活动在大荒之中,有食肉的习俗。周穆王向北进入了犬戎族活动的区域后,受到了犬戎族的尊重,在当水之阳"觞"天子,也就是向周穆王敬酒款待。当水,古之恒水,今山西沙河、唐河。也就是说,在古恒水的北岸向周穆王敬酒。至甲午时,"天子西征,乃绝隃之关隥"。

隃,今雁门关。绝隃,越过雁门关。之后,周穆王又到达了"焉居、禺知之平"。焉居、禺知,族名。余太山认为,焉居应该是西方史学家著作中 Asii 的对译。而禺知则与月氏同源,或者也可以说是月氏族的先人,他们活动的区域在今天河套地区的东北部,应该是今天山西、陕西北部与内蒙古沿河地带的三角地区。从这里来看,周穆王一行已经在过了雁门关之后,基本走出今山西境内。

从这里开始,周穆王一行开始一直向西行进。其中一个非常重要的事件是来到了河水之阿,与河宗伯夭一起祭奠黄河。之后,再向西行,到达西王母邦。关于西王母邦具体在什么地方,各家所言不同。如余太山就认为是在斋桑泊附近(余太山:《早期丝绸之路文献研究》,商务印书馆,2013 年 5 月第 1 版,第 21 页)。斋桑泊,李书吉认为在今哈萨克斯坦境内(韩建保、杨继东主编:《丝绸之路经济带与古州雁门》,山西人民出版社,2014 年 12 月第 1 版,第 45 页)。在这里,周穆王赠西王母白圭、玄璧等,并在瑶池设宴吟诗。至庚辰时,周穆王等开始东返。在经过了伊吾河、星星峡、疏勒河等地之后，进入今包头至托克托一带。然后，"天子南还，升于长松之隥"。就是说，从这里开始，周穆王等由北方往南返回洛邑，所以是"南还"。长松之隥，在今天的右玉一带。然后在孟冬壬戌，"天子至于雷首。犬戎胡觞天子于雷首之阿，乃献良马四六"。雷首山，余太山认为在山西蒲州。显然与山西的地理方位不符。李书吉引古人观点，认为在今山西代县西北 80 里处（韩建保、杨继东主编：《丝绸之路经济带与古州雁门》，山西人民出版社，2014 年 12 月第 1 版，第 46 页）。这一说法应该比较准确，且与后面所述犬戎献良马所在地区相应。从犬戎前后两次招待周穆王言，这一时期周王朝与犬戎之间的关系还是很好的。离开这里之后，周穆王又"升于髭之隥"。髭，勾注山，亦即雁门山。就是说，周穆王在返回时仍然要经过雁门关。但是同一书中两次提及雁门关而所称不同，可能与山的方位有关。过了雁门关之后，周穆王等又"至于钘山之队，东升于三道之隥，乃宿于二边"。钘山，井陉山。三道之隥、二边，均在井陉的东侧。之后，周穆王命造父驾八骏之乘，"迳绝翟道，升于太行，南济于河。驰驱千里，遂入于宗周"。翟道，在井陉的南面。就是说，从井陉的南面登上太行山，一路往南，渡过黄河，进入宗周所在地今洛阳附近的洛邑。至此，周穆王西巡的旅程全部完成。

这里首先要注意的是周穆王西巡的路线，即从洛邑出发，过黄河，进入今山西境内，然后沿太行山北向而行。一路经过了今天的高平、长治、井陉、雁门关等地，在今天山西与内蒙古接壤的地带折向往西，沿黄河岸与阴山南麓直至西王母之邦。特别是在周穆王一行返回的时候，仍然走这一路线，说明这是一条不得不走的路。这条路线是周穆王可以选择的最佳路线，也是当时连通中原地区与草原地区，以及西域地区最重要的路线。这一路线，是丝绸之路的前身，也可以说是玉石之路的基本状态，与后来人们所说的丝绸之路草原丝路基本一致。

周穆王在西征过程中，随行人员众多。比如有七萃之士，并携带了大量的内地珍贵之物品，如玉器、黄金、贝带、朱丹等，自然从者甚多。更主要的是，他并不是步行或者骑行，而是乘坐八骏之马拉的车乘，由造父等多名驭者驾车而行。这说明当时通往西域的道路状况很好，可以通行如此巨大的交通工具及庞大的人群。这些人们也绝不可能步行，至少也应该是骑行。既然道路状况很好，说明在这一路线东西往来的行者甚众，也说明这条路不是民间自发形成的一般的道路，应该是一条"官道"，即由王朝政府出面开通的道路。周穆王所乘的八骏之马也显示出当时中原地区与西域地区之间的联系非常紧密。据芮传明研究，古代帝王所乘的骏马，多为"域外"所产。他特别根据周穆王八骏的名号进行了分析。这八骏分别为赤骥、盗骊、白义、踰轮、山子、渠黄、华骝、绿耳。芮传明认为这些骏马之名，大部分不是汉语原名，而是具有突厥语特点的对译。如其中的"盗骊"，是古突厥语中栗色马、赤褐色马的音译。"白义"则与古突厥语中灰色马的发音相近。而且芮传明指出，在古代中亚，这里的游牧民族往往用淡毛色的马作为贵人的坐骑。这就说明，"白义"很可能是中亚地区游牧部族向中原王朝进献的宝马（芮传明：《丝路古史散论》，复旦大学出版社，2017 年 3月第 1 版，第 2 页）。中原地区的马个头小，耐力比较差，难以与中亚地区的马匹敌。就中原而言，能够得到中亚一带的宝马十分重要。中亚地区的马实际上是中原的战略资源，所以我们才能理解为什么汉武帝在得到来自大宛的汗血宝马时十分激动。从某种角度讲，中原农耕地区与草原游牧地区的博弈，也基本上可以理解为对马这一战略资源的争夺。汉时，得到来自中亚地区的良马之后，往往要把这些马运送至靠近中原而又与草原接近的地区进行适应性喂养。这一地区就是晋北，以及之后的晋中。这些来自中亚地区的马在晋北一带进行了适应性喂养之后，再分配到宫廷，以及各个军事单位。所谓赵国之三宝中有"代马"，就是因为这些马在进入中原地区之时，需要在晋北的代地进行休整喂养。因而代地的马也就成为进入中原的名马。实际上，在《穆天子传》中，就多处记载了草原地区族群向周穆王献马的事情。如周穆王过了春山之后，来到赤乌。赤乌这个地方的人就向周穆王献"食马九百"。至曹奴之地，又"献食马九百"等等。可见，马是作为宝物进献的。从马的这种迁徙状况来看，至少在周时中原地区与西域已经有了大量的贸易、进贡、交换。这也从一个方面说明中原与西域之间的联系是非常密切的。而为周穆王驭驾的造父，由于有功，被封于赵，也就是今天山西洪洞县赵城。

在周穆王西巡的旅程中，还有一个现象应该引起我们的重视。这就是玉石器物。如周穆王祭河，就"授河宗璧，西向沉璧于河"。这说明周穆王在其西征时已经带了"璧"。"璧"并不是一般的玉器，而是具有重要象征意义的礼器。在他到了西王母之邦后，"执白圭、玄璧以见西王母"。这里的白圭、玄璧显然是作为礼器赠与西王母的。在到达群玉之山后，"天子于是，取玉三乘，玉器服物，于是载玉万只"。在到了采石之山后，"于是取采石焉"。这些记载也反映了周穆王西巡的一个极为重要的收获是取得了西域地区的玉石。在这样的描述中，也可以看出"西玉东输"传输的是玉石原料，而"东玉西输"传输的是玉石的文化。在这一传输路线中，山西地区是一个极为重要的环节，连通了中原与西域。不经过山西，两地之间的联系应该是比较困难的。

玉石之路山西道中的黄河道与雁门关道

《穆天子传》中记载的周穆王西行路线被视为丝绸之路的前身，当然也反映出在更早时期玉石东西往来的基本路线。由此可以看出，在那一时期山西在东西方交流往来中所处的重要地位。就玉石的传输而言，应该有一条连接东西方的"山西道"。叶舒宪对玉石及其相关文化有深入的研究，特别是对玉石东西传输的路线进行了频繁的实地勘察。经过考察研究，他推测史前时期玉石之路进入中原地区有三条道路，分别为北道黄河道、中道泾河道、南道渭河道。而基本上是黄河及其支流承担着漕运玉料的水路交通功能（叶舒宪：《玉石之路踏查记》，甘肃人民出版社，2015 年 10 月第 1 版，第 43 页），特别是在家马与马车技术进入中原之前，水路运输是远距离贸易活动最为简单易行的运输方式，其中黄河道似乎更为重要。

据考古发现，陶寺文化中出现的玉器表明其具有连接西部与中原内地玉器传输的中心地位。而更多的考古发现则证明，在黄河晋陕两岸基本有一条沿河而成的玉石分布带。其时间在距今 5000—4000 年左右。在黄河西岸，最引人注目的是陕西神木的石峁遗址。这一遗址所处时间比陶寺略晚，在距今 4000 年左右，处于龙山时代晚期至二里头早期时期。其中发现了石砌城址、人的头骨、壁画，以皇城台为核心的大型宫殿建筑区及祭祀台，以及大量的陶器、石器、骨器等。此外，在石峁的墙体中还发现了 6 件玉器。而在石峁遗址发掘之前，流传在外的石峁玉器就已非常有名。据说散落在世界各地的石峁玉器即有 4000 件左右，其中的大部分玉器出自石峁遗址城墙的墙体之内。这种将磨好的玉器置放于城墙墙体中的建筑方法，在迄今的史前考古中还很少发现。其意义并不是作为建筑材料，而是具有宗教价值，这反映出石峁文化中具有以玉石为神圣之物的信仰。叶舒宪认为，石峁遗址史前石城建筑用玉昭示着以石峁为代表的河套地区龙山文化"很可能充当着史前时期东玉西传（玉教观念和玉文化的传播）与西玉东输（玉石资源的传播）的双重中介作用"（叶舒宪：《玉石之路踏查记》，甘肃人民出版社，2015 年 10 月第 1 版，第 40 页）。在神木市大保当镇的新华村西北也发现了一处遗址，其时代大约为新石器晚期至夏代。这里除发现房址、灰坑、墓葬、陶器、骨器、石器外，还发现了一处摆满玉器的祭祀坑。其中有钺、刀、圭、玦、铲、斧等玉器 30 余件。此外，在陕西佳县及延安地区的芦山峁遗址也发现了玉器，其中包括玉簪、三孔玉钺、玉异形器、玉璧、玉环、玉饰、玉璜、双孔玉铲、玉琮、七孔玉刀，以及石厨刀、石镰等。这些玉器均被认定属于陶寺文化时期。这些地区虽然并不在黄河岸边，但均距黄河大约 100 公里。这似乎证明这些玉器的出现与黄河有着重要的关系。

与此相应，在黄河东岸沿线也发现了大量的玉器。除前面所言之陶寺遗址外，还有许多玉器被发现。首先是芮城清凉寺墓地发现的大型墓葬群遗址，距今约 4500—4300 年。这里发现了大量玉石器，占整个墓地随葬品的三分之一，显然与玉石崇拜有关。随葬玉器多为玉璧、玉环、石刀、玉石钺，以及玉琮、玉佩等。其中的一座大型墓穴，墓主人手握一件精美玉琮，置于生殖器位置。据叶舒宪介绍，清凉寺遗址发现的玉器已经由北京地质大学专家做出成分检测，证明这些玉器所采用的玉料为西北地区所产，而其加工工艺则是南方工艺（叶舒宪：《玉石之路踏查记》，甘肃人民出版社，2015 年 10 月第 1 版，第 52 页）。另一处非常重要的考古发现是临汾市西南约 10 公里处的下靳村遗址，为新石器时期的墓葬群，时代与陶寺早期接近。其发现除陶器、骨器外，最主要的是玉器，有玉蝉、绿松石腕饰等。在保德也发现了更晚的商代的玉器，如玉琮。这些玉器比较集中的遗址所在地均距黄河 100 公里左右，是沿黄河一线使用玉石的证明。

需要特别重视的是，山西兴县碧村遗址的文化遗存。这里距黄河很近，是一处龙山文化晚期的大型石城遗址。在小玉梁台地中心发现了石砌的排房及外围台地的围墙，同时还发现了大量的玉器。这是目前发现的汾河流域最大规模的城址之一，被认为是属于石峁文化系统的遗存。其中的玉器以琮、环、璧、玦、刀为主，玉质多为青玉与墨玉。此外，还有大量的散落在民间的碧村一带的玉器。这被认为是晋西北地区集中发现史前玉器的首个地点，与黄河西岸的石峁等遗址的玉器遥相呼应，具有某种联系，凸显了黄河东岸的晋南、晋西北在玉文化传播中的重要作用。从其石城建筑来看，在黄河两岸似乎具有极为典型的意义。仅兴县一地就已发现了诸如二十里铺的猪山遗址石城，这些石城与黄河西岸的石峁石城具有文化上的关联。而这些地区又发现了大量的玉器，并非偶然。这说明在黄河两岸存在过玉石传输的重要阶段。按照叶舒宪等人的考察研究，认为在晋陕黄河沿线发现了具有联系的玉石器的存在，"大致暗示出史前玉石之路黄河道存在的清晰证明线索"（叶舒宪：《玉石之路踏查记》，甘肃人民出版社，2015 年 10 月第 1 版，第 55 页）。由于目前还没有发现在山西、陕西等地有玉石矿的存在可供史前的人们采用，这些玉石应该是从异地运输而来。而商代妇好墓的发现，并通过对其中玉器的鉴定证明，应该有一条从西部地区往东部地区的传输道路。在史前陆地交通不够发达的时代，水运成为最为便捷经济的运输方式。应该是西部，包括于阗地区的玉石依凭黄河水道被运到中原地区。由于黄河水势变化无常，特别是在晋陕大峡谷段，水流湍急，河道凶险，多有难以行船水运之处，这就需要在冬季河道结冰后在冰面运送。可见，在公元前 3000 年至公元前 2000 年左右的时期内，存在一条利用黄河水道传输玉石的通道。

　　除这一较早的山西道之黄河道外，还有一条较晚出现的山西道之雁门关道。这种变化的重要原因是车载运输技术的广泛使用。据说在夏时已经有了车，车的出现极大地改善了人类的通行方式，使空间距离缩短。在公元前三四千年的时候，人们还不可能使用车，这一时期，水运可能是最经济的通行方式。夏时，车出现后，道路状况也发生了变化。总的趋势是越来越能够承载比较复杂的交通器具，并承载更多的人行走。相传夏代的奚仲发明了车，在二里头遗址中已经发现了双轮车的辙痕。据史籍记载，夏时已经有了制作工艺比较复杂的战车。但大量使用牛马等畜力来驾车，组成规模浩大的商队，进行远距离运输贸易则是商人的创造。由战而商，这可能是在商代时期车之功用的一个重大变化。与此相应，商代也有了比较发达的路政系统。如有了稳定的交通干线，虽然主要用于商业贸易，但也可用来进行军事活动。对道路的维修与管理也形成了比较固定的制度，设立烽火、戍鼓进行边防预警等等（陈鸿彝：《中华交通史话》，中华书局，2013 年 4 月第 1 版，第 30 页）。

目前考古发现的车大多为商代之作，如山西洪洞的永凝堡就发现了商时古车。据史籍所记，在商代，战车的数量增加，规模庞大，如商末武王伐纣的牧野之战，动用战车300辆。而到了春秋时期，齐国拥有战车3000辆，晋国则有4000辆。战车的多少已成为衡量一国国力的标志。周时，战车得到改善，如战国时期，轨距缩小，车轴减短，更具灵活性（孙机：《中国古代物质文化》，中华书局，2014年7月第1版，第177页）。由此看来，在夏商时期车的使用已经成为常态。相应地，能够适应车行的道路也出现了。《穆天子传》中周穆王所乘之八骏之驾肯定是当时最为高级的车驾，其对道路的要求也更高。这一现象说明，在大概夏商时期，特别是商时，已经有了可供车行的交通道路。东西方之间的联系对水路的依赖逐渐降低，人们开始大规模地在可以行走的地带修筑道路。

从西域地区至中原，如果从今天的角度来看，绕道山西地区，肯定不是最便捷的方法。但这是今人的习惯。实际上，上古时代甘肃天水至陕西宝鸡之间根本没有直线可走，因为这种理论上的直线被大山如陇山所隔。如果不是现代隧道挖掘技术出现，这种直线行走的可能性是不存在的。所以，从道路的修筑意义上讲，沿黄河上游走向绕道山西应该是最经济便捷的选择。这也就是周穆王为什么要从当时的洛邑过黄河进入山西，沿太行山一线向北，再折向西行的原因。至周时，车的制造技术更为先进，道路条件当然也得到了明显的改善，这才使周穆王的八骏之驾能够通往西域。这就是中原地区与草原地区，以及进入西域地区所经的最重要的路线。这条道路的主要标志就是太行山之雁门关。如果从西域往中原行走，需沿着黄河上游的走向，向宁夏和陕北、内蒙古交界处行进，然后进入今山西境内，南下雁门关，才能直达晋中与晋南盆地，进入中原地区。这是当时连通中原与草原及河西走廊一带最重要的通道，也正是周穆王西巡时所走的路线。目前虽然还缺少沿这一路线的考古发现以证明其沿线曾有大量的玉石器具，但是，从大同、代县等地均有比较集中的玉石器交易，以及大量散落民间的玉器来看，这一带应该是历史上具有比较突出的玉石传播现象的。

按照叶舒宪等人的考察研究，可以得出这样的结论。一是玉石之路山西道是目前所知的中国历史上开辟时间最早、持续时间最久的内地连通西域的道路。二是这条道路至少还可以分为两条路线，一条是开通于距今四五千年的黄河道，主要是水运；一条是其后一两千年开通的雁门关道，是陆路。这两条通道均为沟通中原与西域的重要道路，是为山西道。

通过以上的分析，我们可以看到，山西在史前时期的地位非常重要，是内地中原地区连通草原地区以及西域地区的重要通道。这使山西的地理位置显得十分突出。这种重要性一直保持下来，使山西成为东西方文化传播的重要地带。经由山西，内地可以接纳吸收西域等地的外来文化，而中原地区的文化又经山西传播出去。这种双向传播的功能使山西地区自身也具备了一种开放包容的品格，能够接纳吸收不同地区的文化，并融汇新变成适应本地发展的新文化。

主要参考书目：

张星烺编注，朱杰勤校订：《中西交通史料汇编》，中华书局，2003年6月第1版；

李学勤主编：《中国古代历史与文明：中国古代文明起源》，上海科学技术文献出版社，2007年4月第1版；

席永杰、徐子峰等著：《红山文化与辽河文明》，内蒙古人民出版社，2008年3月第1版；

佚名著，杨淮译注：《山海经》（足本），三晋出版社，2008年4月第2版；

吕思勉著：《中华民族源流史》，九州出版社，2009年1月第1版；

佚名著，王治来译注：《世界境域志》，上海古籍出版社，2010年8月第1版；

杨子荣编著：《山西考古学文化与古代文明》，三晋出版社，2013年3月第1版；

陈鸿彝著：《中国古代交通史》，中华书局，2013年4月第1版；

余太山著：《早期丝绸之路文献研究》，商务印书馆，2013年5月第1版；

苏秉琦著：《中国文明起源新探》，辽宁人民出版社、人民出版社，2013年8月第1版；

［法］F·—B·，于格、E·于格著，耿昇译：《海市蜃楼中的帝国——丝绸之路上的人神与神话》，中国藏学出版社，2013年11月第1版；

孙机著：《中国古代物质文化》，中华书局，2014年7月第1版；

刘迎胜著：《丝绸之路》，江苏人民出版社，2014年9月第1版；

叶舒宪著：《玉石之路踏查记》，甘肃人民出版社，2015年10月第1版；

刘宗迪著：《失落的天书——〈山海经〉与古代华夏世界观》，商务印书馆，2016年5月第1版；

李伟主编：《穿越丝路：发现世界的中国方式》，中信出版集团，2017年1月第1版；

芮传明著：《丝路古史散论》，复旦大学出版社，2017年3月第1版。

兴盛消退：外来宗教在山西的流传与影响

山西尽管地处内陆，其历史地理位置却非常重要，既是各方势力争夺的要地，更是丝绸之路连接南北、沟通东西的要道，因而也是外来宗教十分活跃的地区。域外教派先后进入内地，山西自然是这些宗教活动的重要地区，不同程度地受到了它们的影响。大致来说，有两种情况：一种是外来宗教进入中原之后，逐渐得到了发展，甚至演化为中国传统文化的一部分。另一种是进入内地活跃一段时间之后，渐渐消退。尽管作为一种文化现象，其影响仍然存在，但作为一种宗教，则基本上销声匿迹。前者主要是佛教、伊斯兰教，后者则主要是被称为"三夷教"的景教、摩尼教、祆教。

公元前 6 世纪，释迦牟尼在古印度创立了佛教。西汉明帝时，大约在公元 67 年，佛教传入中国，逐渐发展并产生了影响。其演变与山西关系极大。首先，山西是最早接受佛教的地区之一。传说在洛阳白马寺翻译佛经的迦叶摩腾与竺法兰从洛阳来到五台山，开始建庙传法。今天的显通寺即他们在五台山所建的第一座佛教庙宇，原名大孚灵鹫寺。据说它与白马寺均为我国最早的寺庙之一，有"中国第二古寺"之称。这也标志着佛教正式进入山西。其次是佛教的广泛传播，特别是在内地民众之间的传播与山西亦有关系。南北朝时期，后赵石勒受高僧佛图澄的影响，在各地大兴寺庙，并允许内地民众信奉佛教，这使佛教得到了极大的发展。第三是佛教中国化的完成与山西也有极大的关系。唐时，禅宗等各宗兴起，表现出鲜明的中国特色。而李通玄等人对佛经的阐释又从教义与佛理上赋予佛教教义以中国文化的色彩，使佛教的中国化完成。佛教成为与儒学、道家等思想相互融合而又各有区别的宗教，也成为中国传统文化中的一部分。第四是在唐代，五台山成为佛教的国际中心。各地前来朝拜者络绎不绝，其中包括西域各国，甚至古印度天竺地区，以及斯里兰卡、朝鲜、日本等地的高僧大德。还有一个非常重要的方面就是佛教艺术，包括建筑、雕塑、石刻、壁画等，山西更是具有代表性与典型性。如五台山寺庙建筑群、云冈石窟等均具有国际影响。一直到今天，佛教仍然是中国内地影响广泛的文化现象。

伊斯兰教大约在公元 7 世纪时由穆罕默德在阿拉伯半岛创建，后穆罕默德基本统一阿拉伯半岛，建立了政教统一的国家。不久，伊斯兰教开始传入中国，并在各地传播。尽管传入的具体时间所说不一，但多数人认为是在唐高宗永徽二年，即公元 651 年。其依据主要是《旧唐书》的记载，这一年大食开始遣使朝贡，其中应该也带来了伊斯兰教教义及信徒（方豪：《中西交通史》，上海人民出版社，2008 年 2 月第 1 版，第 301 页）。其大规模传入内地是在元时，由于成吉思汗西征东伐，掳掠大批中亚人士至中原，其中多有信仰伊斯兰教者。他们在内地或从军，或贸易，或作为普通百姓生活，自然要传播教义，举办伊斯兰教的相关活动。

从伊斯兰教传入中国起，山西就有了穆斯林活动的足迹，但其传入山西的具体时间还难以断定。据学者研究，大同清真大寺之重修碑记就记有"创自贞观"的记载。这说明至少在唐贞观年间大同一带已经有伊斯兰教信徒，并建有清真寺。北宋年间，穆斯林开始大规模进入山西。《宋史》记有大食国曾于宋真宗大中祥符四年，也就是公元 1011年，"祀汾阴"，这就是说他们至今万荣县进行祭祀。从这一时期起，往来的穆斯林商人逐渐增多，并在山西地区留居。元时，中亚、波斯及阿拉伯地区的穆斯林被蒙古大军征编入伍，伊斯兰教也在蒙古军中传播，许多蒙古人开始信奉伊斯兰教义。后蒙古伐宋，其军中的穆斯林亦定居山西。《元史》即记有"蒙古探马赤军列大府以屯之"，其中的大府就是今大同。元定都大都后，对山西极为重视，不仅在政治上给予很高的地位，同时也派遣大量蒙古族官员驻留。元太祖窝阔台就曾命速哥为山西达鲁花赤。有一个叫许其逸的人，年纪老大，受命领西域降户三千，并授平阳、太原两路达鲁花赤，兼领诸色人匠。著名诗人萨都剌，著有《雁门集》等诗作，其先祖为西域回回人，即阿拉伯穆斯林。至其父、祖，曾镇守云、代，生萨都剌于雁门。这些都是伊斯兰教在山西传播的具体事例。至明清时期，信仰伊斯兰教的穆斯林迁入山西者大量增加。除随军而来者外，还有很多移民至山西地区。如清时，即有马元里、马元泰兄弟因灾荒从河南迁入吉县，之后其家族不断发展，人口渐增。另外，还有许多穆斯林进入内地，包括山西进行贸易。明正统十二年，即公元 1447 年，中亚商人马茂德来到大同。据说其商队有两千多人，带来貂皮 12000 多张，马匹 4000 匹，可见其规模之大（李伯重：《火枪与账簿：早期经济全球化时代的中国与东亚世界》，生活·读书·新知三联书店，2017 年 1 月第 1 版，第 67 页）。这一时期，随着人口迁往内地，伊斯兰教得到了更为广泛的传播。

尽管佛教与伊斯兰教均为从境外传入的宗教，但它们自传入起一直活跃在内地官民之间，并逐渐与中国文化融合。虽然融合的程度不同，表现也并不一样，但直至今天仍然有着广泛的信众。而被称为"三夷教"的景教、摩尼教、祆教，虽然传入中原后一度比较活跃，但随后即消退。作为宗教，它们在内地已经不存在了，但作为一种文化现象，还是产生了这样或那样的影响。这里特别谈一谈"三夷教"在山西的传播与影响。

基督教及景教在山西传播的几个不同时期

基督教是形成于公元 1 世纪今以色列、巴勒斯坦、约旦一带的宗教。最初在下层人士之间传播，并在各地受到迫害。公元4世纪，罗马帝国宣布基督教为国教，使其得到了极大的发展。罗马帝国分裂为东西罗马之后，西罗马帝国以罗马为中心，也认为自己是正统的基督教。而东罗马帝国则以拜占庭为中心，也认为自己是基督教之正宗。双方均认为自己才是真正代表基督教义的正宗教派，以致教会发生分裂。以罗马为中心的西罗马称基督教为公教，国内一般翻译为天主教。以拜占庭为中心的东罗马地区则称基督教为正教，国内一般译为东正教。宗教革命出现了反对教会腐败的各种新教教派，亦被称为基督教或者基督教新教。所以，当我们说基督教的时候，有两重含义：一是对信仰耶稣基督为救世主的各教派的统称；二是指宗教革命之后出现的新教。这里所说的是前者。

基督教的各派虽然均信仰耶稣基督，但因对教义、教规及基督的身份等理解不同，内部纷争不断，并引发了长期的战争。就天主教（公教）言，有隐修院修会，其中包括本笃会、苦修会等，有托钵修会，包括方济各会、多明我会等，以及耶稣会各派。东正教（正教）包括君士坦丁正教会、亚历山大里亚正教会、安提阿正教会、耶路撒冷正教会、希腊正教会、俄罗斯正教会等。基督教新教则包括路德宗、加尔文宗、安立甘宗、公理宗、浸礼宗、卫斯理宗、灵恩派、福音派等。除这些分支教派外，还有一些不被基督教承认的教派。如我们要讨论的景教，即聂斯脱里派。

景教，在中国又称波斯教或波斯经教、大秦教。一般根据《大秦景教流行中国碑》所记，于公元635年传入中国。景教起源于今之叙利亚地区，是从希腊正教中分裂出来的基督教派，由时任君士坦丁堡主教的叙利亚教士聂斯脱里于公元428—431年创立，并在波斯建立教会。由于其在教义中坚持基督具有人、神"二性二位"，被视为基督教之异端。聂斯脱里被驱逐出境，客死埃及。其信奉者也逃散至波斯地区，并一度在今巴格达建立大本营。但是，由于波斯地区盛行祆教，与基督教对立，不被基督教承认的景教受到了来自罗马及波斯的双重挤压，进而向南入印度一带，向东到西域河中地区，并在唐时进入中国。

景教初入唐，深受唐王朝重视。太宗李世民曾批准在长安兴建寺庙，后开始在各地建寺，并逐步中国化。不仅其所用教义多采用中国名词，且与佛教相容，有佛教化的趋势。公元845年，唐武宗会昌年间灭佛，波及包括景教在内的外来宗教，景教趋于式微，乃至于后来人们竟然不知道景教曾经传入中国。直至明天启五年，即公元1625年，在西安发现了著名的《大秦景教流行中国碑》，由于碑文记载了景教在中国传播的情况，人们才重新知道景教曾在内地流传。根据该碑所言，景教除在长安建寺外，在洛阳、武灵、广州、扬州等地均有活动，并建立景教寺院。"会昌灭佛"，景教同时被禁，其教徒四散，其中多有聚集至广州者。但是时间不久，爆发"黄巢起义"，广州被起义军攻占，其中的外籍人士多有被驱赶灭杀者，景教徒自然也难幸免。

046
景教在山西的传播还缺乏有力的史料支持，不过也并不是没有踪迹可寻，至少有这样几个方面可以说明当时在山西地区有景教的活动。一是景教在中国内地的发展受到了唐王室的支持，而景教也比较热衷与上层人士结交，比如当时的房玄龄、高力士均与景教徒过往密切。魏徵与尉迟恭曾负责监修鳌屋大秦寺（方豪：《中西交通史》，上海人民出版社，2008年2月第1版，第296页）。虽是出于朝命，并不能说明他们就是景教徒，但也可以看出景教在高层人士中有比较大的影响。特别是尉迟恭，为今山西朔州人，在他身边一定有许多来自山西的人士，或者仍然与山西保持着密切的联系。二是景教在内地的传播，多依靠突厥人，因为突厥人中多有信仰景教者。山西一带是突厥人活动的重要地区，如五代时在山西起事的就是突厥沙陀部，这些人中当然有景教徒。还有就是景教在粟特地区传播时也有粟特人信仰景教。而山西是粟特人活动最为集中的地区，其中也应该有景教徒。三是郭子仪部下应该有景教徒。郭子仪本人与外来宗教的关系密切，如他的一个儿子名为"穆护"，穆护是祆教名词。当然这不能说明郭子仪或者他的儿子是景教徒或者祆教徒。但也有人认为郭子仪有突厥血统，很可能是景教徒（朱谦之：《中国景教》，商务印书馆，2014年7月第1版，第158页）。在《燕京开教略》的上篇中，明确说郭子仪为奉教之人，就是说郭子仪是信仰景教的。不过，朱谦之认为这种说法并无确切证据。但可以看出郭子仪等至少与景教的关系是比较密切的（同上，第195页），他们对外来宗教并不排斥，甚至还有很大的可能性接受它们。比较充分的证据是郭子仪任朔方节度使时，其副使为伊斯。伊斯，出生于景教世家。他的父亲珉礼是景教徒，并为长老。伊斯如何信教，怎么来到中国，没有明确的记载，但他在进入中国的景教徒中具有比较高的地位。景教碑中记载他"和而好惠，闻道勤远，术高三代，艺博十全"。《大秦景教流行中国碑》就是他出资修建的，被称为"大施主"。"安史之乱"起，郭子仪带兵平叛，伊斯作为亲信与助手，参与戎事，被授予"金紫光禄大夫同朔方节度副使试殿中监赐紫袈裟"。他"效节于丹庭，乃策名于王账"，"为公爪牙，作军耳目"，主要任务除参与军事外，还担任翻译（朱谦之：《中国景教》，商务印书馆，2014年7月第1版，第158页）。当时军中诸如伊斯这样的人应该还有很多。在平"安史之乱"中，郭子仪部先后击溃了进攻山西北部的叛军，收复了云中（即今大同一带）、马邑（即今朔州一带），征战河东，为唐王朝的再造立下了汗马功劳。这期间，伊斯等肯定也在山西地区活动。从他受到郭子仪的信任，并得到唐肃宗的赏赐来看，一定为唐室的复兴出力不小。

随着武宗灭佛，景教在中国内地销声匿迹。一部分离散后来到广州的景教徒也在黄巢起义中被杀。另一些人则逃离内地，进入草原。至此，从公元7世纪进入内地，至公元9世纪消亡，景教在内地存在了大约200年的时间。这是基督教在中国内地的第一次传播高潮。

基督教在中国内地的第二次传播高潮是辽金及蒙元时期，一般称为"也里可温"的传播。也里可温，据方豪解释，乃也里与可温合成之词。"也里"即上帝,"可温"是子民,其意即上帝之子,包括我们前述之景教徒及后来进入蒙古草原的其他基督教派信徒。马可·波罗在其著作中曾说,元时在中国的内蒙古、甘肃、山西、云南、河北,以及福州、扬州等地都有也里可温教徒及其教堂,说明元时基督教在中国内地传播还是比较广泛的。景教在内地被禁绝后,其教徒四散。除迁至南部广州一带之外,还有很多人向西部地区中亚一带及北部草原地区转移。因此,唐末至五代北宋,在中国已经绝迹的聂斯脱里派的基督教,事实上在中亚一带仍旧存在(朱谦之:《中国景教》,商务印书馆,2014 年7 月第 1 版,第 174 页)。这已经被考古发现所证明。朱谦之在其《中国景教》中就指出,根据最近数十年的发现,特别是一些国外学者在西部地区的考察,已有许多考古实证。如在吐鲁番发现的文件、七和地区发现的碑刻等。

进入蒙古草原的景教徒由于蒙古政权对宗教的宽容政策,似乎得到了比较适宜的发展环境。首先是在蒙古贵族上层有很多人成为基督教徒。如成吉思汗家族就与信仰基督教的部族通婚,其成员中多有皈依基督教者。据朱谦之研究,旭烈兀曾告诉别人,他的母亲就是基督教徒。而旭烈兀自己也"最爱基督教徒也"(朱谦之:《中国景教》,商务印书馆,2014 年 7 月第 1 版,第 176 页)。成吉思汗的侍臣镇海就是景教徒,他的三个儿子均用基督教名。实际上,在蒙古内部,除景教徒外,还有许多其他派别的基督徒,以及信仰伊斯兰教的教徒。他们之间,各不相容,相互攻伐,又共存一体。

蒙古阵营中,汪古部、克烈部,以及乃颜部、蔑乞部等均信仰基督教。元时,其教徒甚至受到了政府的特别优待。如元成祖时代,或更早时期,景教徒与其他各教教徒一样,竟然取得了不服兵役、不纳赋税的特权。据方豪研究,至元四年,即 1267 年,凡平阳、太原人从军时,也里可温与僧、道、儒等人须除外(方豪:《中西交通史》,上海人民出版社,2008 年 2 月第 1 版,第 380 页)。这一诏命特指平阳、太原,似也可以看出在这两地也里可温比较活跃。元时更是设置秩二品的崇福司，后改为崇福院，专事管理也里可温教会事务。这一方面说明元政权对基督教的重视，另一方面也说明包括景教在内的基督教在蒙元控制地区的发展比较兴盛。元时，中国内地的景教教堂为各教最众。仅山西及其附近地区就有多地建有教堂，其中包括大同、太原，以及鄂尔多斯（东胜、石柱子梁）、归化城、和林、北平、房山、涿州等地（方豪：《中西交通史》，上海人民出版社，2008 年 2 月第 1 版，第 379 页）。朱谦之在其《中国景教》中指出，其中与山西有关的即有大同，以及邻近之北京城、内蒙古鄂尔多斯黄河北岸之外套地区。元成宗大德时，大同有天主教大教堂一所，其壮丽堪比王宫，为高唐王阔里吉斯所建。大同往西为汪古部旧部，是当时聂斯脱里派最兴盛的地区（朱谦之：《中国景教》，商务印书馆，2014 年 7 月第 1 版，第 184 页）。

至 13 世纪时，总部在巴格达的景教主教把世界各地的景教区分为 25 个教区。其中中国有四个教区，分别为汗八里，即元大都；喀什噶尔；唐古特，即西夏，主要是陕甘宁地区；中原地区，称为支尼教区。据鲁布鲁克记载，景教在支尼的主教驻地在西京大同，而蒙古之克烈部、汪古部等均在这一教区之内。特别是今之东胜，为汪古部的驻地，是景教十分活跃的地区。从内蒙古的鄂尔多斯一带，经大同，可至山西中南部。以大同为中心的内蒙古西南部、山西中南部，均为景教徒聚集之地。

很多研究者都提到了生活在霍山一带的景教徒马克斯（Markos，1245 年生），又译为马可。他的父亲是离北京西边 15 日路程的归化，即今呼和浩特旧城的景教教正。有人亦认为他是在东胜担任教职。这说明马可一家均为景教信徒。马可听说在北京一带有一位名扫马（Sauma），也有译为苏马的景教信士，便前往拜访。扫马的父亲昔班（Siban），是汗八里一带的巡回教师，引导扫马学习教务。后扫马决心苦修，在北京附近的山中隐居，人称列班·扫马（Rabban Sauma）。马可找到扫马，希望一起去耶路撒冷朝拜。他们从北京出发，回到霍山，然后前往归化或者东胜，再往西行。二人一路上经历了千辛万苦，到达报达，即今巴格达。由于他们表现出色，受到景教主教马天哈法主的重用。马可被任命为"契丹及汪古之京城大德"，改名为雅八·阿罗诃。扫马被任命为巡锡总监大德。马天哈令他们返回中国传教。由于战事，二人难以通行而滞留。1281 年，景教主教马天哈病逝，马可被推举为继任者，任景教会公会法主，兼领塞琉西亚与泰西封两城教务，并在巴格达城附近的圣库科礼堂就职，是为雅八·阿罗诃三世。他于 1317 年卒于马拉加城。扫马亦受当时控制巴格达一带的阿鲁浑王的信任，受命充任驻欧洲诸国大使，被派往欧洲。他于 1287 年带着阿鲁浑王给希腊与法国国王的信，从黑海海口至君士坦丁堡，后至罗马、巴黎等地，先后见到了东罗马教皇、罗马红衣主教、法国国王、英国国王等人。返回后于 1294 年卒于巴格达城（同上，第 188 页）。

马可与扫马学识过人，二人均有蒙古背景，熟悉蒙古事务。尤其是马可，他是"蒙古通"，熟悉蒙古诸王之好恶及其心理状态，兼长蒙古语。而扫马则通数种欧洲语言。他们在内地，特别是今华北地区的活动应该是也里可温，包括景教在元时比较活跃的一个缩影。这也可以从考古发现中得到证明，元代或略早于元代的景教遗迹有很多发现。其中与山西一带相近的如河北房山（今属北京）十字寺、绥远河套一带之十字牌及绥远石柱子梁刻有十字架的石碑、北京郊外跑马场附近之刻有十字架的残碑等（方豪：《中西交通史》，上海人民出版社，2008 年 2 月第 1 版，第 376 页）。此外，在内蒙古百灵庙也曾发现了景教墓石。这些地方虽然并不在今之山西境内，但多为与山西为邻的塞北地区，也是蒙古势力十分活跃的地区。它们似能够证明山西一带与景教及其他基督教之间有着比较密切的关系。但是，包括景教在内的也里可温在元政权北返之后也退出中原，基督教在中国的第二次传播高潮随着元亡而结束。其在中国内地的第三次传播高潮发生在 16 世纪中期，这一时期，主要是天主教的传播。

1549 年，天主教耶稣会的创始人沙勿略从日本来到距广州 30 里的台山上川岛，并在此病逝，这被视为是天主教在中国传教的开始。之后，耶稣会士陆续来华。山西亦不例外，成为天主教传播的重要地区。1620 年，被称为"西来孔子"的艾儒略在绛州人韩霖的陪同下来到山西，被认为是天主教进入山西的标志。此外，传教士中的金尼阁、高一志、罗雅谷、艾若瑟等也先后来到山西。其中意大利人高一志最有影响。他除在绛州传教外，还至平阳、蒲州一带活动，并撰写了大量的著作，最后逝于绛州。康熙四十七年，即公元 1708 年，传教士受命测绘长城地图，有白晋、雷孝思、杜德美等来晋。至康熙五十一年，也就是公元 1712 年，命麦大成、汤尚贤等传教士测绘山西及陕西地图，这些传教士均至山西。所测地图最后汇编为著名的《康熙皇舆全览图》（方豪：《中西交通史》，上海人民出版社，2008 年 2 月第 1 版，第 603 页）。

山西最早的天主教徒是韩霖一家。韩霖为绛州人，其祖曾在南京任高官，家业丰厚。至其父韩杰时，已多不济。韩杰开始从事商业贸易，在江南、山东、山西、河北等地经商，有"徒手致千金"之说，可见其经营有方。韩杰有三个儿子，长子韩云曾任徐州、葭州知州，汉中府推官等，对火器多有研究。他大约在万历四十八年前受洗，成为天主教徒。其次子韩霖，在中国文化史上影响较大。首先是他著有《守圉全书》《神器统谱》等，介绍城防攻守、火器军械，其中也涉及大量机械制造、城市建筑等内容。其次是他对中西文化传播交流做出了重要的贡献。韩霖借助家族的影响，帮助传教士传教、修建教堂，并帮助传教士整理出版相关著作。据黄一农研究，金尼阁编写的拉丁文、汉文对照字典《西儒耳目资》，艾儒略的《三山论学记》，罗雅谷的《天主经解》，高一志的《修身西学》等即为韩霖或受其影响的绛州人士帮助校刻、重刻或修润（黄一农：《两头蛇——明末清初的第一代天主教徒》，上海古籍出版社，第 229 页）。从某种意义上讲，在韩霖等人的影响下，

以华夏为基点的整合

绛州一带成为天主教在山西地区传播的重镇，出现了许多有重要影响的人士。其中如樊守义，幼时即信教。康熙四十六年，即公元 1707 年，他随康熙帝使节艾若瑟等往罗马，沟通天主教教徒的"礼仪之争"。他们经马六甲至美洲，再至葡萄牙，终于到达罗马，受到了教皇克雷芒十一世的接见，并在意大利各地学习考察，终于康熙五十九年，即公元 1720 年返国复命。后来，樊守义著有《身见录》，记录他们一行的见闻与经历，成为最早由中国人撰写的介绍欧洲文化的著作。

这一时期，除绛州外，在山西的晋南地区也有天主教的传播。如蒲州的韩燨一家，有多人入教。在平阳、太原等地，也建有教堂。据阎宗临研究，艾若瑟曾在太原、静乐、平遥、吉县、洪洞、襄陵、太平、蒲州、潞安、岚县、汾州、襄垣等地传教（阎宗临：《中西交通史》，广西师范大学出版社，第 115 页）。由此可见，当时天主教的传播范围还是比较大的。不过，由于天主教各教会之间的矛盾，终于爆发了"礼仪之争"，就中国人能否尊孔祭祖等问题争执不休。虽然康熙帝曾多次派人往罗马交涉，包括樊守义等先后与罗马天主教主教沟通，但没有得到妥善的解决。教会判定不允许中国信教者尊孔祭祖，并派使节至京亲见康熙帝。由于教会使节的傲慢无礼，激怒了康熙帝，下令驱逐天主教传教士出境。至此，基督教在中国传播的第三次高潮消退。至 19 世纪晚期，以基督教新教为主的第四次传播高潮才在中国内地展开。

摩尼教在山西的传播与消退

除景教外，在唐代进入中国内地的外来宗教还有摩尼教。摩尼教的创立者为公元 216 年出生于巴比伦的摩尼。摩尼深感普通民众的疾苦，认为社会是罪恶的。他在 24 岁时创立了摩尼教，自称将在世界毁灭时来拯救人类。摩尼教综合此前已经出现的祆教、佛教、基督教，以及太阳神教等教义，认为世界是由明、暗两宗构成的。现实世界充满了罪恶，处于黑暗之中。人民应该实行严格的禁欲生活，弃暗投明。这一宗教创立后，虽然受到了贫困阶层的欢迎，却由于否定现行秩序，遭到了上层社会的反对，被视为异端。唐时，摩尼教正式传入中国。据《佛祖统纪》，唐武后延载元年，也就是公元 694 年，波斯人拂多诞等携《二宗经》入唐，被认为是摩尼教正式进入中国的开始。但这并不等于摩尼教此前在中国内地没有流传，只是其处于民间流传状态，亦未产生大的影响而已。人们也称摩尼教为明教、明尊教，又音译为末尼教、牟尼教、末摩尼教及妈妈教等。

据史载，由于摩尼教否定现行秩序，受到武则天的欢迎，但实际上一直没有什么发展。甚至在开元二十年，即公元 732 年，由于被唐政权认为摩尼教属于邪教，被"严加禁断"，只允许侨居内地的摩尼信徒信教，不允许中国内地人民信奉。其在内地传播的转机是"安史之乱"。回鹘助唐平乱有功，亦因此而对唐室有重大影响。据说回鹘王在洛阳时曾听摩尼教徒宣讲摩尼教义，深为折服，因此转而信仰摩尼教，并将睿息等四名摩尼教徒带回回鹘。至此，回鹘一改其对萨满教的信仰，奉摩尼教为国教，并要求唐室对摩尼教采取宽容政策，允许其在内地兴建寺院。具体而言，回鹘是怎样改信摩尼教的，各家所说不一。也有人认为是回鹘受到了希望进入内地贸易的信仰摩尼教的粟特人的影响甚至威胁，出于经济、政治利益的考虑，才开始转信摩尼教。如芮传明就认为，信奉摩尼教的粟特商人对回鹘有很大的影响，甚至参与国家事务的决断，他们要求回鹘王支持摩尼教。在突厥语的吐鲁番文书《牟羽可汗入教记》中就记载了粟特信徒与牟羽可汗等的谈判。由此可见，回鹘是在公元 8 世纪时，由牟羽可汗定为国教的。与前说从中原把摩尼教带回回鹘不同。"正是由于粟特人一度真正影响了回纥的高层统治者，所以尽管从时间上看，摩尼教似乎是从中国内地传入了回纥，但是实际上却是由于回纥的压力和影响，才使得摩尼教在中土得以普及和发展。"（芮传明：《丝路古史散论》，复旦大学出版社，2017 年 3 月第 1版，第 209 页）。"安史之乱"后，回鹘助唐平乱有功，也与唐建立了紧密的关系，其中最主要的就是贸易关系。回鹘主要以西域之马换取内地的丝绸，并且常常以次充好，高价交易，使内地苦不堪言。他们甚至在内地强买强卖，抢劫烧杀。《旧唐书》记载，"回纥恃旧勋，每入汉界，必肆狼贪。至太原，云京以戎狄之道待之，虏畏云京，不敢惕息"。这就是说，尽管回鹘进入内地横行无忌，但在太原时，因为当时任太原尹或者是北都知兵马使、代州刺史的辛云京作战有勇有谋，刚毅果敢，屡战屡胜，治军严明，使回鹘对他很畏惧。辛云京在太原任职时，把太原治理得很好，回鹘不敢乱来（杨蕤：《回鹘时代：10—13世纪陆上丝绸之路贸易研究》，中国社会科学出版社，2015年6月第1版，第67页）。芮传明研究认为，摩尼教在中国的所谓"黄金时代"，是回鹘人强大的武力逼迫而来的，唐王朝在某种程度上只是无奈之举。从史料来看，摩尼教在各地建寺，多为应回鹘要求而成。摩尼教实际上并没有形成如其他宗教一样的由官方承认，在民间自发的态势。直至大历三年（768），唐室才准许在长安建大云光明寺，后又在回鹘请求下准许在荆、扬、洪、越等州建寺。唐宪宗元和二年，即公元807年，回鹘使者请于洛阳、太原置摩尼寺三所，唐室许之。从以上的梳理中，我们可以看出，在与回鹘的交往中，太原具有重要的地位。

回鹘之所以请求在太原建摩尼寺，与太原所处地理位置有关。这是因为太原是从中原内地进入草原，然后通往回鹘地区的交通要道。这与太原在玉石之路或丝绸之路之草原丝路上的地位基本一致。有人在讨论回鹘路时指出，唐代回鹘路是以回鹘牙帐所在地哈喇巴拉哈逊为中心，分为西段与南段两部分。而其南段为从长安出发，经过蒲关、太原、振武、中受降城，然后越过阴山，经鹈鹕泉至回鹘牙帐。可以看出，从长安至回鹘，当经过以太原为中心的山西南北地区。《旧唐书》中记载了长庆元年，即公元821年，回鹘宰相、都督、公主、摩尼教徒等至长安迎娶太和公主的事。他们在返回回鹘时，就是从长安出发，过黄河，至太原，在太原的摩尼寺休整，然后才走出中原地区，进入草原，直至回鹘牙帐。英国学者苏珊·惠特菲尔德在其《丝路岁月——从历史碎片拼接出的大时代与小人物》中就有一章专门介绍太和公主前往回鹘和亲的故事。这里介绍的太和公主的行走路线即如此。书中介绍太原，说"这里有一座在回鹘人指示下建造的摩尼教教堂，用以服务这里为数乐观的回鹘人。这是越过回鹘边境后的第一个大城市，最近也变成重要的美酒产地"。苏珊·惠特菲尔德的介绍也同样说明，在山西一带生活着许多回鹘人，从回鹘进入中原，需要经过山西，特别是太原这样的大城市。也正因此，回鹘要求在太原建摩尼寺，以为回鹘人服务。

回鹘被黠戛斯击败，势力大弱，唐室开始限制摩尼教。据唐武宗时的宰相李德裕所著《会昌一品集》所记，言："近各得本道申奏，缘自闻回鹘破亡，奉法者因兹懈怠，蕃僧在彼，稍似无依。……且令于两都及太原信向处行教。其江淮诸寺权停，待回鹘本土安宁，即却令如旧。"（芮传明：《丝路古史散论》，复旦大学出版社，2017 年 3 月第 1版，第 211 页）李德裕所言，似乎是为了回鹘摩尼信徒的安全考虑，实际是武宗禁佛之举，也连带禁断摩尼教。我们需要注意的是，当时仍然至少在表面上保留了长安、洛阳、太原三地允许摩尼行教。这也可以看出太原所处地位的重要，以及摩尼教在太原一带的传播情况。实际上，包括以上所言三地，摩尼教均被禁断。这些地方的摩尼寺，以及摩尼教徒的庄宅财物均被点检没收，摩尼教徒或死或被发配。不过，就太原而言，也是内地最后设摩尼教堂的地方。这是因为回鹘被黠戛斯击破后，其王子温没斯降唐，并被封为怀化郡王，赐名李思忠。李思忠之孙李彦图在唐末时从长安迁至太原留住。为了安置李彦图，特在太原建摩尼寺。公元 929 年，李彦图去世。这应该是内地最晚的也是仅存的一处摩尼寺（沈福伟：《中西文化交流史》，上海人民出版社，第 159 页）。

摩尼教在内地的传播影响也表现在一些重要人物身上。据芮传明研究，武则天、白居易等人均不同程度地受到了摩尼教的影响。摩尼教在武则天执政时得到了支持，正式开始在内地传播。包括芮传明在内的许多研究者认为，这与武则天改唐为周，自立为女皇的所谓武周革命需要理论依据有关。而摩尼教关于现世明、暗二宗的教义，从某种意义上为武则天提供了思想依据。据说她曾经命人伪造了一部《大云经》，为自己登上大位寻找依据。《大云经》中佛陀"净光天女"的身份与预言，正合武则天的身世。出生于无明国、黑暗河的净光天女，先为国王夫人，继为天女，终成女王，似乎成为武则天取代李氏王朝的经义预言。而其中的明、暗两界的设计，与摩尼教教义一致。摩尼教崇拜日月，其教义核心是光明，武则天将自己的名字改为"曌"，新创之字特别使用了日月临空、光照天下的寓意，也应与摩尼教教义有关。而白居易，一般认为他的宗教信仰比较多元，并不拘于一尊。他在生活在摩尼教盛行的时期，所以应该能够比较多地接触到摩尼教及其教义。他在生活中以"白衣居士"自称，并严格实行持斋，与摩尼教徒着白衣，过苦行生活的特点一致。特别是有一首被摩尼教徒认为是白居易所作的"摩尼教诗"。虽然只有 40 个字，却极度精确地概括了摩尼教的基本教义。其诗曰："静览苏邻传，摩尼道可惊。二宗陈寂默，五佛继光明。日月为资敬，乾坤认所生。若论斋洁志，释子好齐名。"（芮传明：《丝路古史散论》，复旦大学出版社出版，2017 年 3 月第 1 版，第 390 页）如果没有对摩尼教义的研读，难以写出如此凝练准确的诗句。尽管武则天、白居易并没有多在山西生活、活动，但他们是山西籍人士，应该也能从某种角度反映出摩尼教在山西的传播与影响。

摩尼教在唐后期被禁断，寺院被毁，信徒四散。总体来看，已经不被官方承认。但是，这并不等于摩尼教彻底销声匿迹，实际上在民间还有比较大的影响。至宋时，南方很多地区仍然有摩尼教活动的存在。如南宋时的廖刚，在其《高峰文集》卷二中就记有"今之吃菜事魔，传习妖教……两浙、江东西，此风方炽"。所谓"吃菜事魔"，就是摩尼教徒的特点。据说温州就有斋堂 40 余处，而福建也有摩尼教的活动，至元未衰。安徽等地也有所谓"吃菜事魔"之风（方豪：《中西交通史》，上海人民出版社，2008 年 2 月第 1 版，第 280 页）。元明之时，仍然有摩尼教的活动。《元史·刑法志》中记有"诸以白衣善友为名，聚众结社者，禁之"。明《太祖洪武实录》中也记有相关事项。《大明律集解附例》中所禁左道乱正之术，亦有明尊教，即摩尼教（方豪：《中西交通史》，上海人民出版社，2008 年 2 月第 1 版，第 401 页）。不过，这些活动已经借助了佛教的概念来指称，或者糅合了道教的内容。这一时期的明教——摩尼教往往聚众结社，并与农民运动结合。如北宋时方腊起义就与明教有关。而朱元璋起事也有很多研究者认为与明教关系密切。清以后虽然明教、摩尼教不见于史籍，但当时流行的白莲教却是受明教——摩尼教影响形成的。它们在山西也有不同程度的活动。

祆教在山西的传播与影响

祆教大约于公元前 6 世纪由波斯的琐罗亚斯德创立。该教为典型的二元论宗教，认为世界由善、恶两段组成。其中代表善的最高神是阿胡拉·马兹达，代表恶的最高神是安赫腊·曼纽，善与恶的斗争形成了历史。善的最高神阿胡拉·马兹达派琐罗亚斯德来到人间传播教义，使世界变得更加真诚、纯洁、繁荣，并最终战胜恶。随着波斯帝国的扩张，祆教得到更广的传播。约公元 3 世纪，祆教被波斯萨珊王朝奉为国教，向粟特地区传播，并与当地传统信仰及其他文明融合，发生了重大的变异，成为具有粟特文化特点的祆教。后在传入中国后，又接受了内地文化的因素，逐步表现出华化的倾向。

祆教什么时候传入内地，学术界意见不一。目前比较多的学者认为大约在公元 4 世纪前半叶（张小贵：《中古华化祆教考述》，文物出版社，2010 年 3 月第 1 版，第 7 页）。《晋书》之《石鉴传》记有"龙骧孙伏都、刘铢等结羯士三千伏于胡天"，这里的"胡天"应该就是西域所谓之天神，是祆教崇拜之神。祆教传入中国后，在史籍中有各种记载，称之为火祆教、拜火教、波斯教等，也有称琐罗亚斯德教者。根据考古发现，在敦煌长城烽燧中存留的粟特文古信札已经记载了祆教初入中国的信息。这表明在 4 世纪初，信仰祆教的粟特人已将祆教带至凉州武威。尽管粟特系的祆教没有完整的经典，也没有完整的宗教体系，但随着粟特人在内地贸易活动的不断深化，以及粟特人大量进入内地，融入中原地区的社会生活之中，祆教的影响逐步扩大。

山西是祆教比较活跃的地区，这主要因为山西是连通丝绸之路的重要枢纽。一方面，通过草原丝路进入中原，山西是必经之地。另一方面，由西域往东，亦多经过山西。据专家考证，西域粟特人进入中原，乃至于再往东迁徙，山西都是极为重要的地区。在并州，及其南北之介州、代州均为粟特人聚集之地。南北朝时期，平城大同是北魏之都城，往来外籍人士云集，其中肯定有众多的粟特人。隋唐时期，太原的地位凸显，被封为唐之北都，其国际化程度非同一般。不仅粟特商人往来频繁，且属于粟特人的其他人士如军人、僧侣、艺术家，以及普通民众等也十分活跃。山西之晋南地区，连接都城长安、东京洛阳，亦是通往草原的重镇，可以说商旅汇聚。据杨蕤研究，蒲州就聚集了大量的粟特胡商（杨蕤：《回鹘时代：10—13 世纪陆上丝绸之路贸易研究》，中国社会科学出版社，2015 年 6 月第 1 版，第 68 页）。而在隋唐时期，史籍多记载今介休一带有"贾胡堡"，应为西域胡商集散之地。唐时内地长安往西域回鹘，需过黄河进入山西，再北上才能进入草原，然后才能够沿黄河与阴山往西。山西这种特殊的地理位置成为西域人士，特别是粟特人往来内地的重要通道。向达曾指出，"太原又多蕃族，或者亦出于西域"（向达：《唐代长安与西域文明》，重庆出版社，2009 年版，第 69 页）。

山西聚集了大量的西域粟特人士。粟特，在中国史籍中多被称为"九姓胡"，包括康、史、安、曹、米、何、穆等，均以国为姓。这些人在山西的活动十分广泛，除前述之经商贸易者外，还有很多人从事其他职业。其中为官者甚众，如唐《康志达墓志》言，其父康日知，曾拜晋州、慈州、潞州等州的节度使。安忠敬的儿子安重璋，曾任泽州刺史，后又任泽潞节度使、潞州大都督府长史等。据毕波统计，粟特人中任职与山西有关的就有安附国的父亲，曾授定襄郡公；史索岩，曾授晋王府库真；康敬本，曾任晋州洪洞县丞，而他父亲曾授阳城县侯；康威，其曾祖父曾授寿阳县开国公，祖父曾授寿阳侯；史庭，其祖父曾为太原府长史等等。最著名的就是史思明，曾授云中太守兼充河东节度采访使等。而安禄山则在幼时曾活动于岚州一带，并曾任平卢、范阳、河东三镇节度使。他们在山西一带的活动是非常频繁的。此外，如史善法、安令节、曹恽、史思礼、康令辉、安金藏等，都与山西有关。张庆捷在他的研究中也指出，汾阳出土的唐时曹君墓志，载其祖父曹贵曾为北齐壮武将军。父曹遵，曾任介州萨宝府军官。《安师墓志》中记其曾祖父安哲曾任北齐贲武将军等等。这些史料均说明，在山西一带活动着大量的粟特人。当中多有从事行伍者，他们所领之兵士，也多为粟特人。而粟特人在唐之前期，还很少与内地人通婚。这就说明，除了这些从军者外，还有大量的从事其他行业的粟特平民。荣新江在他的研究中也强调，北朝隋唐时期在太原著籍的粟特人有安师、康达、康武通、何氏、安孝臣等。

从考古发现来看，也非常典型地反映出山西地区是粟特人聚集的重镇。最重要的考古发现有虞弘墓、徐显秀墓、娄睿墓，以及近年发掘的九原岗墓等，其墓葬石刻与墓葬壁画中存有大量的祆教元素。如虞弘墓中的石棺床画，具有极为重要的代表性。其石棺床座上刻有浮雕火坛，两边是半鸟半人形的祭司。这种形式在世界各地的祆教图像中经常出现，是最具祆教特征的图案。其石棺图像中许多人物均有背光，以表明其神性，与波斯、粟特祆教图像有共同之处。这充分说明，虞弘具有祆教信仰，是祆教徒。九原岗墓葬壁画中，多有有翼神兽，以及联珠纹饰，这也是祆教图案中最常见者。徐显秀墓葬壁画中也发现了马鞍上的联珠纹饰，以及飞翔的神兽，说明祆教在当时的影响很大，其文化因素已经波及非粟特的人群之中。在山西介休，还发现存留有宋时所建之祆神楼。该楼最早建于宋庆历年间，是文潞公文彦博征贝州王则获胜后在家乡所建。其地点在介休东关，初为祆神庙，有楼，后改为三结义庙。此祆神楼应为目前所存之唯一祆教建筑。据光绪十八（1892）《山西通志》载，元大德七年（1303）曾在洪洞县建祆神庙。该庙在县城大南门内路东城根（张小贵：《中古华化祆教考述》，文物出版社，2010 年 3 月第 1 版，第 35 页）。但是，今天我们已经见不到这一建筑，有关的祭祀情况也没有记载。不过，我们仍然可以从中看到，在宋元期间，祆教寺庙仍在各地有建。虽然这一时期粟特人已经完全华化，但其宗教文化还以某种方式存留，并逐渐成为一种民间习俗。

　　由于山西地区粟特人聚集甚众，政府遂设立了管理外籍事务的机构萨宝府。大约从魏晋时期开始，粟特人大量东迁。其原因一是由于受到了厌哒、大食等势力的侵袭，二是出于商业利益。他们沿途在重要的城镇形成聚落，往往立有祆祠进行宗教活动，其首领称为萨宝。至北朝及隋唐，为便于对这些粟特聚落进行管理，历朝均设立萨宝府，并纳入政府管理体系当中（荣新江：《中古中国与外来文明》〔修订本〕，生活·读书·新知三联书店，2014 年 10 月第 1 版，第 161 页）。其萨宝由胡人担任，并设有许多相关职位。山西是西域人士往来频繁之地，形成了许多包括粟特人在内的聚落。各朝政府自然也会任命西域人士来担任萨宝及相关职务，其中最著名的就是虞弘。据《虞弘墓志》，虞弘为鱼国人。应该说，其家族具有比较高的社会地位，至少从其祖父起就担任官员，在各地任职。他自己也在公元 6 世纪北周时，领并、代、介乡团，检校萨宝府。至隋初，又领左帐内镇压并部。这里的"检校"，并不是本职，而是拥有与本职相同权力的"加官"。可能虞弘的本职是"领三州乡团"。在此之外，因为受到重用，又以领乡团的身份另外还可以管理萨宝府事务，这说明他是很受当时政府重视的。除了虞弘之外，相关的史料也有关于萨宝的记载。据洛阳出土的《翟突娑墓志》记，翟突娑本为并州人，后著籍洛阳。他的父亲名翟娑摩诃，为并州的大萨宝。

据荣新江研究，这应该与虞弘任检校萨宝府的时间相近（荣新江：《中古中国与外来文明》〔修订本〕，生活·读书·新知三联书店，2014 年 10 月第 1 版，第 162 页）。曾经在太原萨宝府任职的还有龙润。龙润应为西域焉耆人，其墓志言曾任并州萨宝府长史，时间在唐初。这些史料证明，太原设有负责西域胡人事务的萨宝府机构，并且这里的萨宝府与一般的萨宝府不同，具有"兼领"的功能，就是还担负着对其他地区萨宝府进行管理的责任。由此可见，太原是包括粟特在内的西域人士聚集最众的地区，当然祆教也会比一般的地方更活跃。

与其他外来宗教一样，在武宗灭佛之后，祆教也受到影响。信徒还俗四散，财物被清点。从官方的角度来看，已经很难说还存在。但是在民间，祆教还有比较大的影响。许多地方仍然有祆祠存在。据沈福伟研究，至宋时，山西泽州、潞州、河东等地仍然有祆庙（沈福伟：《中西文化交流史》，上海人民出版社，第 154 页）。存留的史料中如前所述，在介休、洪洞等地建有祆祠。从一些史籍记载来看，山西似乎有比较深的祆教影响。《宋史》记载，"建隆元年，太祖平泽、潞，仍祭祆庙、泰山、城隍，征扬州、河东，并用此礼"。在宋太祖攻取山西地区今晋东南一带后，举行国家祭奠，所用的祭祀仪式就有对祆庙的祭拜，并且把祭祆庙与祭拜泰山、城隍并列。在攻克扬州与山西河东地区后，也采用了同样的祭祀仪式。可见宋时已经视祭祆庙与祭泰山、城隍一样，是官方祭祀的统一祭奠仪式，祆神也进入了中国神灵信仰的"万神殿"（张小贵：《中古华化祆教考述》，文物出版社，2010 年 3 月第 1 版，第 46 页）。这里还有一个问题，就是当太祖祭祀时，是在什么地方进行的？是不是也可以理解为，在山西这些地方仍然存有祆庙？至少在文彦博获胜之后，在介休建了祆神庙，可以佐证当时祆庙的修建还是很普遍的。但是，这一时期已经处于"有祆无教"的阶段。就是说，作为宗教的祆教，已经不存在了，但是作为神灵信仰的祆神还是普遍的。祆庙仍然存在，但祆教已经消失。至于民间为什么相信祆神，有研究者认为，与其灵验有关。一些史籍记载了有人生病，在祆祠祭拜，病马上被治好。这可能与原来祆教徒中有人掌握的医术比较精湛有关。另外一个突出的现象是，在宋话本与元戏曲中多以祆庙为典，且多指男女情欲及幽会之所。这似乎与祆教徒强调信徒的教内婚与内地汉族强调同姓不婚有关（张小贵：《中古华化祆教考述》，文物出版社，2010 年 3 月第 1 版，第 149 页）。无论如何，祆教作为宗教被禁之后，在民间仍然有比较广泛的流传与影响。

主要参考书目：

沈福伟著：《中西文化交流史》，上海人民出版社，2006 年 7 月第 1 版；

阎宗临著：《中西交通史》，广西师范大学出版社，2007 年 4 月第 1 版；

方　豪著：《中西交通史》，上海人民出版社，2008 年 2 月第 1 版；

张小贵著：《中古华化祆教考述》，文物出版社，2010 年 3 月第 1 版；

朱谦之著：《中国景教》，商务印书馆，2014 年 7 月第 1 版；

刘迎胜著：《丝绸之路》，江苏人民出版社，2014 年 9 月第 1 版；

荣新江著：《中古中国与未来文明》，生活·读书·新知三联书店，2014 年 10 月第 1 版；

杨　蕤著：《回鹘时代：10—13 世纪陆上丝绸之路贸易研究》，中国社会科学出版社，2015 年 6 月第 1 版；

芮传明著：《丝路古史散论》，复旦大学出版社，2017 年 3 月第 1 版；

李伯重著：《火枪与账簿：早期经济全球化时代的中国与东亚世界》，生活·读书·新知三联书店，2017 年 1 月第 1 版。

陶寺文化与华夏文明的形成

　　关于华夏文明的形成，已有很多研究成果，但总的来看是各说各话。主要有这样几种表现：一是由于研究的时间点不同，借助的文献，特别是考古资料有限。在新的发现没有出现之前，只能根据现有资料来论证。如许宏《最早的中国》，由于陶寺等遗址的考古报告还没有公布，基本是依据二里头遗址进行的研究。尽管对二里头的分析比较详尽，但其结论却值得进一步讨论。二是基于区域性研究，就是不同地区的研究者主要强调本地的重要性，有争夺话语权的意味。南方的一些研究者强调长江流域的重要性，甘青地区则强调自身的重要性，而内蒙古与辽宁地区的研究者则强调红山文化的重要性等等。这些研究往往带有比较明显的片面色彩，不能全面地分析各种证据，有选择性证明的倾向。三是盲目跟风者。如无视中国的考古发现，简单承认所谓西来说、非洲起源说等等。尽管西来说、非洲起源说已经被越来越多的考古发现证明是站不住脚的，但相关的著作流传甚广，影响很大。从学术的角度来看，不同观点的讨论当然都具有积极的意义，人们可以通过这些观点来开启思路，丰富观点，探寻真相。但是，随着新的考古发现不断出现，关于华夏文明的起源、发展有了越来越丰富的实证。特别是陶寺遗址、石峁遗址等大遗址的发现，为我们的研究提供了更加充分的考古实证。这里我主要就陶寺遗址的文化意义与华夏文明的形成关系的研究谈几点不成熟的意见，供大家批评指正。

一、从目前的考古发现来看，陶寺遗址是华夏文明形成的典型实证

如何认定一种文明的形成，不同的研究者有不同的标准。马克思等认为，随着劳动生产力的发展，社会开始分化，劳动分工出现，形成了不同的阶级，其上层建筑即是进行社会管理的国家。阶级及其国家的出现就是文明形态形成的标志。从考古学的角度来看，人们普遍采用的是城市、文字、大型礼仪中心及青铜器的出现。尽管格林·丹尼尔在其《最初的文明》中强调，在前三项中，只要出现了其中的两项即可视为一种文明的形成。李学勤在讨论中国文明的著作中也认为，在以上所言的四项中具备了其中的两个要素，即可判定一种文明的形成。不过，在现实中，人们似乎特别在意文字的出现，似乎文字成为最重要的判定因素。如果我们只考虑其中两项因素的话，就会发现，国内的考古发现中，有很多遗存均具有文明形成的基本元素。

距今约 7000 年至 5000 年的红山遗址极为重要，其中的发现令人震惊。除大量的陶器、陶片外，还发现了冶铜遗址及大量的冶铜坩埚片。在距牛河梁女神庙约一公里的地方，有一座人工夯土形成的“金字塔”土山。这座夯土金字塔，造型独特，设计别有深意。山上山下均用三圈石头围砌，山头上有 30 多处积石冢群址，1500 个冶铜坩埚。这说明，当时的冶炼技术已经非常发达。此外，红山遗址群中还发现了大量的玉器。其中的各类龙形玉器具有独特的文化意义，可以说是龙崇拜的典型显现。更令人惊讶的是，发现了女神庙及泥塑女神头像。这些发现，完全具备以上两个或更多的要素，是不是也可以认为在这一时期，以红山文化为代表的文明形态已经形成？实际上苏秉琦曾认为，红山文化是“高于部落之上稳定的独立的政治实体”，即“古国”阶段，已经迈入了初始文明社会的范畴（韩建业：《早期中国——中国文化圈的形成和发展》，上海古籍出版社，2015 年 4 月第 1 版，第 143 页）。

距今约 4000 年至 5300 年的良渚遗址，发现了大量的玉器。这些玉

器主要不是实用器，而是礼器。这说明当时这一地区已经出现了社会的分化，形成了从事制作玉器的工匠及其他从事劳动生产的人群，以及能够使用或享有玉礼器的管理阶层。如果仅仅从阶级的出现来看的话，似乎我们也可以判定，在良渚文化时期，一种文明已经出现了。从考古学的角度来看，在良渚遗址中还出现了祭坛，还有位于莫角山一带面积达290万平方米的古城遗址。其中即有30万平方米的莫角山宫室区。在良渚，还发现了少量的青铜器，如果这样的话，我们基本可以说，在良渚时期，一种文明已经形成了。如韩建业就认为，良渚文化已进入早期文明社会（韩建业：《早期中国——中国文化圈的形成和发展》，上海古籍出版社，2015年4月第1版，第135页）。如果我们重视玉礼器的话，是不是也可以说，这种制作非常精美、文化含义非常突出的玉礼器也可以作为文明形成的一种标志性元素？毕竟除了良渚遗址外，包括红山等众多遗址中也存在大量的玉器。

当然，我们不可能在此举更多的实例。其他如姜寨遗址、大汶口遗址、三星堆遗址等均可视为具有文明初现品格的文化遗存。不过，这些文化遗存也存在一些易被人诟病的问题。首先是属于城市的遗存还不够典型，其次是没有发现人们比较看重的文字，或者还不能解读。还有一个非常重要的问题是，我们很难找到这些遗址中文化延续下来的实例。或者说，在某一时期，这些文化发生了转移，在其原生地没有这一文化的传承，可以视其已经湮灭消失。但是，如果我们把研究的重点转向陶寺，就会发现上面这些问题都不存在。陶寺可以说是最为典型地具备了文明形成各要素的大型考古遗址。

相对于姜寨遗址、良渚遗址、红山文化遗址，陶寺稍晚，大约距今4500年至3900年。但是从其存留的文化信息来看，却有许多应该引起我们重视的问题。现在，对陶寺的研究非常不够。首先是作为考古遗址，其发掘整理还不能说已经全部完成，实际上还不断有新的存留被发现。如新近对其宫城及门址进行了更为详细的发掘，还发现了周时的墓葬，这对我们所说的陶寺遗址文化的研究均具有重大意义。其次是不能仅仅把陶寺作为一处考古学意义上的遗址来研究。尽管这一研究具有基础性，但是仅仅简单梳理清其中的遗存还是非常不够的。应该下功夫集中力量从文明形成发展的大视角来看待其存留的文化信息，更多地把陶寺遗址文化与华夏文明的发展统一联系起来进行研究。这样我们就会发现其极为重要的文化价值。

如果从文明形成的角度来看，陶寺遗址所存留的文化信息十分重要。这是一处大型都邑遗址，显然在这一时期，阶级分化十分明显，其中有进行社会管理的机构——宫殿。据最近的发掘，可以看出这是一处使用时期基本贯穿陶寺早、中、晚期的大型宫殿，呈长方形，面积约13万平方米。可以证明这是一处典型的具有国家形态的遗存。在这一时期，除了有对社会事务进行管理、组织的人群外，还有掌握祭祀的上层人群。这些人并不从事具体的体力劳动，而主要承担维护社会秩序、建立信仰的有关精神世界的工作。另外一些人则从事诸如耕种、制陶等劳动生产。在宫城内，有可以确定的仓储区、墓葬区、平民区、贵族区、祭祀区、手工业作坊区等不同的区域，构成了比较完整的城市规制。从考古发现来看，以宫殿为代表的政权组织对周边地区的统领也能够得到证明。最早的"国"的形态已经体现得非常典型。李伯谦也认为，中国古代文明演进有古国、王国、帝国三个阶段，神权、王权两种模式。其中，以红山、良渚为代表的是神权模式，以仰韶、龙山、陶寺为代表的是王权模式。而陶寺是进入"王国阶段"中原地区第一个出现的王国（中共临汾市委宣传部编：《帝尧之都　中国之源——尧文化暨德廉思想研讨会文集》，中国社会科学出版社，2015年12月，第25页）。阶级与国家的出现，当然证明这一时期已经进入了文明时代。

即使单纯从考古学的角度言，陶寺遗址也完全能够证明这一时期文明已经形成。首先是城市。这已经是不容置疑的，陶寺有非常完备的城市规制。其次是祭祀与文化活动的中心。在陶寺发现的大型天文观测台同时也是一处大型的祭祀中心。还有一个非常重要的元素是文字。在陶寺遗存中发现了扁壶上面的朱书文字"尧"与"文"。这些文字已经非常成熟，能够解读。从其书写来看，与两河、古埃及等地发现的刻写文字不同，是用毛笔朱色写出来的。这说明，这一时期的文字已经超越了刻写阶段，有了更为方便实用的书写条件及技能。因而也可以说明这一时期文字的使用进入了一个比较方便、相对普及的阶段。除了这三个要素外，在陶寺还发现了数件青铜器，其中的一件是红铜铃，被丝织品包裹。这说明在陶寺时期，丝纺技术得到了发展，甚至可以说进入了非常成熟的阶段。而铜铃所用元素为红铜，一般认为是青铜器出现的初级阶段所用材料。但是这件铜铃内空有铃，说明使用了复合范铸造技术，是比较复杂的青铜器制造技术。这也可以看出，这一时期的青铜铸造技术已经相当先进。此外还发现了其他几件青铜器，极为精致，造型讲究。如其中的铜蟾蜍，造型就非常生动。

当然，我们在这里只是就陶寺的遗存是否与考古学意义上文明形成的诸元素对应这样的角度来讨论问题的。实际上陶寺的遗存非常丰富，这里暂不赘述。我们只是说，如果在城市、祭祀中心、文字、青铜器这四要素中有两要素存在，即可判定这一遗址有文明形成，或者说处于文明时代，那么陶寺遗址中存留的文化信息是完全能够证明这一结论的。这一时期，陶寺已经处于文明时代。或者说，至少在陶寺时期，华夏文明已经形成。因此，我们应该充满自信地认为，至少在这一时期，是华夏文明的形成期。

二、陶寺文化非常典型地体现出华夏文明的基本特质

一种文明形态的基本品格与其形成的自然地理环境、生产生活条件这些客观因素密不可分。基本上可以说，特定的自然条件影响并决定了特定文明诞生、形成、发展的基本形态、特点与规律。陶寺地处黄土高原之汾河河谷，山西南部。其西是吕梁山脉，吕梁山之西又被蜿蜒而来

的黄河环护。其东是太行山脉，这里是我国三级台地第二级的东缘。隆起的太行山阻挡了融冰期泛滥的洪水，使黄土高原的生命不受洪水的灭绝性侵害。实际上，包括良渚等地文化的消失，与自然气候的变化有着极为密切的关系。很大的可能是，在融冰期洪水肆虐时，诸如良渚这样地处平原、距海岸线较近的地区，被日见高涨的洪水所淹没。在这期间，那里的人们向更高处迁徙，离开了已经不可能生存的原生地。而陶寺一带由于地处高原，有太行山遮挡，成为适宜人类生存的天赐之地。且太行山又是粟作植物的原生地，使这一带的人们能够比较方便地收获更好的果实维系生命。陶寺地处太行、吕梁两山之间，汾河岸畔。在汾河河谷，有广阔的平原地区，其周边及其核心地带有大量的高山、丘陵、平原。这一地貌恰恰为不同气候与自然变化期间人们的生存提供了绝好的条件。在洪水泛滥时，人们可以就近迁徙至相对高的地区，而不需要远涉他乡。这种状况，保证了文明能够持续生长。

　　黄土高原东部的气候非常适宜人类生存。它基本处于温带，可以说四季分明。人们能够比较规律地根据季节的变化进行耕种、收获。在陶寺更北的地区，从气温的角度讲，应该相对寒冷，但并不会因此就影响耕作。这就为其文化的拓展提供了可能，其文化的生命力得到增强，不会因为受到比较大的冲击就出现文化的中断夭折。事实是由于这一带比较早地进入农耕时代，又与游牧文化相互交融。游牧文化相对更强劲，而农耕文化相对更先进。二者在错综复杂的历史进程中不断博弈，不断融合，呈现出农、牧互补的状态。总的趋势是农耕文化向四方拓展，游牧文化向更北方延伸。当自然环境与气候发生变化时，这种进退博弈就表现得十分典型。但是陶寺及其影响的区域有比较复杂多样的地形，缓和了这种冲击，也就使脆弱的文明能够得以保存、生长。

　　地处高原，两山夹峙，两河环护，即所谓的"表里山河"，这使以陶寺为中心的地区具有某种相对的封闭性。这种封闭对初生文明而言，有非常重要的呵护作用。但是，并不等于这样的自然地理条件是绝对封闭的。如果这样的话，其生命力将会枯萎。幸运的是，在这种相对的封闭之外，还有相对的开放。黄河、汾河的水运使外来的文化能够进入。更主要的是，从南往北沿汾河河谷盆地形成了能够通达南北的地势，成为其连通外界的重要通道。在华夏文明生成与成长的漫长时期内，不同的文明元素经这一通道联系起来，并融为一体。这也决定了华夏文明在其形成的过程中又具有积极的开放性、包容性。

据苏秉琦等研究，在大约距今 7000 年至 6000 年的时候，陶寺一带的文化呈现向各地移动的现象。它们以陶寺为中心向北，然后分成两个方向迁徙。其中的一支往西北方向，与鄂尔多斯河曲地区的文化相遇。还有一支往东北方向，与红山地区的文化相遇。这一文化迁徙形成了一个 Y 字形的走向。当陶寺文化与其他文化相遇时，并没有发生你来我走、你死我活的局面，而是形成了一种融合共存的状态，呈现出你中有我、我中有你的格局。这就是说，这些文化元素在其迁徙交流中发生了共存性质的融合。在大约距今 5000 年的时候，又发生了一次从红山一带、鄂尔多斯河曲一带回迁的现象。它们在北方融合之后返回至陶寺一带。这种新的文化形态既有陶寺文化的因子，又有这些地区文化的因子，并且呈现出新的面貌。苏秉琦也指出，在距今大约 5000 年至 4000 年的时候，各地最先进的文化向陶寺一带汇聚，除前面所言的红山文化、鄂尔多斯文化外，诸如大汶口文化、良渚文化等都在陶寺有鲜明的体现。他认为，"大约在距今 4500 年，最先进的历史舞台转移到了晋南。在中原、北方、河套地区文化及东方、东南方古文化的交汇撞击之下，晋南兴起了陶寺文化。它不仅达到了比红山文化后期社会更高一阶段的'方国'时代，而且确立了在当时诸方国的中心地位。它相当于古史上的尧舜时代，亦即先秦史籍中出现得最早的'中国'，奠定了华夏的根基"（转引自山西省社会科学界联合会编：《这里最早叫"中国"》，北岳文艺出版社，2017 年 6 月第 1 版，第 141 页）。

陶寺时期，正是仰韶文化庙底沟类型活跃的时期，其中的彩陶具有代表性。在陶寺遗址中，我们发现了彩陶龙盘，其中的"龙"正是红山文化的重要元素。这也就是说，在经过长期的融合之后，庙底沟类型的文化融合了红山文化中的龙崇拜元素。陶器中的三足袋器是河曲地区的文化元素。其中的扁壶则被认为是具有大汶口文化特征的元素。在陶寺也发现了大量的玉器，其中的玉琮等被认为是良渚文化的表现。另外还有俎刀等也被认为是浙北一带的文化元素。韩建业在其对早期中国文化圈形成和发展的研究中认为，在距今 4500 年时期的陶寺文化，是在仰韶文化庙底沟二期的基础上融入了大量东方文化的因素形成的。其中除了庙底沟二期的传统器物外，"还有大量良渚文化或者大汶口文化晚期因素，包括常施彩绘的高领折肩尊、折腹尊、簋、豆等陶器"，以及其他众多器具与彩绘图案等（韩建业：《早期中国——中国文化圈的形成和发展》，上海古籍出版社，2015 年 4 月第 1 版，第 164 页）。这种现象说明在陶寺遗址所体现出的文化特征中，具有典型的开放性与包容性，这一特征与其生存的自然地理环境有极大的关系。

首先是这一带的气候非常适宜人类生存。其次是这一带是农耕得到更快更早发展的地区，比其他地区更容易获得供人类生存的食物。此外，这一带还有其他地区缺少的资源，如在陶寺南部的盐池，是远古时期至为重要的战略性资源，其重要意义相当于今天的石油。还有一个非常突出的特点是这一带有可供人们在遭遇自然灾害、战争爆发时的回旋空间。以黄河、汾河为主干的众多河流，使早期人类能够比较方便地获取水源。平原、丘陵、山地错杂，使人们可以在不同的情况下有保证生存的自然条件等等。相对封闭的环境又使这里生成的文明元素能够较好地得以生长、保存。因而，在人类漫长的发展进程中，这一带既是文明生长的中心之一，又是文明能够经受各种打击而不会夭折，并得以成长的具有独特优势的地区，更是对其他地区人群具有吸引力的富庶文明之地。当其他地区的人们在遭遇灾害、战争、气候变化，以及随着人口的增加，环境难以提供相应的支撑时，这里就成为理想的迁徙目的地。而这一带的人们，由于自身所处地域的广阔、优裕，以及自然资源的丰富性，对新进入的人们并不采取非此即彼、有我无你的排斥态度，而是由于生产力的先进，表现出突出的同化品格。虽然当外来人群进入时，也会有激烈的战争，但最终的结果却是共处。这一点在史籍的记载中也多有体现。

传说中，炎黄二帝的融合就非常典型地体现了这种文化特质。炎帝神农氏部族在太行山脉发展出了先进的农耕文化。但是，以游牧为主的黄帝轩辕氏部族由于气候等原因向晋南迁徙时，与炎帝部族发生了争夺生存空间的战争。战争的结果是炎帝部族的统治地位被黄帝部族取代，黄帝成为新的统治者。但是，这种取代并不是对炎帝部族的灭绝，而是融合，成为炎黄一体的民族形态、生产生活形态。黄帝部族从游牧向农耕进化；炎帝部族则汲取了黄帝部族战斗力、机动性强的特点，以及在科技方面的优势，共同形成了华夏民族的早期形态。比较典型的例证就是当蚩尤部族争夺对这一地区的控制权时，炎黄联合抗击蚩尤，取得了胜利。蚩尤部族除一部分向四边流散外，更多的部族成员融入了炎黄部族之中。而蚩尤部族拥有的先进的冶铁技术等也为炎黄民族所用。

很多研究者寻求将炎帝、黄帝及蚩尤部族的活动与考古发现的文化对应起来，希望能够从考古的层面解读历史。如很多人把红山文化与黄帝部族视为一体等，这种研究很有意义。就目前来看，其研究多为分析与推测，仍然存在许多疑问，这就是还是没有找到能够证明这种观点的考古实证。所以，我们也很难说红山文化向南迁徙，进入太行山地区，直至陶寺一带，与原有的仰韶文化庙底沟二期的融合肯定就是炎帝部族与黄帝部族的融合。但是，我们可以大致得出的结论就是，由于陶寺一带相对优越的自然地理气候条件，使其生产力得到了较快发展，成为当时具有引领意义的文化形态，也因此而对周边族群产生了吸引力。他们逐步向这一带迁徙，以求获得更好的生存环境。在这一过程中，新进入的族群与原有的族群发生了冲突，当然也经过了战争这种手段。但是，尽管存在战争，外来者与原生者并不是你死我活的关系，而是在主导权确立之后，形成和谐共处、相互借鉴、共同发展的格局。这一特点也使以陶寺为代表的文化在最初形成的时候，就具备了开放与包容的品格，成为华夏文明的重要特征，并影响了这一文明之后的发展。

三、陶寺是连通四方及向周边扩张与拓展的枢纽

既然周边地区与以陶寺为中心的晋南地区有非常重要的联系，就说明这一地区具有连通四方的通道。这当然符合其地理环境条件。

以陶寺为代表的农耕地区，具有相对的封闭性，使得这一地区原生文化能够得到呵护。但是，这一地区也具有相对的开放性。这种开放性首先体现在自然环境中。在今天山西的西南部，黄河从西向东转弯的地区，河水比较平缓。其中的风陵渡可为代表，是人们从关中进入晋南的水上口岸。被视为以玫瑰花为图腾的"华族"在黄河两岸、今晋陕豫交界处活动往来，这里也成为连接晋陕豫三地黄河三角洲地带的交通枢纽。有人认为，夏人即由此进入晋南地区，或者由此扩展至西北地区。也有人认为黄帝部族亦以此为通道迁徙进入山西。在山西的西北部，黄河从西北向南拐弯的地区，黄河更为平缓，也是从今陕西北部进入山西的渡口，这里形成了晋陕蒙连接的河曲三角洲地区。在晋北东部，沿燕山一线，有通往东北地区的通道，将燕云连为一体。同时，这里也是从中原地区进入草原地区最便捷的路线。沿太行山南下，有太行八陉，是翻越太行山的八个孔道。这些陉的存在，使人们能够连通太行山东西两侧地区。而在太行山南部，则有连通今河南的山路，成为从太行山南下，进入中原平原地带的通道。此外，山西境内包括汾河、桑干河、漳河等在内的河流是重要的水上通道。特别是黄河从西而南，而东，环护山西，沿河有许多重要的口岸，是水上运输的重要路径。尽管如此，但总的来看，这些路线并不平坦，而是险阻重重，非常不易。不过对于早期人类而言，这些通道已经能够使他们在长期的活动中寻找到适宜的生

活目的地。

叶舒宪等在对中国玉石文化的研究中发现，"山西道"是非常重要的玉石传送路线。他们通过研读历史文献，进行实地考察，认为"商周时代以前的西域与中原交通，除了陇东线路即玉石之路泾河道以外，还应有一条不为人知的北线，即沿着黄河上游的走向，向宁夏和陕北、内蒙古交界处运输，然后再通过黄河及其支流的漕运网络，进入黄河以东的晋北、晋中和晋南地区。早期的运输方式在家马出现之前，应以水路运输为主，在家马出现之后（商代），在黄河水路之外，新开辟出一条极为重要的陆路，即南下雁门关后直达晋中和晋南盆地，进入中原的陆路通道"。他强调，在秦始皇修筑咸阳直通上郡（陕西榆林、神木）的秦直道之前，中原王朝与北方草原地区及河西走廊地区最重要的陆路通道，就是经雁门关而贯穿三晋大地的这一条（叶舒宪：《玉石之路踏查记》，甘肃人民出版社，2015 年 10 月第 1 版，第 65 页）。通过对上古时期玉石传输沿线重要考古遗址中玉器的考察，叶舒宪认为历史上曾经存在一条"西玉东输"的线路，这条线路就是上面所言的玉石之路"山西道"。早期，沿黄河水路传输，商代以后主要依靠陆路。前者为玉石之路山西道之黄河水路，始于 4000 多年前的龙山文化—齐家文化时期；后者为玉石之路山西道之雁门关路，始于约 3000 年前商周之后的家马引入中原并成为新兴运输手段之后。这也就能够解释西部至少从甘青地区的喇家遗址、齐家遗址—陕西北部石峁遗址—山西兴县小玉梁遗存—山西陶寺遗址、清凉寺遗址—河南妇好墓遗址—浙江良渚遗址等形成了远古玉器传播的路线。这些遗址不一定处于同一时期，但玉器的传播线路大致如此，特别是这些遗址中所用玉石大部分由西而来。其中，陶寺地区成为一个具有典型性的枢纽地带，连通了东西部地区。除了玉石之路的路线之外，苏秉琦所言之庙底沟文化类型向北移动的 Y字形路线也是陶寺一带文化传播的重要通道，沟通了庙底沟文化拓展的南北通道。这样来看，陶寺一带就处于农耕连通南北东西十字路口的中心。说它是枢纽地带应该是非常准确的。

从考古学角度来看，以陶寺为中心的仰韶文化庙底沟类型，特别是庙底沟二期的文化存在着由中心向四周开展的现象。一般认为，山西晋南地区的枣园遗址、西阴村遗址中发现的彩陶玫瑰花图案、双唇小口尖底瓶陶器等为庙底沟文化的原生文化。这些文化因素在晋南一带生成，并表现出积极地向四周拓展的态势。不仅遍布以晋、陕、豫为中心的中原地区，而且波及北至大漠燕山、长城内外，南越秦岭淮河、长江流域，东达沂蒙山区、渤海沿岸，西及祁连山、甘青之地的广大地域。西阴文化"在其萌芽、发展、扩张、收缩、瓦解的过程中彻底摧毁了固有的文化格局，造成了诸多族群的重组与融合，其以绚丽多姿的彩绘花纹为旗帜，开启了华夏族群浩荡洪流的先河"，并且奠定了先秦中国的空间基础（杜学文主编：《山西历史文化读本》，山西教育出版社，2013 年 10 月第 1 版，第 34 页）。这其中，陶寺地区是中心地带。

四、陶寺文化确立了华夏文明价值体系的基本形态

有学者指出，在公元前 4000 年前后的庙底沟时代，形成了范围广大的早期"中国"。而其强势的核心区域使其文化因素渗透到周围地区，并使它们以这一核心地区的文化认知为主体文化认知。其中的原因"显然与中原核心地区令人仰慕的文化特质和足以服人的文化策略有关"（韩建业：《早期中国——中国文化圈的形成和发展》，上海古籍出版社，2015 年 4 月第 1 版，第 106 页）。其中最主要的特点是依靠优秀文化的辐射影响而非军事经济的干预，而这些"优秀文化"的形成确立与陶寺一带的文化活动有着非常密切的关系。

根据考古发现，在陶寺已经确立了"中""和"等十分重要的理念。但是，更多的文化范畴我们很难从考古遗存中发现明确的实证。不过，我们仍然可以从流传至今的文化典籍中找到生动的例证。首先我们注意到，这一地区的发展与其科技的发展是密切相关的。从渔猎游牧至

农耕播种，这种生产力的进步经过了漫长时期，其间，人类主动性的强弱非常明显地产生着影响。由于这一地区自然环境的优越，使生活在这里的人们能够有更多的时间来考虑发展的问题，而不是把更多的时间用于维系生存。因此，我们在典籍中能够找到先人们是如何发挥自己的聪明才智进行研究创造的。如炎帝，亲尝五谷，教民稼穑，发明了耒耜、斤斧等诸多劳动工具，发明了制陶技术，通过尝百草发现医治病苦的草药。还有一个非常重要的发明就是创建了交换市场。黄帝时期的发明更为广泛，如舟车、道路、房舍、铸铜、缫丝、打井等。更重要的是发明了音乐、文字、数学，建立了初现端倪的社会管理制度与礼仪教化规范等等。在尧时，更是对天文学做出了巨大贡献，使农业生产出现了极大进步，社会生产力水平得到了巨大提高。同时，他还开始了城市建设、农事水利建设，建立原始的法律制度、音乐礼仪制度与社会管理制度等。并且，命大禹治理洪水，命后稷管理农业事务，命契教民礼仪道德等。显然，这一时期以晋南陶寺为中心的地区在社会管理水平、道德伦理水平、社会生产力水平等诸多方面都是当时最为先进的，其对周边地区的影响力、吸引力自然是非常强大的。

同时，我们也注意到，在这一时期，价值体系的初步形成也为人文教化、稳定社会、充实精神世界等发挥了重要作用，基本奠定了华夏民族的价值认知体系。这主要表现在人与自然的关系、人与社会的关系，以及人与自我的关系几个方面。

远古时期，人类对大自然的认识处于较低水平。但是，以陶寺为中心的华夏民族已经能够用积极的态度来构建人与自然之间的关系。从尧高度重视天文学的研究来看，就是要积极地把握自然运行的规律，从而在适应自然规律的基础上为人的生产生活创造更为积极的条件。那一时期，人们已经基本掌握了自然循环运转的周期规律，并依据这一规律来安排农业生产。最具典型意义的是大禹治水，他汲取父亲鲧用湮堵的方法治水失败的教训，摸索出用疏导治水的科学方法，取得了成功。在这里，人与自然之间尽管是对立的，存在矛盾的。但是，解决其矛盾的方法是人要适应大自然的运行规律。人与自然之间是一体的，这是中国传统文化观念中"天人合一"思想的最早实践。还有一个非常重要的方面是，在人与自然的矛盾面前，人是有主动性的。这种主动性表现在人积极地把握自然的规律，而不是简单盲目地强调二者之间的对抗。这与西方如古希腊神话的观点是非常不同的。在古希腊神话中，人是没有主动性的，人与自然之间的矛盾是一种绝对的矛盾、无解的矛盾。所以就会出现在大洪水来临时，只能乘坐方舟逃离的选择。这就是说，人与自然不可能达成和谐共处的境界。西西弗斯神话所言之推巨石上山的命运是西方世界所理解的人类命运。这里的人被命运所规定，形成难以在现世实现人生目的悲剧。而在中国传统神话中，虽然人类要经过各种艰难困苦，但是终将实现自身的目标。这种实现是建立在与自然沟通的同一性上才完成的。

人与社会，或者说人与他人的关系是中国传统文化中最为重要的课题。在陶寺时期，这一课题的探索已经有积极的解答，这就是个人对社会、他人的责任。传说中的炎帝为了能够找到解民病苦的草药，不顾生死尝试各种野草，直至因食百足虫而中毒身亡。他把自己的生命贡献给了他人，献给了社会。他的大儿子尝了未开化的谷子后中毒，二儿子尝了未开化的麦子后同样中毒，三儿子尝了未开化的豆子后也中了毒。虽然他们均被抢救过来，却成了头小腰弯的"怪物"，身体受到了巨大伤害。大禹在治水过程中，常年劳作在工地，三过家门而不入，自己的孩子都不认识他。他腿上的汗毛都磨秃了，手脚长满了老茧，面色黧黑，跛脚难行。在这些传说中，强调的均是个人对他人及社会的责任，突出个人对社会的奉献、牺牲。在个人与社会的关系中，社会是整体，个人是整体中的一份子。每一个个人都要为社会承担责任，才能够保证社会的完善、进步。这也与欧美神话中强调的个人利益与社会利益之间的矛盾是不同的。在这些神话与传说中，突出的是个人命运的不可抗拒性，以及个人欲望的最大化。如特洛伊战争，并不是为了道义、集体，而是为了个人喜爱的美女。即使是创世之神亚当与夏娃，也经不住欲望的诱惑。因而，我们在这些神话与传说中找到了民族价值观最早的基因。

个人的存在价值如何体现，人怎样才能得到幸福？这也是由不同的价值观决定的。价值观的不同，决定了人价值选择的不同。在陶寺时期的神话与传说中，比较突出地强调了个人价值的社会性。如唐尧最大的愿望是为民服务，而不是享受民力。他认为，如果天下有一个人挨饿，就是自己使人饿，如果有一个人受冻，就是自己使人冻。所以他总是把民众的冷暖放在心上，轻徭薄赋，让利于民。而他自己住的是茅草之屋，吃的是粗茶淡饭，所用之物不加修饰，不求奢华。在位 70 年，以仁爱治国，生活俭朴，天下大治，深受民众爱戴。所谓"顺天之意，知民所急"，因而"其仁如天，其知如神"，九族既睦，协和万邦。虞舜最为人称道的是他的道德情怀与勤政品格。他孝顺父母，体察民情，勤政重贤，所处之地，民相趋赴。夏禹虽贵为帝，仍然巡行天下。据说他遇到耕地的农夫，要脱帽致敬，路过村落，必下车步行，直至在巡行中累死途中，葬于会稽。他的墓葬，只有"衣衾三领，桐棺三寸"，不愿浪费民财。这些体现在个人人格方面的品质也成为华夏民族价值观中的重要内容。

对这些属于价值体系的内容，虽然是在典籍中记载的，经过了记载者理想化的加工，与历史的原貌存在距离。但是，其中仍然透露出某种历史的真相。如果没有与记载者价值选择一致的行为，人们就不可能在典籍中反复强调。所以，也体现了民族价值体系形成之初的真实历史。从这些记载中，我们可以了解到，在陶寺时期，华夏民族价值体系最基本的元素已经形成，并对之后价值体系的完善、发展提供了基本的文化基础。

目前，对于陶寺文化的研究仍然处于起步阶段。我们要充分认识陶寺文化对华夏文明产生、形成、发展的重要意义。这并不仅仅是山西的事情，至少是事关如何认识华夏文明及中华文明的重大问题。也许，通过对陶寺文化的研究，可以使我们重新走进民族的精神文化世界，看到一个民族形成的具有规律性意义的内容。为此，我们还要做许多艰苦细致的工作。

2018 年 3 月 31 日 23：12 于劲松

2018 年 4 月 1 日 22：51 改于劲松

交流与融合

——从陶寺看中华文明的基本品格

中华文明在形成发展的过程中，不同地区、不同类型文化之间的交流与融合成为其最基本的品格。这种交流与融合既是其形成的必要条件，也对其后文明的发展进步产生了根本性影响。在这一过程中，陶寺文化具有至为重要的地位。

一、从陶寺所处地理环境来看其品格形成的必然性

陶寺地处今山西临汾，在历史地理上具有非常特殊的意义。

首先，这里地处温带，是黄土高原上的一处盆地，适宜于农业的发展。黄土本身具有宜农的特点，温带气候又使陶寺地区四季分明、昼夜温差明显，降雨量适中，有利于农作物的生长。地处高原也有其极为重要的意义。特别是在融冰期，洪水泛滥，平原地区被水淹没。而高原地区则受影响较小，陶寺周边的山岳丘陵可以供人们迁徙生活。其次是这一带的自然环境既具有封闭性，又具备某种程度的开放性。陶寺四面为山河环护，它的东面、西面为太岳山，北面为吕梁山，更北为黄河，南面则是中条山及太行余脉。尽管在漫长的历史进程中，这些山地生活着不同的以游牧为主的族群，但总体来看，山河环护的特点对其文明的形成、生长意义重大，特别是对外部势力的进入会产生阻挡作用。但是，这种环护又不是绝对的，而是相对的。陶寺往北，是一连串的盆地，包括晋中、太原盆地，忻定盆地及更北的大同盆地。沿盆地北上，可越过

雁门关进入草原地区，往东则进入燕、辽一带。其南面是运城盆地，连接黄河拐弯的风陵渡一带，可跨过黄河进入陕西中南部及豫北地区。同时，太行八陉中的轵关陉、太行陉等可直达黄河以南地区。其中的轵关陉更是从山南穿越太行山后可直达陶寺。这种地理条件使陶寺一带在文明形成、生长的进程中能够接受其他地区的文化影响，并使自身文化发生新变而不至于僵化。从某种意义讲，它处于一个有限封闭又有限开放的地带。

根据历史资料与考古发掘，我们知道陶寺一带是上古时期东西及南北的交流中心。近年来，人们比较关注的玉石之路，有"西玉东输"与"东玉西输"之说。所谓"西玉东输"，是指西部，包括西域地区的玉作为材料输送至东部地区。如河南妇好墓中的玉器已被证明由西部而来。但是，玉器所包含的制作工艺、文化理念又从东部被反传回西部，是为"东玉西输"。我们从红山玉器、良渚玉器、大汶口玉器，以及偃师二里头玉器、安阳妇好墓玉器与之后的石峁玉器、齐家玉器等可以大致梳理出玉石的这种传播情况，但是其中缺少从西北至东北的连接纽带。实际上这一连接点即是以陶寺为枢纽的山西地区，如在兴县碧村、芮城清凉寺、临汾下靳村等遗址中都发现了大量的玉器。其中陶寺的玉器最为典型，可以认为陶寺一带是玉石东西传输的中转枢纽。

据专家考证，在商代大规模车载运输出现之前，东西交通的主要通道是水路。而在陶寺之西的黄河正是玉石输送的重要通道。商时，车载运输得到快速发展，道路系统也出现了新的变化，陆路的重要性显现。至周时，陆路交通的规模、便捷性、管理等均得到了大大的提升。叶舒宪等经过实地勘察，认为玉石之路的东西传输，存在一条山西道。在商之前，主要为水路，黄河是其主干道。商后出现了陆路运输，与水运并驾齐驱。山西道的陆路主要走雁门关而后南下进入陕豫。不论是水运还是陆运，陶寺都在其干道附近地区。从其中发现的玉器来看，应是玉石传输的重要中转站（叶舒宪：《玉石之路踏查记》，甘肃人民出版社，

2015 年第 1 版，第 12 页）。

正因为陶寺一带地理条件的特点，决定陶寺文化的形成有接受其他地区文化影响的可能性。而事实上，陶寺文化确实融合了不同地区的文化元素，经过创新转化之后蔚为大观，在华夏文明的形成中产生了重大影响，也奠定了华夏文明开放、交流、包容、融合的基本品格。

二、从考古发现看陶寺文化的形成及其品格

陶寺遗址的发掘是中国现代考古事业的重要收获，其意义仍然缺乏积极的研究探讨。经过历代考古学家数十年的不懈努力，其面貌逐渐显现，重要性被逐步认可。其对中华文明基本品格的决定性影响也逐渐得到关注。

从考古的角度言，苏秉琦先生已有非常经典的论述。他认为，在距今 7000 年至 5000 年，仰韶文化庙底沟类型沿黄河、汾河与太行山山麓上溯，在山西、河北北部的桑干河上游至内蒙古河曲地带，一方面同源于燕山北侧的大凌河红山文化碰撞，实现了花与龙的结合。另一方面又同河曲地区古文化结合产生三袋足器，这一系列新文化因素在距今 5000 至 4000 年间又沿汾河南下，在晋南地区同来自四方（主要是东方、南方）的其他文化再次结合，这就是陶寺（苏秉琦：《中国文明起源新探》，辽宁人民出版社、人民出版社，2013 年 8 月第 1 版，第 119 页）。在《迎接中国考古学的新世纪》专访中，苏秉琦先生指出，大致在距今 4500 年，最先进的历史舞台转移到了晋南。在中原、北方、河套地区文化以及东方、东南方古文化的交汇撞击之下，晋南兴起陶寺文化，确立了在当时诸方国的中心地位，奠定了华夏的根基（苏秉琦：《满天星斗：苏秉琦论远古中国》，中信出版集团，2016 年 11 月第 1 版，第 80 页）。这些论述强调了这样几个方面：一是陶寺在华夏文明的形成中具有极为重要的地位；二是陶寺文化是汇聚了当时各地最先进的文化形成的新文化；三是陶寺所在之地是各种文化交流汇集的重要通道

与枢纽。

这种交流融汇首先表现在农作物方面。在世界范围内，中国是粟作植物与稻作植物的原生地。粟作植物已被证明原生于太行山地带，河北武安的磁山遗址、山西沁水的下川遗址、河南新郑裴李岗遗址等均有发现。而在浙江河姆渡遗址、湖南玉蟾岩遗址等地均发现了稻作植物的遗存。这些发现证明在大陆存在稻、粟二元谷物农业体系。至少在公元前6000年左右，各文化区的交流表现得比较活跃，南北地区的稻、粟作农业扩张显著。考古发现，在距今4500年左右，陶寺已经出现了野生稻。韩建业认为，在公元前3500年左右，"稻作农业不但存在于淮河流域、黄河下游大部，而且还见于黄河上中游地区；粟作农业则向南渗透到汉江流域。"（韩建业：《早期中国：中国文化圈的形成和发展》，上海古籍出版社，2015年4月第1版，第153页）。此外，在陶寺发现的彩绘龙盘中，一般认为龙口含有麦穗，而麦的原生地为中东两河地区。这是否可以说明原生于中东地区的麦作植物已经传播至中原一带？尽管目前还缺乏实物证明，但彩绘图案也有比较重要的意义。

其次是器物方面。这是陶寺融汇各地文化形成自己文化最具代表性的部分。首先要谈的是陶寺接受了东方文化，包括大汶口文化、良渚文化的影响。其中，如"常施彩绘的高领折肩尊、折腹尊、簋、豆等陶器，彩绘多以红色为底，有白、黄、黑、蓝、绿诸色，回纹、涡纹、勾连纹、蟠龙纹等图案；案、俎、盘、豆、盆、勺、碗、杯、仓形器等彩绘木器或漆器；以及曲尺形厨刀、多孔刀、钺、铲、戚、琮、璧、璜、璇玑（牙璧）等玉或石器"（韩建业：《早期中国：中国文化圈的形成和发展》，上海古籍出版社，2015年4月第1版，第164页）。在这些文化元素的融合中，良渚玉器经大汶口地区传入晋南陶寺。陶寺的玉器不仅在形制上与其一致，在文化理念上也可以说是良渚玉文化在中原地区的拓展。在陶寺，发现了大量的玉钺、玉戚、玉琮、玉璧、玉面兽冠状饰、玉璜等玉器。

北方地区与陶寺二者之间的交流融合也表现得非常突出。按照韩建业的研究，在公元前 2200 年左右，北方老虎山文化南下，推动陶寺文化发生了转化。如陶寺出现了大量老虎山文化的双鋬鬲，还有单把鬲、深腹簋、折肩罐、圈足罐、侈口罐、折腹盆、甗、单耳罐、单耳或双耳的平底或三足杯、粗柄或细柄豆，以及有灼痕的卜骨等（韩建业：《早期中国：中国文化圈的形成和发展》，上海古籍出版社，2015 年 4 月第 1 版，第 166 页）。另一极为重要的现象是红山文化对陶寺的影响，如之字纹陶筒形罐以及鳞纹、填充斜线的三角形、棋盘格、菱块纹、条带纹等彩陶因素也影响到内蒙古中南部、河北、河南中部，特别是山西地区。

以上所言之交流融合仍然是外在的，最重要的融合应该是在陶寺实现了华夏民族"花"图腾与"龙"图腾的融合。仰韶文化庙底沟类型最显著的特点是"花"——也称为"西阴之花"。多有学者认为庙底沟文化应称"西阴村文化"，这种以"花"为标志的族群应该就是"华族"。"西阴之花"即是中华民族最早的文化标识。在大约距今 7000 年至 5000 年前的时候，仰韶文化庙底沟类型沿汾河流域北上，越过太行山进入燕山山脉之北，与南下的红山文化在今河北张家口蔚县一带相遇。而红山文化最重要的标志就是"龙"。

红山文化是华夏文明形成中十分重要的文化，在其考古发掘中已经发现了大型祭坛、女神庙等建筑。同时其石器、玉器也非常丰富，其中的玉器相当部分为礼器。这些都说明当时已经出现了社会分工，产生了阶级，最初形态的"国"已经形成。同时，以"龙"为标志的图腾崇拜十分典型，有大量的玉猪龙（或玉雕龙）玉礼器，以及由石块摆置的龙与彩陶龙纹等。在与仰韶文化庙底沟类型相遇之后，这一带也出现了彩陶，以及简化的花瓣图案。在约距今 5000 年至 4000 年之间，这一源于渭汾流域的"花"文化类型与源于大凌河一带的"龙"文化类型在相遇融合之后出现了返回渭汾流域的现象，并在今陶寺地区形成更为发达的文化形态。我们在陶寺发现的彩绘龙盘就是最为典型的证明。在陶寺，"龙"与原来的"花"终于成为华夏族群的图腾信仰。

苏秉琦先生对陶寺文化多元一体、交流融汇的历史文化现象有精辟的论述。他指出，在陶寺发现的斝、鬲、彩绘龙纹陶盘，彩绘、朱绘黑皮陶器包含了北方因素，根与北方有关。他这里所说的"北方"，主要是指今内蒙古东南部与辽宁北部一带的红山文化，其中即有彩陶龙纹，以及稍后的朱绘黑皮陶器等。而陶寺圆底腹斝到三袋足捏合而成的鬲的序列之原型可以追溯到河套东北角（河曲）与河北西北部的尖圆底腹斝。其扁壶序列的近亲则应到山东大汶口文化中寻找。墓葬中发现的随葬品"厨刀"则要到江浙良渚文化中寻找其亲缘（苏秉琦：《中国文明起源新探》，辽宁人民出版社、人民出版社，2013 年 8 月第 1 版，第118 页）。苏秉琦认为，陶寺文化的形成，并不是单一文化的独立发展，而是由不同文化的相互交流融合之后产生了新的转化，并达到了历史的高度。其形成方式决定了陶寺文化的品格特征。

三、陶寺文化对华夏文明及其品格的影响

相对于众多的文化遗址，陶寺具有非常突出的意义。主要表现在这样几个方面。

首先是陶寺文化的先进性。也就是说，陶寺文化是特定历史时期最具先进性的文化。苏秉琦先生在分析了各地不同文化对陶寺的影响之后，特别强调在陶寺发现了"磬和鼓"的礼器组合。它们一般出现在贵族大墓之中，表明这些组合乐器并不是任何人都可以使用的，而是属于高等贵族，即具有相当社会地位的人。他们是在厅堂或更隆重的场合，作为礼仪性质的设施出现。在陶寺还发现了成套的朱绘漆器，也具有礼仪性质。苏秉琦认为，"晋南陶寺文化是又一次更高层次、更大规模的聚变火花"（苏秉琦：《中国文明起源新探》，辽宁人民出版社、人民出版社，2013 年 8 月第 1 版，第 118 页）。正是不同文化的交流、撞

击、融合，形成了中国文化史上最活跃的大熔炉。也正因为其文化的先进性，这里出现了之后被称为"夏，大也"的族群。尽管"华"与"夏"之间的关系，今天人们的认知还不一致，但它们代表了特定历史时期文化发展的前端与繁盛状态却是一致的。"华"与"夏"均指文明程度高的地区与族群，与其他地区的文化相比，明显处于强势地位。

其次是陶寺文化的辐射范围不断拓展。陶寺时期大致与尧舜禹时期对应。这一时期的尧，活动中心在晋南地区。但是，其影响并不局限于此，而是"协和万邦"，地域覆盖极为广阔，延及东向从中原至长江中下游地区，西向则扩展至更远之陕甘青地带。而这一地域范围则是传统意义上人们所说的"中原"或"中国"。根据韩建业研究，庙底沟类型向西扩张，使关中甘东地区的文化发生了新变，并一直扩展至青海东部、宁夏东部，西南直达陇南及川西北（韩建业：《早期中国：中国文化圈的形成和发展》，上海古籍出版社，2015 年 4 月第 1 版，第 87 页）。北方地区则扩展至晋北、内蒙古南部、陕北与冀西北地区；南部则延及河南中部及鄂北地区。其向长江中下游地区的扩展，"使海岱地区刚诞生的大汶口文化的面貌发生一定程度的改观，刺激了江淮和江浙地区文化的淞泽化进程，为长江中游带来鼎、豆、壶等因素，最终促进了中国东部地区鼎—豆—壶—杯文化系统的形成"（韩建业：《早期中国：中国文化圈的形成和发展》，上海古籍出版社，2015 年 4 月第 1 版，第 93 页）。由于陶寺—庙底沟文化的出现，中国远古的文化面貌出现了新的兴盛局面。其核心区在以陶寺为代表的晋南、豫西、关中一带，影响范围波及黄河中下游地区与长江中下游地区，以及东北地区。尽管还没有覆盖整个"中国"的所有地区，但已影响了历史文化意义上的中国最主要的地区。其意义在于"中国大部分地区文化首次形成以中原为核心的文化共同体"。正如严文明先生所言，庙底沟期是一个相当繁盛的时期，这一方面表现在它内部各地方类型融合和一体化的趋势加强，另一方面则表现在对外部文化影响的加强（同上，第 80 页）。

以华夏为基点的整合

再次是陶寺对中国历史文化的影响意义重大。尽管陶寺—庙底沟文化的存在只延续了六七百年的时间，但并不能说文化类型的改变是对陶寺影响的否定。实际上，其影响存在于表面的器物之外。这就是其文化的构成方式是一种依靠优秀文化的辐射影响自然形成的多元一体式交流融合，而不是依靠外力——武力或经济的强干预整合而成。对这一特点，尽管具体的表述不同，然学界早有共识，如张光直、苏秉琦、严文明等先后提出了"中国相互作用圈""共识的中国""重瓣花朵式"格局的史前中国等概念。同时，受陶寺及庙底沟文化的影响，中国文化中的"花"图腾与"龙"图腾成为中华民族的文化象征，一直到今天。在审美与伦理价值观中的稳定内敛、朴实执中、和而不同、敬祖重群等也成为中华文明的重要构成。正如苏秉琦先生所言，包括陶寺遗址所具有的从燕山北侧到长江以南广大地域的综合体性质，表现出晋南是"帝王所都曰中，故曰中国"的地位，使我们联想到今天自称华人、龙的传人和中国人。"中华民族传统光芒所披之广、延续之长，都可追溯到文明初现的 5000 年前后。正是由于这个直根系在中华民族总根系中的重要地位，所以，20 世纪 90 年代我们对中国文明起源的系统完整的论述也是以这一地带为主要依据提出的。"（苏秉琦：《中国文明起源新探》，辽宁人民出版社、人民出版社，2013 年 8 月第 1 版，第 93 页）虽然这些话是 20 多年前所言，但根据我们考古工作的新成就来看，依然是极具前瞻性、科学性的。

综上所述，我们认为，陶寺—庙底沟文化在其发展进程中，由于吸纳了不同地区的有益文化而成长繁盛，并向周边四方扩展，逐渐发展成为史前最为重要的文化现象。"其文化影响奠定了华夏文化的早期形态，对华夏文明的出现、华夏族群的形成、早期中国的区域范围等具有极为重要的意义。"（杜学文主编：《开放与融合——山西历史文化的品格》，三晋出版社，2018 年 12 月第 1 版）也正因为陶寺文化在中华文明发展进程中的重要地位，影响，或者说奠定了中华文明的基本品格。

从魏元拓跋元氏看中华文化的同化力

——由降大任《元遗山论》看中华文化品格之一斑

元好问是鲜卑拓跋氏皇室后裔，这是学界公认的。如果我们考察北魏前后鲜卑拓跋氏对中原文化的态度，再分析至元时其后裔元好问的文化立场，就会发现至少至元好问时，鲜卑拓跋氏的文化变革产生了根本性影响，而中华文化的同化力也在这一过程中得到了证明。降大任所著《元遗山论》对元好问的文化贡献提供了比较翔实的论述，是我们了解中华文化同化力的重要例证。

鲜卑部族认为自己是黄帝的后裔，源出黄帝之子昌意，与生活在中原地区的华夏族同出一源。但一个不能否认的事实是，在不同地域经过长期的发展，鲜卑部族的生产生活方式已经与内地中原地区华夏部族的生产生活方式有了很大的不同。这其中最突出的区别就是鲜卑部族处于北部干旱寒冷地区，以游牧为主，而中原地区则以农耕为主。不同的生产生活方式也决定了其文化的不同。鲜卑拓跋部太祖道武帝拓跋珪于公元386年时立国，建立魏政权，史称北魏、后魏、元魏或拓跋魏。在此之后，北魏东征西战，统一了中国的北方，成为对中国社会的发展产生重要影响的政权组织。直至公元534年，孝武帝元修奔关中被杀身亡，宣告北魏的终结，前后共148年。

北魏立国近一个半世纪。如果再加上西魏、东魏，及后来的北周、北齐就近两个世纪。而在立国之前，还有长期草原地区的迁徙经历。这种迁徙虽然有自然气候的原因、经济与军事的原因，但还有一个更重要

以华夏为基点的整合

的原因是对中原地区的向往。他们经历了一个活动地域从草原为主到内地为主，生产生活方式从游牧为主到农耕为主的转变过程。总的来看，是从草原游牧向中原农耕的转化。这一转化的突变点是北魏建立，关键时期是冯太后与孝文帝拓跋宏当政时期。如果我们对之进行梳理，就会发现许多极具价值的现象。

首先是活动区域的转移。一般认为大兴安岭北段的嘎仙洞一带是拓跋鲜卑的原始活动地。他们在这一地区活动的时间已经很难精确计算。但据杜士铎主编的《北魏史》言，这一时期大约可以从夏末商初起，至东汉初年。这之后，拓跋鲜卑迁徙至呼伦湖一带，在这里生活了大约一个世纪左右。至东汉末年桓灵时期，拓跋鲜卑进行了第二次大迁徙，来到匈奴故地阴山一带。这一地区已经与南面的农耕族群毗邻，进入了一个新的发展时期，主要是与内地政权魏晋通好。至拓跋猗卢时，接受西晋封予的"大单于"封号，并被晋封为"代公""代王"。至什翼犍时，基本形成了具有初步国家形态的政治治理体系，是为代国。在太武帝拓跋珪时，建立北魏，其都城从草原地区的盛乐迁至平城，至孝文帝时更迁至洛阳。从这一简略的描述中，我们可以看出，拓跋鲜卑经历了一个从偏远草原地区逐渐向中原农耕地区转移的过程。这一过程的基本走向就是越来越靠近农耕地区，直至进入中原的中心地带。

其次是在政权机构任用汉族官员。拓跋禄官分设三部时代活动在代地的卫操等一批汉族人士归附代郡，虽然说是归附，但首先是拓跋部需要并任用汉族人士。道武帝拓跋珪立国后，广拓疆土，收纳各地民众。特别是在取得并州之后，仿造中原政治机构，自刺史、太守、尚书郎以下官员都参用汉族人士，同时在平城设立太学，招收生员，依靠汉族人士建立起适合汉族地区的统治机构与制度体系。太宗明元帝拓跋嗣时，重用崔宏等汉族官员，并组成鲜卑与汉族联合的臣僚团体。世祖太武帝拓跋焘重用崔浩，所有军国大事均由崔浩定夺，称之为"胸中所怀，乃逾于甲兵"。同时开始参用赵魏名门望族，利用汉人统治汉民。冯太后任用高允、高闾、贾秀等汉族人士共参大政。其改革方案均由汉族人士提出，汉族势力一度在宫中占据上风。显祖献文帝拓跋弘执政时期，接纳了许多降魏汉族人士。如南朝内乱，刘宋义阳王刘昶自彭城降魏，后刘宋司州刺史常珍奇降魏。高祖孝文帝拓跋宏时，高闾、李冲、郑羲、高祐、傅思益、李世安、王肃等均受到重用。

任用汉族人士，并不仅仅是一种权力分配，也包含着采用内地政权的治理体系。这就是改变游牧政权长于迁徙移动，乏于定居农耕的习性，使北魏统治能够适应中原地区的生产生活方式。早在昭成帝什翼犍时期，不仅重用汉臣，而且开始设置了一套初具规模的官僚系统，制定了一系列的法律制度。特别是道武帝拓跋珪开始设置中原形式的政治机构与制度，并设立太学，置五经博士，祭周公、孔子。在冯太后临朝期间，实施俸禄制、均田制、三长制，使北魏面临的诸多重要社会矛盾得到了深层次的解决。孝文帝迁都后，重用南朝人士王肃，发表《后职员令》，一依魏晋制度，使国家治理的制度体系完全内地化。用杜士铎主编的《北魏史》的观点就是，到这一时期，"北魏前期以来双轨式政治制度至此结束，北魏政权机构的封建化至此完成"。

以拓跋鲜卑为主的北魏在文化上自觉推行汉化、农耕化，使鲜卑的文明程度得到了极大提高。其中最重要的事件是孝文帝拓跋宏强力迁都，北魏都城从靠近草原的平城迁至中原核心地区洛阳。同时强力改革鲜卑旧俗，推动汉化。改语言为内地官话，不得使用鲜卑语；改服装为内地民众的服饰，不得再服左衽夹领之鲜卑旧服；改籍贯为洛阳，不得再认代北为故乡。其中最重要的是改婚姻与改姓氏。孝文帝特别重视婚姻关系，认为这是"上以事宗庙，下以继后世"的大事，关系到鲜卑族的后世永续。同时，鲜卑族与汉族通婚，北魏政权才能与中原民众结成血亲关系，进而巩固北魏政权。孝文帝广泛推行胡汉联姻，不仅自己纳汉族高官之女，并命鲜卑各王迎娶汉族之女。民间鲜卑族与汉族的联姻成为一时风气。在改婚姻的同时，孝文帝更强力推行全面系统的改姓氏举措。由于鲜卑旧语被禁，原有的鲜卑多音复姓已经没有存在的必要，孝文帝决定鲜卑姓一律采用单字汉姓。皇室拓跋氏改为元氏；与皇室有关的九个鲜卑姓氏也改为单姓。其中如纥骨氏改为胡氏；伊娄氏改为伊氏；丘敦氏改为丘氏；车焜氏改为车氏等等。此外，在太和十九年下令"定四海士族"，穆、陆、贺、刘、楼、于、嵇、尉八姓成为鲜卑族中的第一等贵族。姓氏的改革对鲜卑族来说，十分关键。伴随其文化上的改变，迁居洛阳的鲜卑族在经过数代后完全汉化了。

一个民族被另一民族同化，最主要的表现是文化的认同。这种认同有几个层面：一是生活生产方式的同化，二是外在行为的同化，三是内在价值体系的同化。在上面的分析中，我们已经看到，拓跋鲜卑在建立魏国后，不断向中原核心地带迁徙，终于在洛阳这一中原之中心定都。在生产上，从游牧为主转向了农耕为主。在社会治理上，借用了中原政权的一整套管理模式。在人员的使用上，尽管不同时期或有消长，但总的来说并不排斥内地汉族人士为主的贤良之士，而是对他们非常重视。有时甚至对政策的决定发挥关键作用。再加上孝文帝时期，强力推进汉化，使鲜卑民族的游牧特色逐渐消退。但是，这种文化表层上的转变还不能说是根本的，根本性的转变在于价值体系的变化，这就是遵从中原价值体系。至少在道武帝拓跋珪时期，已经开始有组织、有计划地学习内地中原文化。在冯太后执政时期，其力度进一步加大。如冯太后严格规定等级、尊卑秩序，以及不同身份人士的车马、住宅、婚娶丧嫁及祭祀的制度。同时，制定五等公服，命改撰国史，禁止同姓联姻，定制雅乐以和风改俗等等。至孝文帝，不仅命南朝世族王肃改官制，同时也对礼制进行改革，包括祭祀制度、方式及宗庙礼制等。在教育方面，孝文帝自己从小接受的就是儒家教育。他大力推行儒家政治思想，以礼教化人民，儒家礼制在北魏得到确立。

以拓跋为主的鲜卑对中原文化的追求，显示了鲜卑贵族在战略上的高瞻远瞩。这就是为了本民族能够在更优越的地区站稳脚跟，得以发展，并占有长期的统治地位。从这一出发点来看，以冯太后、孝文帝为代表的鲜卑政权执掌者已经取得了成功。但是，历史并不是一帆风顺的。在北魏由于内乱分裂后，北周以鲜卑宇文部为代表的鲜卑贵族又恢复鲜卑复姓，汉化进程至少表面上被中断。但随着隋的出现，实际鲜卑与汉的同化是加速了。

赵汀阳在其《惠此中国》中分析历史上西北游牧部族进入内地建立政权后，均有一种占据中原地区的努力。他认为出现这一现象的原因，除了中原地区自然环境相对优越，经济相对发达外，还有一个文化上的原因，就是这些草原部族期望通过占据中原来确立自己政权与统治的"正统"性。这种所谓的"正统"，乃是对中原文化的一种接续。就是说，他们也认为自己是中原文脉的承继者。赵汀阳把这一现象称之为"漩涡现象"，即从草原边缘地区向中原中心——漩涡中心迁徙。一旦进入内地之后，即被中原这一巨大的漩涡所吸引，不自觉地被陷入漩涡之中。在漩涡的巨大作用下，又产生了溢出效应，从漩涡中心向四周扩散。鲜卑部族的经历应该是这一效应的典型例证。他们首先活动在西北草原，处于中原文化的边远地区。然后不断向中原地区靠近，进入中原的边缘，直至终于据有了中原，并亦因此而使自己控制的地域范围不断扩大，几乎控制了中国北方的所有地区，以及北方草原的大部分地区。由于北魏的分裂致使鲜卑终于失去政权，民族也渐消亡。但其向往中原，力图证明自己在文化与政治上的正统身份却是极为突出明显的。

中原地区是中华农耕文明的发祥地，是中原农耕民族，也是中华主体民族华夏族的形成地，当然也是历史上最发达先进的地区。从政治统治来说，中原因其民族及其文化的形成地、发祥地而具有正统地位。而据有这种正统地位的民族正是炎黄后裔，或者说是炎黄融合之后的华夏部族。实际上，我们现在所说的中华民族，从其民族与文化言，均与炎黄有着不可分割的密切关系。诸如羌族，一般认为是非华夏的部族。但实际上他们正是从中原地区迁徙至西北地区，而后又迁徙至西南地区的炎帝部族成员。而生活在西北地区的草原游牧部族，与内地华夏部族的关系同样密切。被内地农耕地区视为强患的匈奴部族，其先人乃"夏后氏之苗裔"，是夏人的一支。只不过是他们长期生活在草原漠北地区，生产方式与生活习惯都发生了重要的改变，与内地华夏部族之间的区别逐渐增大。虽然鲜卑部族是生活在大兴安岭地区的游牧民族，但其先却也是黄帝后裔。《魏书》曾记载了鲜卑的形成历史，其中说黄帝有二十五子，他们"或内列诸华，或外分荒服"。就是说，黄帝的这些后人，有的在内地中原华夏地区被封，有的则在中原华夏之边缘来分享皇恩。其中之一就是黄帝之子昌意，他的少子被封在北土。那里有大鲜卑山，因而以"鲜卑"为号。在尧当政时，昌意的后人始均曾任职于尧，所谓"入仕尧世"，并受到了舜的嘉奖。后来，鲜卑人一直在遥远的"北土"生活。因为匈奴等的阻隔，与内地断了联系，"不交南夏"，音讯不通，史籍也没有记载，以至于后来人们就不知道黄帝的后裔中还有一支在远北之地。所谓"不交南夏"，"南夏"指的就是中原地区。也

就是说，他们认为自己也是"夏"。相对于北方言，中原成为夏的南部，而鲜卑则在北部。就夏，或者就华夏而言，"南夏"与"北夏"才能构成一个完整的地域文化概念。这其中的含意就是，鲜卑掌握了内地中原地区的政权，对内地进行治理统治，并不是鲜卑人进入内地抢夺别人的政权，而是我们从北地回到中原，回到了本来就是自己的地方。所以从血脉上讲，鲜卑与中原是一体的；从文化上讲，鲜卑与中原也是有传承的。鲜卑部族的政权是具有正统地位的"自己"的政权，其对中原地区的统治是于情、于礼、于法均具备正当性的。北魏世祖太武帝拓跋焘在册封沮渠蒙逊的诏书中就说，"昔我皇祖胄自黄轩"。孝文帝曾下诏，说明之所以叫"拓跋"，乃是因为黄帝以土为德，而北人，就是拓跋人，"谓土为拓，后为跋。魏之先出于黄帝，以土德王，故为拓跋氏"。这就是说，黄帝的后裔鲜卑之拓跋部，之所以叫"拓跋"，是因为拓是土的意思，而跋是"后"，也就是王的意思。以土为王的鲜卑

人，在鲜卑人说来就是"拓跋"。拓跋的意思就是以黄帝的土德为王的人。而拓跋氏改姓为元，是因为"夫土者，黄中之色，万物之元也，宜改姓元氏"。黄帝的土德，是万物形成的根本，即"元"。所以，作为皇帝后裔的鲜卑族拓跋部，既然具有了黄帝的土德，就应该体现土这种万物形成之根本的特性，姓"元"。孝文帝的这种论述，除了强调拓跋氏的"根本性"与至尊地位之外，一个极为重要的含义就是强调鲜卑部族与黄帝的血脉联系。也就是说，他们认为自己是具有正统意义的族群。至少从拓跋焘至孝文帝，及其之后，鲜卑人均认为自己的先祖是黄帝。可以看出，他们对华夏文化的追寻与认同是一以贯之的。不过也有人认为鲜卑乃内地汉人。如东汉时应奉曾上书桓帝，言秦筑长城时"徒役之士亡出塞外，依鲜卑山，因以为号"。如果是这样的话，其正统地位更应无可置疑。但这种说法似影响不大。

　　鲜卑的其他部族也对黄帝有着强烈的认同。如《晋书》中记鲜卑慕容氏就认为自己是"有熊氏之苗裔，世居北夷"，有熊氏就是黄帝。而宇文部则认为自己出自炎帝。当然，这些说法是否具有人种学意义上的科学性，学界还没有一致的认识。也有人认为这只是一种政治策略，或者说是一种文化附会。但是，我们注意到在关于中国少数民族族群的族源研究中，实际上各周边少数民族与后来的汉族，或者说华夏族均有密切的联系。从考古学的角度来看，以"西阴之花"为代表的中原文化的辐射、扩展也能够就这种族群迁徙流变提供证据。另外一个重要的现象就是西部、北部，乃至中亚各族群在其发展过程中对中原农耕民族的认同非常强烈。如契丹就认为自己是炎帝之后，《辽史》中记有"辽本炎帝之后"。即使是诸如粟特各部也多追寻自己的先祖与中原的渊源。如考古发现的《康智墓志》记录康氏之源，说"本炎帝之苗裔"。康氏乃粟特康国之人，后进入内地。山西汾阳发现的《曹君墓志》，说自己的先祖乃"周文之贻"，"谔谔含周舍之风"。就是说自己虽然是粟特曹国之人，但其先祖源自周文王，当然也是黄帝一系。著名的虞弘，是鱼国人。但在他的墓志中写道："高阳驭运……徙赤县于蒲坂。弈叶繁昌，派枝西域。"这就是说，虞弘之先祖出自高阳氏，是黄帝一系。而其近祖则在蒲坂，山西河东，是虞舜之裔，只是后来迁徙到了西域。再如大月氏，前往大夏后建贵霜王朝，但是仍然认为自己是中国之人。再如由回纥部族在中亚建立的喀喇汗王朝，其汗均贯名"桃花石"。桃花石即为对中国的称谓。香港大学教授罗香林认为，这些周边地区的部族向中原地区发展，甚至建立了自己的政权，有两点需要强调。一是他们与中华民族本出一源，二是先经悠久的时间接受中国内地政权的统治，逐渐成为中国的一个单位。所以他们的"归宗"为自然的归宗；建立政权，甚至朝代，是中华民族内部的扩充，是中国内部执政首领地位的转移，而不是中国被外族所夺，更不是被外族所亡。这一观点是非常值得我们重视的。

就鲜卑拓跋部言，其活动地区从边缘向中原转移，文化认同逐步强化，至最终完全完成了游牧向农耕的转化，表现出中华文化同化力的强大。但我们还是可以看出，在拓跋鲜卑时期，这种认同有一个从外向内的转变。外，不仅指其活动地区在中原之外，也包括文化认同中首先完成的是外在的内容，如官制、服饰、语言。所谓内，也不仅指其活动地区进入中原之内，更包括其内在的价值认同。另外一个转变就是从自觉向不自觉转变。所谓"自觉"，就是认识到文化的差异，希望并且努力消除这种差异，从相对落后的层面向相对先进的层面转化。而所谓"不自觉"，就是并不知道，或者没有感觉到自己在文化上与内地中原有不同，甚至认为自己就是其中的一份子，因此而形成对中华文化的认同。这种不自觉在若干时期之后的鲜卑后裔身上表现得极为明显，最典型的例子就是元好问。

自北周覆亡后，鲜卑作为一种政治力量已经不能完整存在。其族人也逐渐在各地被同化。但在隋唐时期，鲜卑后人仍然在当时的政治经济文化中占据着重要地位，发挥着重要作用，我们还是可以发现许多与鲜卑有关的历史文化信息。在孝文帝强力推动汉化的进程中，鲜卑各部均改姓氏。尽管有所反复，但这一现象并未终止。其中如拓跋皇室改姓元，其他部族各有所姓。但是鲜卑复姓也有流传，如宇文、慕容、独孤等。至宋辽金元，北方成为不同民族博弈的主战场。内地之汉族、草原之契丹、女真及后来的蒙古你来我往，政权更迭成为常态。而鲜卑拓跋后人元好问在这种博弈交锋转折中的作为极为典型地体现出鲜卑部族被内地农耕文化同化后的"不自觉性"。

元好问（1190—1257），太原秀容人，字裕之，号遗山。生活在金末元初，正是一个征战不迭、政权更替的历史时刻。他在金宣宗兴定五年，也就是公元1221年，进士及第。在正大元年，即公元1224年，以宏词科登第，授权国史院编修，官至知制诰。金亡被囚，后还乡著述，游历各地。在元宪宗七年（1257）逝世，享年68岁。其祖为鲜卑拓跋氏，是为拓跋皇室。元好问幼年时随叔、父学习，又从家事业儒之郝天挺（晋卿）问学，被认为是"从之最久而得其传"者。也就是说，从元好问的教育来看，受中国传统儒学的影响最大，终于成为"文章伯"。他生活的时代，正是金统治北方的时期。元好问不仅在这期间求学成人，且入金任职。从元好问的经历来看，金是他的正统统治。但是金恰恰是来自于东北边缘地带的以渔猎为主的女真部族。

金为女真建立的政权。女真起源于东北靺鞨，先臣于渤海国，后臣于辽。公元1115年，后金太祖完颜阿骨打在今黑龙江阿城区南之白城，当时的上京建国，国号大金。至完颜亮时，将国都迁往燕京，即今北京，是为中都，时为公元1153年。公元1215年，金宣宗又迁都至开封，是为南京。直至公元1234年金被元亡，先后享国120年。这也可以看出，由女真建立的金政权也经历了一个从边缘地区向中原核心地区迁徙的过程，与鲜卑政权有相近之处。另一个相近之处是金统治者对内地文化的学习。如金熙宗自幼受汉文化熏陶，登基后推动汉制改革，重用汉族人士，建立以尚书省为中心的国家管理体制等。纵观有金一朝，受儒家文化影响较深。这与鲜卑亦有共同之点。元好问生活的时代，正是金从中都迁往南京开封之后。他没有生活在汉族政权统治的北宋时期，也没有经历契丹统治的辽朝，他一出生即生活在金的政权统治中。元好问能够接受传统儒家的教育，也反映出金统治者对中国传统文化的认同。所以就元好问而言，金是具有正统地位的治理政权。但是元好问的特殊处在于，他一生实际上没有在内地汉族的政权统治下生活。金被元亡后，元好问成为前朝之遗民。由于其在文化界的影响很大，且亦为金之官员，被元羁押。面对政权更迭，朝代替换，元好问最强烈的希望就是文脉必须传承，文化不能中断。这里所说的文脉是中华文明，文化也是中华文化。元好问是以中华文化的传承者、保护者的角色来对待政权的更迭的。降大任在其《元遗山论》中对此有非常翔实的考证与论述。

首先，元好问是以文名世的文坛领袖，被誉为"北方文雄""文坛盟主"。之所以如此，乃是由于他创作了大量的诗歌等文学作品。他的诗歌反映百姓疾苦，揭露统治者穷兵黩武，表达了那一历史时期人民盼望和平安定、安居乐业的共同心声，具有强烈的现实意义与时代精神。他的诗歌刚柔相济，豪放清新，感染力极强，有史诗之誉。可以说秉承了杜甫的现实主义精神与人文情怀。有人认为他可为杜陵嫡派，一代宗工。同时他也是一位敢于直面现实、秉笔直书的历史学家。金亡后，他收集了大量的文物典章文献，勤奋著述，记录了那一时代风云变幻的历史真相。从这样的角度来看，元好问就不再是一个学习内地文明的学者，不是身在中华之外的"他者"，而是中华文化大树上的主杆，是中华文化在金元时期的生动体现，是中华文化的"我者"，与金元之前的中华文脉相继续延。

其次，元好问在其价值体系中也是一个以传统中华文化为核心的传承者、拓展者、创新者。他认为自己对国家、民族、文化有责任。少年时期即已立下了振兴家邦、报国立功的志向。所谓"自少日有志于世，雅以气节自许，不甘落于人后。"所以他除了自己撰述作诗外，还付出极大的心力培养青年后学。特别是金亡之后，元好问颠沛流离，往来于忻州、顺天、真定、燕京等地。每每要对青年后学进行教导，培养出一大批治国之才。按降大任所考，其中即有郝经、王恽、魏初、阎复、信世昌、贾仲德、贾仲文、白朴、李文蔚、张润之等。他希望通过教育使民族文化能够得到传承光大。其教育以儒为主，但兼涉佛道，对不同思想有宽容之态。元好问也认识到，通过教育不仅能够继承文物典章，也可以适应形势要求重新制定国家管理制度，为治理国家提供人才。此外，还可形成良好的风俗习惯与道德伦理。这在蒙元刚刚掌握政权统治国家时是极具针对性的。

再次，元好问除了是一位诗人、史学家、教育家外，还是一位有重要贡献的思想家。其思想体系以儒为主，兼以佛道，杂以其他，亦产生了重要影响。他的老师郝天挺是家世业儒，上承程颢理学，传承有致，但并不以儒学为唯一，而是"贯串百家"，这对元好问有很大的影响。

按照降大任的观点，元好问逐渐形成了以儒学为主的"杂学"。降大任将其主要思想总结为世界观上客观唯心主义的天命论；历史观上的尊正统与崇圣贤；政治观上的王道仁政主张；道德观上的以诚为本等。这些思想，既有对传统儒学的继承，亦有突破儒学的创新。总体来看，是在继承传统思想基础上的发展。

还有一件事也可以说明元好问对民族文化的强烈责任感。这就是在元围汴京开封后，他意识到金将覆亡，便上书当时深受忽必烈重用的大臣耶律楚材，请求他保护、任用54名金廷材士，希望能够凭借耶律楚材与忽必烈等人，实现以"衣冠礼乐、纪纲文章"治理天下的理想。后耶律楚材采纳了元好问的建议，对这些人加任用。元好问不顾个人安危声誉，向耶律楚材上书，并不是要为自己苟活找生路，而是要为文化寻永续。他认为尧舜禹三代与先秦之后，能够代表华夏正统的王朝是汉唐。而汉唐之后，有宋、辽、金承续。他称金朝为"中州""中国"，就是认为金是中华文化及其道统的继承者。而金亡之后，能够继承中华文化及其道统的只有蒙元。当时在蒙元政权中，诸如忽必烈、耶律楚材等对中原华夏文化采取积极态度，推动蒙元的治理向适应中原农耕文化的方向发展。元好问认为，忽必烈等提倡儒家圣贤之道，就有资格担当华夏正统文化的继承者。

从元好问的这些活动来看，他的先祖虽然是来自边远草原地区的鲜卑人，但经过隋、唐、宋、辽、金之后，源于鲜卑拓跋氏的元氏已经发生了极大的变化。他们由向中原文化学习变成了中原文化的一部分，成为继承中原文化的积极实践者、推动者。这其中的变化体现在这样几个方面。

一是外来回归与本来自在。鲜卑部族向中原地区迁徙，最终拥有中原统治权，一般被视为从中原地区之外而来的政权。但鲜卑自己认为他们不是外来的而是回归到了自己的故土。确实，鲜卑是从活动于偏远之草原地区而后进入中原地区的。元好问虽然是鲜卑皇室后裔，但他并不认为自己是外来者或回归者，而是我本来就是中原人士，我自己就生活在中原，是中原的一份子，当然对中原也就有责任。这种责任是与生俱来的、本来就应该有的。

二是自觉与不自觉。鲜卑拓跋氏对中原文化的学习有其极为清醒自觉的追求。这就是他们意识到，如果保持鲜卑游牧文化对国家的治理模式，就难以使这种治理长久。所以必须积极主动地学习借鉴采用中原文化，这是有其战略眼光的自觉性的。没有这种自觉，恐难以适应治理的需要。但元好问不同，他是不自觉的。就是说，他所做的一切是天然的、与生俱来的。我即如此，我应如此，我本如此。我自己就是华夏文化的一部分，是华夏文化的体现。我并不需要去学习华夏文化，而是要传承创造华夏文化。华夏文化与我是一体的。

三是学习借鉴与创新传承。从游牧向农耕转变，必须学习借鉴中原农耕文化为我所用。所以从借鉴中原治理模式、任用中原人士、改变北人语言服饰等都是把中原文化拿来为我所用。而元好问不同。他的使命不是去学习借鉴，而是使中原文化得到传承发展。他自己就是著名的文坛领袖，创作了大量的哲学、史学、文学著作，成为中华文化的重要标志。同时，他还努力使华夏文化得以传承永续，除从事教育活动外，还推荐优秀人才，提供治理方略，目的就是使中华道统得以传承。不论时代变换，人事更迭，文化不能中断。这已成为元好问的一种文化使命。

综上所述，从鲜卑拓跋氏至金元元氏，虽然从血缘的角度来看，他们具有一脉相承的性质，但其对中华文化的不同态度、立场却表现了中华文化所具有的强大同化力。这就是中华文化能够在漫长的历史时期内，把不同的文化转化成为同一的文化的包容性与同化力。这是中华文化具有强大生命力的一种典型品格，而鲜卑拓跋氏的变化正是这一品格的生动体现。

2018 年 3 月 5 日于并

以华夏为基点的整合

杜牧《清明》诗及其
游潞并汾三州路线的历史形成

学者吕世宏潜心研究历史，特别是唐史、明史及晋中地域史，著作颇丰。最近读到了他关于杜牧游潞、并、汾三州以证明《清明》一诗所言之"杏花村"确指今汾阳市杏花村的文章，对杜牧游历路线有一些想法，现录于此。

吕世宏经过考证，认为杜牧游山西的时间为宝历元年，似为公元825 年的正月。时年杜牧应为 23 岁。三年后，即 26 岁时他考中进士。其游历路线是从陕西蒲城出发，东行洛阳，然后至潞州（今长治），拜会驻扎潞州的昭仪节度使刘悟，并递呈《上泽潞刘司徒书》，劝说刘悟收复河北三镇。大约在二月下旬，杜牧来到并州太原。然后在约二月底三月初的期间，他经并汾古道来到汾州（今汾阳），亦即西河之地。期间著有《并州道中》等诗。在汾洲，杜牧拜访了友人，写下了著名的《清明》这一传世之作，并经晋州（今临汾）、蒲州（今永济）返长安。按照吕世宏这一描述，杜牧所行路线正是历史上山西连通南北即中原与草原的基本路线。我们首先谈一下其过黄河入上党的路线。

最早记载这一路线的是《穆天子传》。其中比较详细地描述了周穆王西行所经之地，这一路线正好与杜牧游历山西的路线有重要的重合。他们都是从洛阳出发，跨过黄河进入上党地区。《穆天子传》中记录，周穆王在过黄河进入今山西境内后，曾饮于"蠲山之上"。蠲山，据余太山考证，在今山西之高平。然后"天子北征，乃绝漳水"。余太山认为周穆王绝漳水处在今长治境内。之后，周穆王经过了今山西之平定、河北井陉等地后，翻过雁门关，即所谓"绝隃之关隥"，一直往北再西行至西域。通过《穆天子传》可以说明，至少在周时，山西即是连通中原内地与草原及西域的枢纽通道。至北魏时期，孝文帝强力迁都，从平城（今大同）迁都至今河南洛阳，亦途经此路。迁都之后，北魏新旧二都之间的联系交通多经这一带，今长治、晋城一线成为重要的交通中转线。从这一带遗存的石窟造像来看，也能证明这一点。如长治一带的沁源县石窟、沁县南涅水石刻、长治龙泉山石窟，以及晋城一带的碧落寺石窟、釜山石窟、丹朱岭石窟、羊头山石窟等。还有许多石刻造像如吴家沟造像、岳神山造像等，多为北魏时期之作。民间传说与记载中也有许多相关内容。如传说中孝文帝曾路经今长治屯留一带，见远处山岚游移，起伏不定，似若卧龙，因而此山被后人称为疑神岭，或曰疑山等等。这些均可证明上党一带潞泽地区是从洛阳进入山西腹部的重要通道。明清时期，晋商开创了从武夷山至蒙俄的茶叶之路。他们在福建或两湖地区订购茶叶，万里跋涉，运往恰克图进行国际贸易。其行走路线也还是从福建至河南，进入山西太行山地区，经泽潞二州过晋中、太原，再往北行，或经西口，或过东口，往蒙俄交界之亚洲腹地恰克图。

实际上，这条路线也是"玉石之路"中所说的山西道之陆路路线。据叶舒宪等实地勘察考证，玉石之路在输送往中原地区时，最早的路线中十分重要的一条就是山西道。当陆路运输还不能大规模进行时，山西重要的运输路线是黄河水路。进入殷商时代，家马为内地人们经常使用，马车便成为常规的运输工具，陆路运输显现出更大的便捷性。山西道除黄河水路外，新开辟出以雁门关为中枢的"雁门关道"。其行走路线即与周穆王西行的路线大体一致。但是，这条雁门关道在晋中一带开始形成支线。一条沿太行山进入晋之东南，即上党地区，连接中原腹部之洛阳以南地区。另一条则顺汾河南下，进入晋之西南，即今天的临汾运城一带，也是杜牧返回西安时所经路线。

杜牧在离开潞州，即长治之后，开始游历汾晋一带。其归途按照吕世宏考证是并州、汾州、晋州、蒲州，然后过黄河返长安。从山西的地理环境言，这是一条非常重要的连接山西与内地中原其他地区的道路。有人认为黄帝一族即是经过这样一条路线进入河汾地带的。从考古发现来看，在距今六七千年的时候，以汾河流域之陶寺地区为中心的仰韶彩陶文化向北部迁徙，其迁徙的路线即是这一路线的逆向行走。后来，他们与东北部的红山文化融合。在距今约五千年左右的时候又沿原路返回，同样还是这条路线。先秦时期的匈奴、林胡、楼烦等游牧民族均以控制这一路线的北部为要。之后的鲜卑、突厥、回鹘、契丹、女真、蒙古等游牧民族无不以控制这一地区，当然也是控制这一路线为要。唐时，回鹘以助唐室平安史之乱有功，与唐室往来十分密切。但是其往西安的路线仍然是从草原进入山西之北部，再进入太原，然后再往南至西安。以至于太原成为回鹘信仰的摩尼教之重地，城中建有摩尼信徒从事教务活动的摩尼寺。公元 821 年，回鹘崇德可汗向唐请婚，唐穆宗命亲妹太和公主和亲。她往回鹘牙帐的路线即从长安出发，过黄河，至太原休整，再往草原。22 年后，太和公主返唐，亦被送至太原休整，唐室前往太原慰问者不绝于道。后太和公主由太原终返长安，其行走路线即如前述。

荣新江曾经对粟特人的行经路线进行了研究考证。从南北朝以来活跃在丝绸之路上的商人群体中亚粟特人从西域往中原，一路留下了他们活动的足迹。根据史籍记载及考古发现的资料，荣新江描绘出粟特人的迁徙路线。他们进入今中国地域之后，从于阗（今和田）至楼兰，一直东行往敦煌，经瓜州、酒泉、张掖、武威及凉州至长安，再往洛阳。从长安与洛阳均可进入山西，然后至介州（今介休），往并州太原，再往北行达代州，直至幽州与营州。其中，过黄河以后，沿汾河谷地经过今天的介休、太原与雁门关一带。这一路线显然并不是粟特人开辟的商道，而是一直以来即可行走的道路。元时马可·波罗在各地游历，曾至山西。按照其游记所记，他从元大都出发，经真定入山西，至太原，再至临汾，然后到了一个"黄金国"之城，才过黄河进入陕西。马可·波罗行走的这一路线与前述基本相同，均是沿汾河谷地往南。

明清时期是中国朝贡体系的鼎盛时代。东南西北各地的附庸国盛时多达 200 余个，他们纷纷来朝。这一时期，国都承续元制，设在北京。各国朝贡与贸易的目的地不再是西安，西安的政治经济与文化地位大不如前。从西域来朝的使节，以及随行的商人，要往北京，其行走路线是过黄河往临汾，再至太原，然后东行越太行山至真定，再往北京。明初，西域哈烈国沙哈鲁王曾派遣使者往明之都城北京。使团中有一位画家盖耶速丁·纳哈昔记载了他们的经历见闻，这就是著名的《沙哈鲁遣使中国记》。其中对使团行走路线有比较详细的描述。他们的目的地是北京，经过的路线基本是过黄河至临汾，再至太原，然后至真定，终至北京。这说明，即使是明清时期，沿汾河谷地的通道仍然是中原地区连通西域的重要通道。

在这里分析历史上不同时期中原经山西通往草原乃至于西域的路线，主要是要说明，山西一直是中原地区连接草原及西域的枢纽通道。这种状况要到现代交通兴起之后才发生改变。人们通过机器打通包括秦岭在内的西部大山，开辟出更加便捷的道路，才使山西的枢纽地位发生了改变。另一方面，也可以看出，杜牧从蒲城往洛阳，再过黄河至潞州（今长治），然后北上至并州、汾州（今汾阳），南下至晋州（今临汾）、蒲州（今永济），再过黄河返长安，这一行走路线正是历史上各个时期最为通行便捷的路线。单就这一点当然不能证明《清明》一诗是杜牧所作。但却有助于证明杜牧游历山西时所行路线的可信度。

杜牧在山西游历时，经并州太原至汾州西河，并不是心血来潮，无依无据，而是有十分重要的情感原因与人生追求。杜氏一族，是历史上的望族。其十六世祖杜预，为西晋时期著名的政治家、军事家与学者，曾任曹魏尚书郎、西晋镇南大将军，至司隶校尉。杜预从小博览群书，对经济、政治、历法、法律、数学、史学及工程等学科均有研究，被称为"杜武库"。著有《春秋左氏传集解》《春秋释例》等。杜牧本人对其评价甚高，认为先祖杜预"其所出计画，皆考古校今，奇秘长远。策先定于内，功后成于外"。杜牧的祖父杜佑，为唐时著名的政治家、史学家。曾拜三朝宰相，并担任检校司空等要职，深受唐室信任。其最重要的学术成就是耗时 36 年撰成的史学巨著《通典》200 卷，这是中国历史上第一部记述历代典章制度的典志体史书。此外还著有《理道要诀》《管氏指略》等。杜佑的父亲，也就是杜牧的曾祖父杜希望，曾任鸿胪卿、恒州刺史、西河太守，后追赠尚书右仆射。杜希望是一位重然诺、交豪杰、长外事、善攻伐的才俊。他曾与凶猛的吐蕃交战，"大小战数十，俘其大酋"，卒城而还，可见其英雄气概。后在西河任太守。西河也就是杜牧所游之汾州，今汾阳一带。需要提到的另一位杜氏族人是杜环，是杜佑的族子，也就是杜牧的叔父。杜环随高仙芝征战，在怛罗斯战役中被俘，先后游历西亚、北非等地，后终返国。他是第一位有据可靠有姓有名到达非洲的中国人。杜环著有《经行记》一书，十分重要。其中记载了他游历亚非期间的见闻，影响甚大。但该书已遗失，只有杜佑在《通典》中录有部分内容得以流传。杜牧的父亲为杜从郁，曾任太子司议郎、秘书丞等职。从杜牧的家世来看，历代均是有为有识之士。维护唐室的稳定统一，报效国家、建功立业的思想对杜牧影响甚深。可以说，杜牧有着强烈的经国济世情怀。他对军事的兴趣尤其浓厚，曾著有 13 篇《孙子》注解，并有许多策论咨文。这都可以看出杜牧的人生追求是高远的。他对国家、对唐室具有强烈的家国之情。

唐穆宗时，刘悟任昭仪军节度使兼平章事。幽州大将叛乱，唐室命其平乱，刘悟竟然不从。后效仿河朔三镇割据，不再听命于朝廷，至宝历元年病逝。后其子刘从谏继位。刘从谏病逝后，刘悟之孙刘稹掌昭仪军，终于叛唐，后被平。杜牧往潞州时，正是宝历元年，刘悟行将离世。杜牧应该是劝导刘悟听从唐室之命，维护唐之一统。但是刘悟早已离心，不愿听命朝廷，且自身抑郁成疾，命在旦夕。杜牧的劝说当然没有什么成效，实在是报国无门亦无果，故而心情郁闷，心事茫然，只有北上祭奠曾祖杜希望来表达自己报国立业的情怀。这种心情从其《清明》一诗所表达的情绪中可以非常浓烈地感受到，"路上行人欲断魂"，所言并不仅仅是清明时节对故去亲人的思念怀恋，更深层的情感是当时他的理想破灭，难以报国之情的表达。这种情绪的流露与劝说刘悟不成，进而痛感人生理想的失落是一体的。因此，从这样的角度来分析，《清明》一诗虽然可以视为杜牧对曾祖的怀念，实也是其现实遭遇的写照。这也可以从一个侧面证明杜牧借酒浇愁，用《清明》一诗来抒写心中块垒是当然的。

樊守义：最早到达欧洲的山西人

马可·波罗在中国游历的重要意义是为世界提供了一个清晰完整的东方形象和西方形象。在此之前，不论东方抑或是西方，对对方的了解仅仅是凭借传说或语言不详的文字进行的。双方都感知到了对方的存在，但由于交通、地理和民族、国家等空间和文化诸方面的局限，这种所谓的了解仍然停留在想象的、只言片语的介绍之中。东西方相互之间只是一种不确定的朦胧的遥远存在，其准确的地理方位、名称、文化、物产都是一种印象式的"概念"。西方人为东方的丝绸所折服，并且流传着神秘迷人的丝绸产地"赛里斯"的传说。而在东方中国，则有史籍中记载的有类中国人的"大秦"。大秦是地处海西的国家，也就是我们所说的地中海之西的"罗马"。而当罗马，或者意大利的马可·波罗在 13 世纪终于来到中国，那个传说中的"赛里斯"后，中国的繁荣、富强使这位"大秦"人大为惊讶，并且也使他的故乡感到不可想象，他们认为马可·波罗是一位吹牛说大话的不着边际的人。但是，《马可·波罗游记》第一次为世界，其实主要是为西方提供了清晰完整的东方——中国的真实准确的形象。他不是靠传说，而是靠马可·波罗 17 年亲身亲历亲知的生活。对中国来说，这也是第一次知道了真实的准确的西方，包括曾经被称为"大秦"的国家。事实上在此之前，东西双方都想通过各种途径了解对方。如在汉代，先后有张骞、甘英多次出使西域。但是都没有达到真正的西方，包括中国史籍中屡屡出现的

"大秦"。

　　真实的东方形象形成后，东方成为西方急欲了解和交通的地方。首先是经济上的需求。在 14、15 世纪开始的所谓的"海上贸易"即是证明。另一方面，也出于文化上的需要。大批的传教士来到东方，来到印度、日本、东南亚，包括中国。他们要把基督教义传播到世界各地，让所有的人都信仰"上帝"。但是在中国的传教活动并不理想。一直到 16 世纪末 17 世纪初，意大利人利玛窦在中国期间，西方的传教活动才打开了新的局面。这主要归功于利玛窦在传教过程中的文化融合和适应主义策略。具体来说，就是允许中国信徒祭孔拜祖。利玛窦认为孔子学说是中国人维系日常生活和社会管理秩序的基石，是中国文明最深层的道德价值的体现。如果用基督教价值体系来彻底否定儒家价值观，那么，基督教将无法在中国立足。而中国人对祖先的祭祀是儒家孝道思想的体现，具有社会伦理的含义，不是宗教仪式。他还把"DEUS"翻译为中国古代典籍中的"上帝"，并穿儒服，学汉语，研究中国文化。利玛窦的融合和适应主义策略取得了重大成效，但也引发了基督教内部的所谓"礼仪之争"。这种争论在利玛窦逝世后表现得更加激烈。反对者认为允许信徒祭祖拜孔是"异端"，应该禁绝。而把创造天地万物的"神"译为中国人的"上帝"，更为不妥。到 18 世纪初清康熙四十三年（1704）罗马教皇克雷芒十一世断定中国之礼仪实属异端，必须禁绝祭孔拜祖之礼，并派特使铎罗到中国面见康熙皇帝。

　　康熙时，中国国力强大，为世界之最。可以说康、雍、乾三朝是中国农业文明达到最为完整的顶峰时期。特别是康熙思想开放，励精图治。在他身边有许多西方传教士、科学家，或在朝廷任职，或亲教康熙西方发达的自然科学知识。康熙对基督教也采取了宽容的态度，成为西方文化的保护者，从而使西方传教事业得到了发展。这期间，大量的西方科学知识传入中国，而传教士也把中国的文化典籍翻译到西方。可以说在那时，中西文化的交流、融合达到了有史以来的高峰。法国传教士白晋特别作《康熙帝传》，称赞康熙是"世间君主的楷模"。但是，罗马教皇的专断蛮横激怒了康熙，他在得知铎罗的使命后，下令锁拿铎罗，解送澳门。1720 年，罗马教皇又派使者嘉乐到北京。从时间上来看，罗马教皇派嘉乐出使中国在樊守义等返国的路途之中。嘉乐是在樊守义谒见康熙帝之后的 1720 年 11 月到达北京的。从这一点来看，罗马教皇对发生在中国的"礼仪之争"也非常关切，但他推行的是拒绝交流和融合的极端主义政策。尽管这时康熙已经从樊守义那里知道了罗马教皇拒绝融合和适应的态度，清廷对嘉乐仍然厚礼相待，召见 11 次，赐宴两次。康熙帝亲执金樽劝酒，又赐御服貂袍，态度谦逊。由此也可以看出康熙的殷殷之意，从他内心来说，是十分希望罗马教皇能改变态度于万一的。但嘉乐所呈教皇谕旨言词专横，规定了八条不许教徒所做之事，使康熙再次大为震怒，下令"以后不必西洋人在中国行教，禁止可也，免得多事"。中西方文化交流的大门终因罗马教皇的偏执失去了重要的机遇，历史性地关闭。

　　其实在嘉乐来中国之前，康熙已先后两次派使臣前往罗马，企图说服罗马教皇放弃对中国礼仪的禁令。1707 年，康熙派在中国的传教士巴罗斯神父和倍奥沃利神父前往里斯本和罗马。1708 年 1 月 2 日，他们二人在途经加米尼奥的安科拉河口不幸遇难丧生。其后，康熙帝又派西班牙神父阿尔硕和意大利神父艾若瑟为使者前往罗马。他们于 1708 年 1 月 14 日离开澳门踏上前往欧洲的漫漫长途，随同的有中国修士樊守义。在这里我们需要注意到一个时间的问题，即康熙皇帝并不是在得知前一批使者遇难后才再次派人出使欧洲，而是在刚刚派出一批后又立即再派出一批。从康熙的这种安排中，我们可以看出他对调解东西方的文化冲突，具体说就是关于"礼仪之争"具有非常急切的心情。

　　关于樊守义，目前至少有两本书专门提到他出使欧洲的事情。一本是吕玉新翻译的美国著名汉学家史景迁先生撰写的《胡若望的困惑之旅——18 世纪中国天主教徒法国蒙难记》，一本是郑彭年先生的《西风东渐——中国改革开放史》。这里要说明一下，在郑著中，把樊守义写为"范守义"。可能考虑到这样两个原因，一是范为山西本地之姓，晋国时期的范氏是当时的大姓之一；二是史著由吕玉新先生从英语所译，因而是音译，只是翻译出了相应的音，而史著并不能用英语表达出到底是"范"或"樊"。而郑著为汉语写作。不过，曾在欧洲游历的著名历史学家，也是中西交流史的开创者阎宗临先生著有《〈身见录〉校注》。据他介绍，《身见录》藏于罗马图书馆中，夹在《名理探》一书内。阎先生曾于1937年将《身见录》拍摄带回国内进行研究，并发表了自己的研究成果。樊守义，字利和，于康熙二十一年，也就是1682年6月13日出生在平阳，绛州人。皈依天主教后，成为在山西传教的艾若瑟神父的助手。他的教名为路易·范守义。艾若瑟，正名为艾逊爵，是意大利耶稣会的传教士，1662年出生于法国南部之尼斯。1695年至澳门，曾管理山西、陕西、河南教务，特别是在山西期间先后到过平遥、吉县、洪洞、襄陵、蒲州、潞安、岚县、汾州、襄垣等地，是与利玛窦等一样赞同并实行文化融合和适应策略的传教士。1702年到北京，樊守义作为天文生陪同前往。1707年10月，他们受康熙命离开北京南下，并于1708年1月14日在澳门登上"耶稣基督号"前往欧洲。从澳门经印尼的巴达维亚（今雅加达），过古巴的巴希亚港，到欧洲的里斯本，再往罗马。1709年到达里斯本，同行的阿尔硕神父在回到西班牙后病归故里，未能同到罗马。樊守义在自己的《身见录》中写到，一路上，他们"跋山涉水，经过很多城市和地区，并且经历千辛万苦，遇到狂风巨浪带来的危险。这些危险远比我所能描述的大得多。一个人只是听见别人谈到这些危险而没有亲眼看见这些危险，他怎能理解呢？"

在葡萄牙期间，艾若瑟和樊守义至少两次被国王若昂五世召见。《身见录》写道："第三天，国王召见我们。……他大约有20岁，举止端庄，和蔼可亲。过了一天，我们又见到国王，他下令让我们在宫中到处参观。"此外，樊守义在第二天又见到了国王到教堂做感恩祈祷。葡萄牙国王若昂五世支持传教士在中国的文化融合和适应的传教策略。他认为铎罗不仅是葡萄牙的敌人，而且也践踏了葡王室传教会被授予的特权。他希望罗马教廷圣上"立即采取措施以向中国皇帝和该朝廷做出满意之解释"。但是，葡萄牙国王的努力显然没有产生积极的效应。

樊守义和艾若瑟访问了地中海多个国家和城市。对罗马更是印象深刻，赞不绝口。在到达罗马后，大约过了两天，见到了罗马教皇，并受到了他极好的接待。他允许他们到处观看皇宫内外的所有建筑。在欧洲期间，樊守义等至少受到了罗马教皇的两次召见。在 10 年后的 1718 年 1 月 14 日，一个非常巧合的日子，也就是他们在 10 年前从澳门登船前往欧洲的同一天，樊守义和艾若瑟谒见了教皇克雷芒十一世。但是，耶稣会的敌人，反对实行文化融合和适应策略的方济各会主教尼古莱在场。他不仅不给他们说话的机会，以解释他们此行所负的使命，反而要他们对教皇发布的反对中国礼仪的敕令表示无条件服从，并在教堂宣誓。我们不知道他们是否在压力下宣过誓，但可以肯定的是，在欧洲 10 年之久的时间里，他们难以完成一项对东西方文化而言极富建设性意义的使命。

在欧洲期间，樊守义学习了意大利语，并且在即将离开欧洲之前，被委任圣职，成为中国人中可能是第一个在欧洲担任此职的天主教牧师。据康熙帝的特使穆敬远为艾若瑟所作的纪念碑文所言，由于艾若瑟神父身体不适，长期患病，罗马教皇欲换使臣替代艾若瑟。但"博施宽仁之教士"，"深明皇帝之恩宠，忠于履行之使命，疾病、风浪、海上风险均未动摇其勇气，遂再次登船穿越大西洋"。1719 年 5 月 15 日，他们在无可奈何的情况下从里斯本登上"方济各·沙勿略"号返回中国。

由于身患疾病，心情郁闷，1720 年 3 月 15 日，艾若瑟神父在好望角附近的海上去世。樊守义坚持守护着他的遗体，"不屈不挠地抵制着船员们欲将尸体抛入大海的企图"（史景迁语），并且承担了艾若瑟未完成的使命，于当年回到中国，在澳门登陆。上岸后，樊守义按照基督教的规矩为艾若瑟的遗体做了灵魂净化仪式。澳门驻军与当地政府以最快的速度通过驿站飞马速报康熙皇帝，并派军队护送樊守义到广州。在广州期间，他寄宿在天主教神父的宿舍。地方总督和康熙皇帝的特使很快召见了他。不久，皇帝的诏令传到，命他到北京向康熙皇帝禀报。1720 年 10 月 11 日，樊守义谒见了康熙帝。在康熙皇帝的特使穆敬远的安排下，在广州城西北为在航途中去世的艾若瑟神父建造了墓地，并且由穆特使主持了安葬仪式。葡萄牙耶稣会为艾若瑟立拉丁文墓碑，康熙帝特使亲撰汉文墓碑，历数艾若瑟神父之功德，并言："深知最佳之举措莫过于缅怀该伟大学者之功德……呜呼大师，汝已得永恒之福，登光荣之位，故得以倾听吾等善良之祝愿及向来此城此地对汝表达缅怀情意之番人展示汝之充满宽仁厚爱之心，以将汝之德操永远铭记。"从 1707 年底到 1720 年底，樊守义历时 13 年，出使欧洲，成为最早到达欧洲的有据可查、有史可证的中国人。

在 18 世纪前期之前，去欧洲的中国人应该是有的。但是，一是能够历千山万水，踏沙漠瀚海终于到达的人不多。二是在各种史籍文献中能够留下名姓的人就更是稀少。据史景迁先生在他的《胡若望的困惑之旅——18 世纪中国天主教徒法国蒙难记》中指出，在 1721 年 10 月之前，至少有三个中国人去过法国。一是沈福宗，16 世纪 80 年代随柏应理神父去欧洲，见到了路易十四和詹姆斯二世，并去牛津。最后在回国的船上去世。另一位是黄嘉略，在 1714 年被奥恩主教带到巴黎，与一位法国姑娘结婚，生有一个女孩，曾在皇家图书馆工作，后病死在法国。著名的孟德斯鸠曾多次向他了解中国的社会文化。第三位即为樊守义。而在樊守义归国晋见康熙帝的前几天，康熙皇帝刚刚批准了另一位传教士傅圣泽返欧。傅圣泽热爱中国文化，力图就基督教与儒家学说的相同之处进行深入的研究。他于 1722 年 1 月 5 日在广州登上了"康蒂王子号"向欧洲进发。与他同行的是广州的天主教信徒胡若望。后胡生病，被送到一家精神病院，并于 1726 年 11 月上旬回到广州。这也是史景迁在他的《胡若望的困惑之旅》中详细研究的内容。虽然我们还不能简单地认为早期到达欧洲的人只有以上几位，但可以肯定的是不会太多。比较而言，早期到达欧洲的中国人中，樊守义在文化上的影响非他人所能比。一是他的身份是皇帝的使臣，或者说使臣的随员；二是他在欧洲游历了各国，并学习了意大利语，做了大量的文化交流和文化认知的工作；三是他受到了包括葡萄牙国王和罗马教皇的召见，在文化交流的层次上非他人所能及；四是他比较顺利地返回中国，把西方的文化带回了东方；五是他写下了一部记录他和艾若瑟等欧洲之行的《身见录》，成为中国人中最早描述西方社会文化的著作之一。阎宗临先生认为，这是国人写的最早的一部欧洲游记，不论其内容如何，都是有特殊意义的。因此，樊守义在中国走向世界，了解世界的历史进程与欧洲文化方面具有特殊的地位，产生了十分重要的影响。我们说他不仅是山西历史上最早到达欧洲的人，也是历史上有据可考的最早到达欧洲的中国人之一应该是恰切的。

[附记：最早注意到樊守义是多年前在史景迁先生所著《胡若望的困惑之旅》与郑彭年先生的《西风东渐》两部著作中。本文的撰写主要依据这两部著作中的相关资料。其中史著译樊守义之姓为"樊"，但郑著为"范"。当时考虑翻译难以辨别"樊""范"之音，采用了郑说，并被摘录于网络词条中介绍。但后来更多的人使用"樊"。特别是亲在罗马见到《身见录》原稿的阎宗临先生使用"樊"，便在这次收入本书时改成了"樊"。其著亦由《审鉴录》改为《身见录》，并借用了一些阎先生的资料补充本文（见阎宗临著《中西交通史》，广西师范大学出版社出版）。但阎宗临先生的资料也有出入，因一时无法完成考证，暂用。网络亦有新的词条发布。樊守义返国后的行状，曾见《山西文学》刊文，但目前还没有查到。希望容日后能够向大家介绍。]

山西历史文化的基本品格

　　山西地处黄土高原的东缘。黄土高原的西缘在甘青地区的东部。考古学上有一个极为重要的概念叫"仰韶文化庙底沟类型"，也被称为"西阴文化"。专家们认为其形成于晋陕豫交界地区，特别是晋南地区。其代表就是我们山西夏县西阴村的彩陶，被认为是开启了"华夏族群"先河的文化。也就是说，如果要了解华夏民族的形成，就要了解这种文化。西阴文化具有极强的扩张力，在大约距今 6000 年的时候，已经发展到中原之外的广大地区。东至于海，南至于长江流域，北至于燕山，而往西就到达今天的甘青地区。也就是说，从甘青地区至渤海一带这么广阔的区域内都是西阴文化，或者说仰韶文化庙底沟类型的覆盖地。山西在中华文明的发展进程中做出了巨大贡献，具有非常突出的精神品格，是我们今天克服困难、浴火重生、发展进步的强大动力。这表现在很多方面。这里，我只谈一下山西对中华文明发展进步的三大突出贡献和五个主要特点，简单说就是"三大贡献，五大特点"。

山西对中华文明的三大突出贡献

　　山西是中华文明的重要发祥地，山西地区对中华文明的贡献很多，专家学者也从不同的角度进行了研究概括，有很多论述。在此，只强调三个方面。

第一，山西是中华文明从未中断的活化石。

人类远古文明最重要的有四个，就是中东幼发拉底河与底格里斯河两河流域的美索不达米亚文明，也叫两河文明；非洲北部的古埃及文明；亚洲西南部的古印度文明；还有一个就是我们的华夏文明。在漫长的历史时期，前三个古文明都发生了断裂，唯独华夏文明传承几千年，没有中断，用我们常说的话就是 5000 年文明史灿烂辉煌。这是中华文明对人类文明的伟大贡献。通过中华文明，我们可以了解人类发展进步的完整历程，看到古老的文明是如何一步一步地发展、壮大，绵延至今。而我们所说的没有中断，到底是在什么地方没有中断呢？我认为要具备这样几个条件。一是他必须是这种文明的发祥地，就是说从这种文明形成的时候就在这里存在；二是必须有完整的实证；三是必须有非常重要的文化贡献。而符合这些条件的地方就只有晋陕豫交界地带，也就是我们所说的黄河三角洲地区，特别是山西晋南一带。如果认识到在我们生活的土地上，曾经形成了一个人类历史上唯一没有中断的文明，就会感到非常的自豪。

盘点在山西发现的人类活动遗迹，完全可以证明，山西是人类极为重要的发源地。在我们的垣曲县，曾经发现了距今约 4500 万年的曙猿化石，被命名为"世纪曙猿"。在芮城县西侯度，发现了距今约 180 万年的早期人类活动遗迹。除了各种旧石器时代的石制工具、动物化石外，特别重要的是在西侯度还发现了人类用火的遗迹，证明在距今 180 万年前，人类已经掌握了火的使用技能，可以说点燃了人类文明的圣火。在距今 60 万至 50 万年前的芮城县匼河遗址，也发现了差不多相近的遗存。其石器工具被认为是黄河流域早期石器文化向中期石器文化发展的一个重要环节。在临汾丁村，发现了距今约 10 万年的石制工具、石器加工场、动物化石及人类头顶骨与牙齿化石。这些化石填补了我国旧石器中期人类化石及文化的空白，被命名为"丁村文化"。在距今

20000—10000 年前的沁水县下川遗址、吉县柿子滩遗址等发现了石制器具的新类型。这就是除了已经发现的砍砸器、尖状器等外，出现了石磨、铲状器、粟类植物等，说明这时已经有最早的农业出现。从西侯度至丁村，再到下川，其文化形态具有密切的联系。特别是其中的石制三棱大尖状器、砍砸器等在制作方式、形态等方面具有一致性，证明这些不同时期的遗存在文化上的延续性，是同一文化在不同时代的表现。也就是说，生活在山西晋南河汾地区的早期人类并没有中断。

在距今大约 6000 年的西阴文化中，彩陶已经广泛使用。其中被高度抽象的花瓣图案广为传播，覆盖了长江以北的大部分地区。前面我们已经介绍过，这种被称为仰韶文化庙底沟类型的文化是"华族"的标志，是中华民族最早的图腾，也被称为"西阴之花"。那一时期，这一地区的生产力得到了快速发展，已经进入了种植农业的时代。人类的居住条件也得到了改善，出现了地穴式与半地穴式的定居村落。著名的考古学家苏秉琦先生认为，仰韶文化庙底沟类型可能就是"华族"核心的人们的文化遗存。其主要特征"花卉"图案可能就是"华族"得名的由来。而以花为图腾的地区，其文化发展比其他地区更为先进。至距今大约 4500 年的时候，另一个极为重要的大型都城，被认为是尧都的陶寺成为华夏文明形成的重要标志。

中华民族自称是炎黄子孙。这就是说，我们是炎帝、黄帝的后人。虽然现在对炎帝、黄帝的活动还有很多讨论，学术界的看法也不一致。但根据史籍记载、考古发现、地面遗存，以及民间传说、风俗等多方面综合分析，山西地区是炎黄二帝的重要活动区域是毫无疑问的。特别是决定中华民族基本构成的"阪泉之战""涿鹿之战"均发生在我们晋南的盐池一带。炎帝、黄帝两大部族的融合形成了华夏部族的主干。那些仍然在中原地区生活，并接受了农业文明的族群成为"华夏族"，而那些由于种种原因迁徙至边缘地区的人们，长期保持了原来的生活方式，又在新的环境下形成了新的生活特点，成为不同于华夏的其他族群。在中国历史上有一个非常值得重视的现象，就是各民族都强调自己是炎黄二帝的后裔。比如匈奴，就被认为是"夏后氏之苗裔"。曾经在大同建都的鲜卑拓跋氏也认为自己是黄帝的后裔，被封在北方。而契丹族则认为自己是炎帝的后裔等等。这充分表现出中华民族"归宗同源"的文化认同。之后的尧、舜、禹三代均在山西建都，史有尧都平阳、舜都蒲坂、禹都安邑之说。

现在，我们已经可以比较肯定地说，当时尧帝的都城就在今天的陶寺。"尧都平阳"之说得到了考古学的证实。历史上把帝王之都称为"中国"，而尧帝之都陶寺自然是"最早的中国"。经过数十年的不断发掘，在陶寺遗址发现了大量文化价值极高的遗存，包括城址、礼器、陶器、青铜器、玉器、古观象台与祭祀中心、手工工场，以及目前最早的能够确认的文字等等。这些发现，与中外学者认为的确定某一文明形成的四大因素完全吻合。我们知道，陶寺是一处超大型都城，有礼仪中心，有文字，有青铜器等。其中还发现了彩绘龙盘，被认为是中华民族关于龙崇拜的重要图腾。所有这一切都说明，在距今 4500 年左右的时候，华夏文明已经在中原地区，具体说就是我们晋南一带形成。华夏民族关于龙崇拜的文化已经确立。陶寺文化的发掘，与更早的东北的红山文化、江浙的良渚文化及河姆渡文化等一起共同证明中华文明具有悠久的历史。在没有新的考古实证出现之前，我们可以说，一个伟大的文明——华夏文明在晋南形成，并将对中国社会的发展产生具有根本意义的影响，也将对人类文明的发展进步做出巨大的贡献。

华夏文明的形成意义重大。之后，在晋南及其相邻的陕东南、豫西北得到发展，并不断扩张，逐渐在周时形成了比较统一的社会管理体系、礼仪教化体系与价值体系，融合了各地包括华夏族外众多的部族，形成了以华夏为核心的中华民族及其文明。尧、舜、禹先后在晋南建都，山西也成为夏商周的重要属地。

中华文明在其发展壮大的进程中经历了数次危机。举例来说，一是南北朝与五代十国的两次大分裂时期；二是游牧民族入主中原建立王朝时期。这其中首先遇到的问题是民族问题。但是，这些建立割据政权或全国性政权的民族虽然不是汉族，但仍然是中华民族的组成部分。其次是文化的问题。不论谁建立政权，都要认同中华文化。一方面他们为内地人民带来了游牧民族的文化，并对内地原有文化产生了影响。另一方面他们也认同接受内地文化，并视自己为正统文化的传承人。如康熙就认为自己是自黄帝以来在位时间最长的皇帝。再次是人口结构没有发生根本性变化。汉族人口占全国人口的绝大多数，游牧民族的人口仅是少数。所以，在遭遇这些危机的时候，虽然受到了强烈的冲击，中华文明并没有中断，而是在吸纳游牧民族文化的同时发生了新变，得以延续壮大。

近代以来，中华民族再一次遭遇了重大危机，这就是世界范围内殖民体系的建立。西方列强为与中国争夺贸易主导权，瓜分世界，建立了全球范围的殖民体系。但是，唯独没有实现对中国的彻底瓜分，只是不同程度地控制了中国的经济。这使中国的文明没有中断，能够历尽劫难而浴火重生，实现新的转型。特别是在中国共产党的领导下，取得了抗日战争的伟大胜利，建立了新中国，再一次实现了民族的独立。

在这漫长的历史时期，山西的贡献都很突出。所谓"五胡乱华"，多为进入内地的匈奴后裔，在山西起事。而南北朝时期，北魏的建立为隋的统一打下了政治、经济与文化基础，也为之后大唐盛世的到来创造了条件。抗日战争时期，山西是八路军总部及三大主力师的所在地。山西人民在党的领导下，最早形成抗日民族统一战线，动员各界投入抗战，成为敌后抗战的中流砥柱，为民族战争的胜利做出了巨大贡献。

今天，我们在山西15万余平方公里的土地上，仍然可以看到历史上存留的各类遗迹。山西有世界文化遗产3处，全国重点文物保护单位531处，宋辽金及之前的地面木构建筑占全国的75%，各类壁画24000多平方米，历代长城1400多公里，革命旧址与纪念建筑1466处，被誉为古代东方的艺术博物馆、华夏文明的主题公园。在山西，我们可以完整地探寻到人类形成至文明诞生，直至今天的各种实证，找到华夏文明完整的发展脉络。我们的先人，在这块古老而厚重的土地上创造了灿烂的文明，接受了严峻的考验，做出了伟大的贡献，并不断表现出蓬勃旺盛的生命力与创造力。我们为自己有这样的历史、这样的文化而感到无比自豪！

第二，山西是中华民族形成发展的大舞台。

中华民族的形成发展有自己的特色，经历了一个由华夏而中华的历程。其民族及文化的核心、主体是华夏，但又在漫长的发展过程中不断融合，吸纳了华夏之外的其他民族。同时，原属于内地民族的一些族群迁徙至边远地区，形成了自己的生活方式。但他们仍然是中华民族的重要组成部分，在族源、文化上与华夏族群有着极为重要的联系。中华民族的形成与发展是全民族人民共同努力的结果。同时，我们也要认识到与山西的关系极大。主要表现在这样几个方面。

一是中华民族的核心部分华夏族形成于晋陕豫交界地带，而山西的作用尤为突出。这主要表现在炎帝部族与黄帝部族的最终融合是在晋南一带完成的。经过围绕今天运城盐池周边的阪泉、涿鹿等重大战役，炎帝部族最终被黄帝部族融合。炎帝部族本来在山西南部活动，已经发展出比较先进的农耕文明。黄帝部族在进入山西南部后接受了农耕文化，使生产力得到了提高。进而晋南一带成为当时文明程度最高的地区，它们也成为华夏民族最基本的构成。据考古学研究，在距今大约6000年的时候，在仰韶文化庙底沟类型，也就是西阴文化中已经发展出比较典型的农业文明。在西阴出土的遗存中有许多石磨棒、石磨、石铲等农耕工具，说明这里有比较发达的农业生产。这种文化应该就是"华族"最早的形态。而在中国传统典籍中，"华"与"夏"既是部族的称谓，也代表文明程度比较高的地区与族群。正是由于这一地区生产力水平比较高，吸引了周边人群，也推动了华夏族向周边地区的扩张。在这一扩张的过程中，不断地使那些原本不属于华夏的族群融入华夏。

二是山西地区活动的游牧民族逐渐融入华夏部族。山西有一个非常明显的特点就是农耕民族与游牧民族杂居。在以农耕为主的华夏族周边生活着许多游牧民族，如戎族、狄族、丁零等。仅戎族就有条戎、狐氏戎、茅戎、伊洛之戎等。狄族也有白狄、赤狄等。如著名的晋文公，他的夫人就是戎族。直至战国时期仍然有林胡、楼烦、东胡、中山等游牧民族存在，赵武灵王抗击的主要是林胡、楼烦等游牧民族。后来，又有匈奴、鲜卑、柔然、突厥、契丹、女真、蒙古等游牧民族不断进入山西。除了这些在中国历史上曾经产生重大影响的游牧民族外，还有很多数量比较少但也迁入山西并留住的游牧民族，如乌孙、回鹘、月氏、羯胡、契胡、沙陀等部族。此外，还有许多外来民族如粟特、波斯、高丽等在山西一带活动，著名的虞弘就是中亚一带的鱼国人。公元 3 世纪初，曹操把归附内地的匈奴五部分置山西。北朝隋唐时期，山西是粟特商人活跃的地区。为对这些西域民族进行管理，政府设立了专门负责西域民族事务的萨保府。这些原本不是华夏的人群逐渐与华夏族群融合。

三是山西地区的人民迁徙至其他地区，形成了新的融合。在中华民族形成的漫长进程中，中原地区的人民因为各种原因也不断迁徙至其他地区，特别是比较边远的地区，成为不是"华夏"的部族。在这种迁徙中，一方面也与当地的人们融合，另一方面随着中原地区的不断扩大又重新被华夏融合。比如蚩尤部落的人民被称为"九黎"，在蚩尤与炎黄联盟的战斗中战败后，一部分在当地，也就是山西一带与炎黄融合，成为华夏，还有一部分则迁徙至西北、西南地区。又如历史上山西地区有多次大移民，如西晋末年时山西地区的人民迁往江苏、湖北、安徽、山东，以及湖南、陕西、河南、江西、四川等地，与当地的人民融合。在明朝，有 18 次大移民，山西是最重要的移民出发地。这些移民被迁往今北京、河南、安徽、江苏等 10 多个省份，与当地的民众融合。

华夏民族的形成与发展不是一朝一夕、一时一地的事情，而是一个在漫长的历史时期内各地区人民不断融合的过程。在这种融合中，山西的地位非常特殊，主要表现在这样几个方面。一是山西是华夏族群形成的重要地区，也是华夏族群向四方拓展扩张的中心地带。二是山西地处中原农耕与草原游牧的交界地带，更是草原游牧民族南下进入中原地区的咽喉要道，所以游牧民族进入山西地区就比较频繁。三是山西的地理位置十分重要，具有极为重要的军事意义。不论是内地抗击游牧民族的南下，还是游牧民族进入中原建立政权，首先必须控制山西，这样就出现了非常频繁的不同民族之间的融合。四是由于山西地区战事较多，迁徙至其他地区的人民也很多。以上这些特殊的原因决定，山西在华夏民族的形成过程中发挥着十分独特、非常重要的作用。可以说，山西是民族融合的大舞台，是华夏族群形成的核心地区。在华夏民族的形成进程中，山西做出了不可忽略的贡献。

在这样一个民族形成的进程中，山西地区的科技文化得到了发展，为民族的进步、壮大发挥了重要作用。比如，山西东部太行山一带就是粟作农业的发源地，山西是人类最早形成农业文明的地区之一。山西的天文学、地理学也为人类文明做出了重大贡献。尧时曾命羲和等观测天象。我们在陶寺遗址就发现了世界上最早的观象台，当时的人们已经掌握了基本的节气，测算出一年有366天。有一种说法认为，陶寺的观象台比英国索尔兹伯里的巨石阵还要早大约500年。由此也可以看出，山西是中国早期历法形成的重要地区。西晋时，山西出现了一个非常重要的人物，被认为是中国地理学的奠基人，他就是闻喜县的裴秀。裴秀不仅绘制了《禹贡地域图》18篇，而且提出了绘制地图的"制图六法"，解决了地图绘制中如何确定经纬度的问题，并且首先确立了地图绘制"以北为上"的规则，在世界地图学中具有划时代意义。山西的机械制造技术也非常发达。考古发现的晋国赵卿墓车马坑中有大量春秋时期的战车，这些双轮独轴的战车已经采用标准化生产制作。在侯马发现了至目前为止最为完整、规模最大的铸铜遗址。其中存留的陶范数量庞大，还有许多保存十分完整，证明当时的青铜铸造技术已经非常高超。山西地区的建筑技术也堪为典范，许多是中国营造技术的杰出范例，不仅有唐时的木构建筑如五台山的佛光寺、南禅寺，以及近千年的辽金时期的应县木塔、悬空寺等，还有大量的民居、寺庙、园林、桥梁、石窟、长城等。特别是在城市规划设计及建设使用方面多有杰出的例证。今天我们都知道平遥古城是明清时期汉民族城市的杰出范例。但是，北朝时期的平城（大同）、隋唐时期的晋阳（太原）古城不仅是国际化的大都市，而且是独一无二的城市形制等等。新中国建立后，山西地区的科技也得到了明显的发展。比如农民科学家吴吉昌就解决了棉花脱蕾落桃的问题，使每株棉花成桃率大大提高。太重于1950年建厂，是我国自行设计建造的第一座重型机械厂。60多年来，它们的产品填补了许多空白，设计制造了世界上起重量最大的起重机，是我国最大的起重机生产基地、航天发射装置生产基地及唯一的火车轮对生产基地。这些事例可以说举不胜举。

　　在创造了辉煌科学技术的同时，山西地区也创造了灿烂的文化成就。打开中国文学史，第一部作品就是尧时的诗歌《击壤歌》，说的是今天临汾一带的事情。第二部作品就是舜时的《南风歌》，说的是今天运城的事情。《诗经》中的《唐风》《魏风》反映的都是三晋地区的生活。《全唐诗》收录作者有两千多人，山西籍的诗人就有100多；收录诗作51000余首，山西籍诗人创作的就有4000多首。特别是山西出现了诸如王维、王之涣、白居易、柳宗元、温庭筠等彪炳史册的诗人，所谓"半部唐诗皆晋人"。王之涣的《登鹳雀楼》"白日依山尽，黄河入海流。欲穷千里目，更上一层楼"，虽然只有短短四句，其表达的境界、意象已足千古，成为中华民族的精神标志。北宋时期的泽州人孔三传创造了"诸宫调"，被认为是中国戏曲的奠基人。元曲四大家中山西就有关汉卿、白朴、郑光祖三位。其他剧作家更是蔚为大观。山西，特别是晋南临汾一带成为当时中国戏曲的重镇、摇篮。明清时期小说兴盛，罗贯中创作了史诗巨著《三国演义》，把中国的章回小说推向成熟的高度。山西地区的艺术创作也非常突出，早在吉县柿子滩遗址中已经发现了距今约 2800 年的岩画。在陶寺遗址中已经发现了铜铃，这是我国发现的最早的青铜乐器，证明距今大约 4500 年的时候，中国乐舞已经发展到了一个全新的阶段。山西存留有大量古代各朝的寺庙与墓葬壁画，具有十分重要的艺术价值。如永乐宫的壁画就是中国古代艺术的典范。此外，还存留有大量的各类石窟、石雕、彩塑。如云冈石窟及其雕塑已经成为世界文化遗产中最具代表性的艺术作品。新中国成立后，山西地区的文学艺术也具有非常重要的影响。如文学创作的"山药蛋"派、"晋军崛起"，以及凭一己之力把中国科幻文学提升到世界水平的刘慈欣等。

这些科技、文化成果是山西地区在中华民族形成与发展进程中做出的极为重要的贡献。特别是山西人才辈出，难以尽数。不仅有励精图治的政治家、改革家如晋文公、赵武灵王、霍光、魏孝文帝拓跋宏、武则天、狄仁杰，影响深远的廉吏贤臣如司马光、于成龙、陈廷敬、祁寯藻、栗毓美，驰骋疆场的武将卫青、霍去病、关云长、杨家将，还有在科技文化领域作出重大贡献的一系列诗人、作家、艺术家、科学家、历史学家、思想家，真是彪炳天地，灿若星斗。他们十分生动地证明我们的民族具有非凡的智慧、卓绝的才华、无畏的勇气，体现了中华民族所具有的巨大创造力。

第三，山西是中华价值生成新变的践行地。

习近平总书记在他的一系列重要讲话中反复强调，核心价值观是一个民族赖以维系的精神纽带，是一个国家共同的思想道德基础。如果没有共同的核心价值观，一个民族就会魂无定所、行无依归。正是在漫长的历史发展进程中，中华民族形成了自己的价值体系，并产生了巨大影响。其中山西地区做出了非常突出的贡献。

首先是传说时代在山西地区活动的先贤圣王奠定了中华价值的基础。如炎黄时期，伟大的炎帝神农氏在今天的晋东南一带"救民病，尝百草，一日而遇七十毒"。就是说他为了解救民众的病痛，让老百姓能够享用有利于身体的食物，自己亲自尝试各种植物能不能吃，曾经一天就数次中毒。这种为民请命的献身精神成为中华民族最重要的价值观。黄帝成为当时各部族的共主之后，举贤人，重民生，制礼法，兴文化，呈现出一派祥和景象。而他自己谨慎小心，恬淡无为，节用寡欲。这种精神在历代先贤中均有非常突出的体现。尧舜禹三帝在中国传统文化中被视为道德人格的典范，他们共同的特点是律己严，待民宽，礼法并治，勤奋敬业，协和万邦。所以在当时有崇高的威望，对后世有深刻的影响。中国古代神话传说中的神都具有爱民、奉献、牺牲的精神，把个人价值的实现建立在为民众、为他人的基础之上。他们救苍生于水火，解危难于倒悬，具有崇高的精神品格。如传说中的女娲，在今长治的天台山补天；精卫在今长子县的发鸠山衔石填海；后羿在今屯留县的山上射日，无一不是为了天下苍生。这与西方神话中的神是完全不同的。中国神话中的神更强调其超越个人功利的道德追求，而西方神话中的神则更强调个人欲望的实现；中国神话突出神对社会民众的贡献，而西方神话则突出对实现个人愿望的努力；中国神话强调神以及由此而代表的人对命运的主动性，而西方神话中的神则走不出命运的规定，总是具有某种被动性等等。由此也可以看出，这些神话传说体现了中华民族价值观的基本特征。

其次是"轴心时代"山西地区活动的思想家及其成果是中华民族价值体系最重要的组成部分。习近平总书记在文艺工作座谈会上的讲话中指出，公元前800年至公元前200年是人类文明精神的重大突破时期。当时的古代希腊、古代中国、古代印度等文明都产生了伟大的思想家，并一直影响着人类生活。在这样一个百家争鸣、群贤辈出的"轴心时代"，山西地区也涌现出了一大批伟大的思想家。他们的思想不仅对中国产生了重大影响，对人类文明的发展进步也影响深远。如儒家，孔子、孟子外，重要代表人物还有子夏、荀子等，均为三晋地区人士。荀子是战国末期赵国人，他对先秦哲学进行了全面总结，在阐释儒家学说的同时发展了儒家学说，具有浓厚的法家思想色彩。他既是战国时期学术思想的集大成者，也是儒学思想的创新变革者，表现出强烈的民本主义倾向，也影响了后来的法家等学派。法家出自三晋，而韩国公子韩非就是法家思想的集大成者。此外，当时极有影响的兵家、名家、纵横家等均与山西有着非常重要的关系。兵家如乐羊，曾在魏国做官；魏人尉缭著有著名的兵书《尉缭子》。其他如吴起，曾在魏国做官，著有《吴子》，与《孙子》合称"孙吴兵法"。名家的最高成就在三晋。名辨之学影响广泛，被认为是世界三大逻辑体系之一。其中曾在魏国从政的惠施、赵国人公孙龙是最重要的代表人物。他们不仅丰富了我国古代的逻辑思想，而且也发展了辩证思维。对中国社会影响重大的纵横家与三晋地区关系极大。司马迁认为"夫言纵横强秦者，大抵三晋之人也"。其中最著名的如苏秦，曾佩六国相印，在韩、赵、魏等国出游；魏人公孙衍，曾仕魏国；魏国安邑人张仪，在秦国连横等等。这些活跃在"轴心时代"历史舞台上的思想家，为中华民族价值体系的建立做出了杰出贡献。如果没有他们，春秋战国百家争鸣的大时代将大大失色。

再次是各个历史时期山西地区的思想家为中华民族价值体系的发展完善作出了重要贡献。如果说，远古传说时代是中华民族价值体系的发轫期，轴心时代是中华民族价值体系形成期的话，之后的两千多年间，是中华民族价值体系的发展调整期。随着时代的变化，中华民族在不同的历史时期遇到了不同的问题，接受了许多外来思想的影响，也随着社会的发展不断新变。如汉时佛教传入中国后影响不大，直至十六国大分裂时期，才得到快速的发展。这与著名的高僧佛图澄关系极大。上党羯族人石勒建立后赵，信任佛图澄，支持佛教在内地民众中传播，使佛教迎来了一个快速发展的中国化时期。隋唐时，儒道释三大思想体系在中国影响广泛。山西出现了一位极为重要的思想家河东人王通，他被誉为是隋唐儒学变革的发端者、宋明理学思潮的先驱者，首倡"三教可一"的观点，形成了以儒家为主、融合佛道的新儒学。他后期以著书教学为生，影响深远。柳宗元不仅是一位极为重要的文学家，也是一位极为重要的思想家。他强调三教融合，认为其原则是"佐世"，就是要汲取其中有益于社会进步的元素并使之统一起来。柳宗元还是一位非常重要的民本思想家，强调要对民众负责，要养民利民，为民服务，勤心劳力。清朝建立后，思想界发生变化。一种希望新的政权能够勤于政事，用"四书五经"等理学经典来教化社会的思潮出现，这就是理学的兴盛。当时的山右学派活跃一时，其代表人物为今洪洞县的范鄗鼎等人。而以傅山为代表的则是反对理学的实学思潮。他们倡导人要冲破"理"的束缚，追求平等自由，以济世救时。这些思想都表现出中华民族的探索精神、创新精神，具有极为强烈的现实意义。

山西地区的思想家有一个非常突出的特点，就是特别注重实践。他们不仅提出了解决现实问题的思想、观点，也强调要在现实中躬行致用。从方法论的角度看，就是理论与实践要紧密结合起来。这种追求首先体现在理论上，强调知行合一、学用结合，把理论运用到实践中。如子夏，是儒家的重要代表。他强调以德治国，经世致用，不能为学而学，要通过学来改变自己，影响社会。三晋地区是法家的重地，其思想是建立在晋地变法实践的基础之上才形成的。至于纵横家实际上就是一个或合纵、或连横，以行动为主的学派。其次是这种注重实践的方法也突出地影响了治学的方法。傅山就特别强调，思以济世，学必实用，不发空言，见诸实效。他认为任何理论都必须对社会有益、有用。清时出现的以山西学人为代表的西北历史地理学派，就是以实地考察为主要方法的群体，其最重要的代表人物如寿阳县的祁韵士就在对新疆地理民情进行实地考察的基础上撰写了大量的著作。其他如法显的《佛国记》、裴矩的《西域图记》、徐继畲的《瀛环志略》等都是如此。再次，山西地区也出现了众多的践行民族价值观的典型人物。儒家思想的代表人物是孔子——孔圣人。而在现实社会中最具典型性的却是关云长——关公。孔子是思想领域的代表，关公则是实践领域的代表。人们可能不一定能够理解孔子说什么，但是一定知道关公在做什么。其忠义仁勇的故事流传广泛，深入人心。明清时期活跃在欧亚一带的晋商，以义取利，以信经商，具有浓郁的家国情怀，是践行民族价值观的典型代表。

中华文化博大精深。中华价值体系生成于中华民族生产生活的实践，是人类至为宝贵的精神财富。特别是炎帝农耕文化、尧舜德孝文化、关公忠义文化、能吏廉政文化、晋商诚信文化最为典型地体现了中华民族的价值追求。山西地区的人民为中华民族价值体系的形成、完善，发展、进步做出了巨大贡献，是中华民族文化中不可或缺的重要组成部分。

山西人文精神的五大主要特点

126

山西是中华民族的重要发源地。5000 年文明孕育的优秀传统文化、在党和人民伟大斗争中形成的革命文化和社会主义先进文化是我们得天独厚的文化资源和精神标识。概括这些文化的特点，我认为主要有这样五个方面。

第一，自强不息的精神。

《易经》中说，"天行健，君子以自强不息"。中华民族历来坚韧不拔、积极进取、奋发有为，这种精神在山西表现得非常典型。传说中的炎帝时代，正是人类社会农耕文明的草创时期。人类对农作物的认识处于十分初级的阶段。对什么样的植物可以食用，怎样才能种植成功缺乏认知。为了使天下苍生能够有充足的食物，炎帝在太行山一带采摘各种植物及果实，尝试能不能食用，有没有药用价值，怎样才能种植。远古植物因为没有驯养，都有毒。传说他为了尝百草经常中毒，有时一天就中了"七十次毒"。最后因为误食了"百足虫"，就是我们今天所说的断肠草而不治身亡。炎帝不仅自己亲力亲为，他的一家都为寻找能够食用的植物付出了巨大牺牲。传说他的大儿子吃了谷子之后中毒；二儿子吃了麦子后也中了毒；三儿子在吃了豆子后同样中毒。虽然后来保住了性命，但是他们的身体发生了畸变，成为头小腰弯奇丑无比的怪物。炎帝的女儿女娃溺水变为精卫鸟，"衔西山木石以堙于东海"，这就是精卫填海的神话。炎帝一家这种不怕牺牲、甘于付出、百折不挠的情操成为中华民族精神的重要表现。大洪水时期，大禹奉尧帝之命治水。他受命于危难之际，改堵为导，开通了孟门、龙门。为了治水，大禹13年跋涉在工地，新婚四天就离家而去，甚至三过家门而不入。他随身带着铲子、曲尺，冒着大风大雨带领人民疏江导河，开山挖渠。他的手上长满了厚厚的老茧，指甲磨得光光的，腿肚子上的汗毛也磨得没有了，走路也一跛一颠。但是，在他的带领下，洪水消退，人民安业。虽然大禹身形疲惫，历尽艰险，但受到了人民的拥戴。老百姓说，如果没有禹，我们这些人恐怕早已变成鱼虾了！像炎帝、大禹这样的民族英雄，在我们的历史上并不鲜见。

127

新中国建立后，在党的领导下，山西人民克服重重困难，自力更生、艰苦奋斗，为创造美好新生活付出了艰辛努力，取得了一个又一个胜利。大家都知道陵川县锡崖沟人民在太行深处绝壁上开通出山公路的事迹。他们在没有现代化设备、没有充足资金的条件下，凭着坚定的信念、顽强的意志、科学的精神，靠铁锤、钢钎和双手向大山宣战！经过两代人30多年的努力，终于打通了走出大山、走向幸福的道路。右玉县在新中国成立初，只有不足0.5%的森林覆盖率，可以说寸草不生，风沙弥漫。在历任县委、县政府的带领下，全县10余万人民矢志不移，久久为功，克服了技术、气候、自然、资金、灾荒等种种挑战，一次不行再来一次，三战黄沙洼，九治苍头河，把不毛之地变成了塞上江南。

在60多年的时间里，右玉各级党员干部以身作则，率先垂范，走在前面，干在前面，吃苦在前面，奋斗在前面。每一任县委书记上任后，做的第一件事就是背着毛毯，拿着铁锹，行走在右玉的沙漠、河流、山峦、土地上，走进老百姓的土窑里，走在风沙弥漫的工地上。他们当中有有家不回坚持战斗的，有生病不下火线的，有劳累付出生命的。老百姓在他们身上看到了县委、县政府的决心，看到了共产党人为民服务的作风，看到了中国人不改变面貌绝不罢休的信心，所以愿意跟着党员干部干，愿意付出自己的一切。这种自力更生、自强不息的精神成为山西人文精神的重要表现。

第二，包容开放的心胸。

中华文明5000年绵延不绝，源远流长，一个十分重要的原因就是具有包容开放的心胸。山西虽然表里山河，地形封闭，但却海纳百川、有容乃大，不保守，不封闭，善于吸纳接受外来文化中的有益元素，并转化为现实的动力。著名考古学家苏秉琦先生说，大约在距今5000年至4000年的历史时期，中国各地的先进文化就向晋南一带集聚。其中融合了辽宁一带的红山文化、鄂尔多斯一带河曲地区的河套文化、山东大汶口文化，以及江浙一带的良渚文化等。所以陶寺文化的出现并不是偶然的，而是多元文化汇聚融合之后实现了升华形成的。这也说明山西具有能够包容外来文化的品格。山西地处太行、吕梁两山之间，有大量的丘陵、平原、盆地、河流等复杂的地形，可以说在其比较早期的时候是农耕游牧交错的地区。文化比较发达的称为"华夏"，相对落后的称为"夷狄"。这两种不同的文化如何和谐相处、共同发展，我们的先人有非常好的经验。比如周成王封叔虞于唐，就教导他要"启以夏政，疆以戎索"。唐地属于"华夏"，是农耕文明比较发达的地区。而在唐的周边还有许多"夷狄"之民，是游牧部族，生产力相对低下。周成王不是让叔虞与这些游牧部族开战，也不是强迫他们实行农耕生产生活方式，而是要用华夏之政来管理华夏，用夷狄的生产生活方式来管理夷狄。这样才能各安其业，和睦相处。晋悼公时期的"魏绛和戎"影响巨大，也成为历史上处理不同民族关系的成功范例。当时晋之周边游牧部族经常袭扰。晋国重臣魏绛提出，解决这个问题，应该"和戎"，不能征讨。晋悼公采纳了魏绛的建议，派他北赴戎地，签订盟约，开创了晋国与戎狄和睦相处的新局面。晋国扩大了疆土，增强了国力。戎狄部族也从晋国学习了许多先进文化，逐渐形成了定居生活，以至于"与华夏无异"。

这里我要特别强调山西与丝绸之路的关系。随着中央"一带一路"战略的提出，丝绸之路的研究成为一个十分热门的话题。但是，山西与丝绸之路的关系还很少有人重视，极其缺乏研究。实际上，山西与丝绸之路关系极大。在丝绸出现之前，已有一条"西玉东送"的玉石之路，这条路把西域地区出产的玉运送至东部中原地区。其输送路线有一条即为"山西道"。其中沿黄河经山西往东，是黄河水路；进入山西后经雁门关抵达晋中、晋南至今天的河南一带，是雁门关陆路。张骞出使西域，开通丝绸之路，山西是由中原地区进入草原、通往西域的重要通道。这条通道与玉石之路山西道的雁门关陆路基本一致。北朝隋唐时期，山西的大同、太原，即平城、晋阳成为重要的国际化都市，是西域商人、使节、教徒、艺人、军士往来聚集的重地。山西地区不仅活跃着许多游牧部族人群，也有大量外来民族人士，如粟特人、波斯人、印度人、朝鲜人、日本人，以及罗马人等。不仅在平城、晋阳这样的大都市，包括今天的介休、代县、汾阳、寿阳、朔州等地都有许多西域人士在活动。元明清时期，北京成为国都，西域朝贡人士东行需经过山西到达北京。特别是晋商开通了从福建武夷山至俄罗斯恰克图的茶叶之路，成为丝绸之路的重要组成部分。一直以来，山西地区是丝绸之路的重要地段，是与西域及西方联系不可或缺的重镇。山西也以开放包容的广阔胸怀接纳吸收外来文化，雄伟的云冈石窟就是最典型的证明。其石窟的开凿、佛像的建造明显受西域文化的影响，是西方文化东渐的实证。其明显的犍陀罗风格、笈多风格就是希腊文化、印度文化的表现。此外，如外来的玻璃制造技术、葡萄种植及酿酒技术，以及众多的植物种植技术、生活方式等深刻地影响了包括山西在内的中原地区。佛教、伊斯兰教，以及被称为"三夷教"的景教、祆教、摩尼教等在山西也非常活跃。

山西也有许多人士历尽千辛万苦，心怀崇高理想行走域外。东晋时，著名的高僧法显，是我们襄垣人。他在 60 多岁的时候毅然前往印度取经，先后游历了 30 多个国家与地区。在经历了 14 年的时间后孤身一人返回中国，带回了大量佛教典籍，并撰写了影响深远的《佛国记》。法显的西行开我国法僧往西方取经的先河，引发了后来的取经热潮。13 世纪时，浑源人刘郁随元使常德往今伊拉克巴格达，归国后著有《西使记》。稍后，生活在霍州的著名景教徒马可斯亦曾往巴格达朝圣，被推举为景教总主教。康熙年间，绛州人樊守义受康熙之命随法国传教士艾若瑟前往罗马，沟通基督教传教事务，历经 13 年后返回，著有《身见录》一书。尤其要提到的是，五台人徐继畲撰写《瀛环志略》，向国人介绍世界各国，被誉为是中国开眼看世界的第一人，对近代以来中国人了解世界、解放思想、推动革新产生了重要影响。山西人不保守，不封闭，肩负使命，志在四方，不仅走出山西，更走出中国，走向世界。在交通、信息条件极为落后的条件下，与世界各地沟通交流，在中西交往中发挥了重要作用，对后世产生了深刻影响。

第三，开拓创新的追求。

中华文明一个非常重要的品格就是能够顺应时代发展的要求，在不断接纳吸收外来文化中与我有益元素的同时，积极新变，不断创新，焕发出新的活力。这种追求在山西表现得十分突出。尧舜禹三代，洪水肆虐，民无定所。尧命鲧治水，虽然鲧极为辛苦，甚至盗取上帝的"息壤"来堙堵洪水。但九年后仍然没有成功。这时舜就让鲧的儿子禹来治水。大禹在研究了水势、流向，总结了鲧治水失败的原因后，决定用"导"的办法。于是，他凿孟门，开龙门，破三门，使滔天洪水得到了疏导，流向大海，终于成功治理了水患。大禹能够成功的重要原因就是变革创新。如果他仍拘泥于先人"堵"的办法，洪水仍然不会消退。正是他在充分调研、科学分析的基础之上，变"堵"为"导"，改变了过去不适应实际要求的治水之法，才使洪水得到治理。在春秋时期，晋国不断强大，以至于成就霸业，与其历代君主不断改革有直接的关系。晋献公时，废除宗室，起用有才干有军功的异姓贵族。晋文公上任后，励精图治，实施了一系列改革。经济上轻徭薄赋，鼓励生产；军事上改变军制，任用旧贵族统兵；政治上选贤任能，完善国家制度。晋悼公时，继续推进一系列改革，在政治上，重修法令，重用异姓贵族，形成了六卿执政的制度；在经济上，免除旧债，奖励农耕，禁止奢侈；在外交上，支持魏绛和戎，营造良好外部环境。正是这种不断的变革，使晋国能够顺应社会发展的要求，解决出现的问题，从弱到强，实现霸业，在中国历史上产生了极为重要的影响。其他如赵武灵王"胡服骑射"，魏孝文帝"太和改制"，女皇武则天的文治武功，以及晋商由贩运盐业而经营茶叶至创立票号等一系列新变，都是山西人开拓创新、除旧布新精神的生动体现。《大学》中有一句话，叫"苟日新，日日新，又日新"。就是说不能抱残守缺、故步自封，要根据现实的发展变化求新求变。这种精神在现当代以来的山西也表现得非常突出。

山西党的组织建立后，为国家独立、人民当家做主进行了艰苦卓绝的努力。抗日战争时期，山西是八路军总部及三大主力师的所在地，是坚持全面抗战的中流砥柱。党领导山西抗日军民坚持敌后抗战，建立民主政权，进行了一系列不同于旧政权、旧制度的改革。面对国民党政府的不抵抗政策，党号召全民抗战，建立抗日民族统一战线；面对国民党军队正面战场的节节败退，党组织动员广大抗日军民开展敌后游击战，给日军以重创；面对敌后发展的新形势，党紧紧依靠人民，建立根据地，实行了一系列的新政策、新制度。如改变土地的所有制形式，实现耕者有其田；改变政权的组织形式，实行"三三制"民主制度；改变旧的婚姻模式，推行婚姻自主等等。这些变革受到了人民群众的拥护，为新中国建立后的国家治理积累了积极的经验，奠定了坚实的基础。又如申纪兰发动西沟村的妇女破除陋俗，走出家门，参加劳动生产，实行男女同工同酬，不仅改变了妇女的社会地位，解放了生产力，而且在国际社会产生了重要影响。郭玉恩、李顺达等创办合作社，把老弱孤寡和分散的农户组织起来，依靠集体力量发展生产，成为新中国农村变革的典范。在山西人的身上，历来就有求新求变的精神，历来就有不甘落后的追求，历来就有根据时世变化，实事求是地解决问题的主动性、自觉性、创造性，有变法求新、革故鼎新的智慧、能力和成功经验。

第四，仁义忠勇的品格。

132

习近平总书记指出，中华民族在长期实践中培养和形成了独特的思想理念和道德规范。有崇仁爱、重民本、守诚信、讲辩证、尚和合、求大同等思想，有自强不息、敬业乐群、扶正扬善、扶危济困、见义勇为、孝老爱亲等传统美德。其中最突出的就是仁义忠勇，关公就是典型地体现了这些品格的代表。前面我们谈到，关公是中国优秀传统文化在实践形态的典范。这并不是因为他提出了什么理论观点，而是他在行动中践行了这些品格。也正因此，他成为全球华人崇尚的人格神，被认为是保护神、财神，赋予了最完美的人格形象，也是华人最大的人格公约数。实际上，具有这种品格的山西人士很多。如春秋时期的介子推，跟随晋文公重耳流亡 19 年，帮助他克服了重重困难，甚至在最艰难的时候割下自己的股上之肉让晋文公充饥。在晋文公继位封赏功臣时，介子推与自己的母亲避入绵山，不愿因功受禄，宁愿与母亲一起过平凡的生活，以至于死。所以庄子认为"介子推至忠"。大家都知道"赵氏孤儿"的故事。晋景公时，屠岸贾灭赵氏，程婴与公孙杵臼设计用自己的孩子换取了赵氏孤儿赵武的性命，并历经千辛万苦将赵武抚养大，使赵氏一门最终复兴。这一千古流传的故事成为中华民族高尚品格的感人写照，是尚忠义、重然诺、求正义精神的典型再现。它不仅在中国历史上产生了重大影响，也在启蒙运动时期被译介至欧洲广为流传，包括著名的启蒙思想家伏尔泰等纷纷对这一故事进行改编。从这一角度看，赵氏孤儿所体现出来的精神也具有人类的普遍意义。

追求正义，忠于国家，不避利害，勇于担当，在山西人身上表现得十分突出。汉时，匈奴强大，常常袭扰内地。山西也成为抗击匈奴的主战场、出发地。著名的汉将军卫青、霍去病就是当时驰骋沙场、智勇双全的英雄。霍去病在 18 岁的时候随舅父卫青追击匈奴，孤身率 800 骑兵冲锋在前，深入沙漠深处数百里。他还十分善于长途奔袭，往往出其不意、攻其不备。正是卫青、霍去病的英勇善战，使匈奴由强转弱，退回漠北。大家都知道苏武牧羊的故事，说他困于匈奴 19 年而誓不变节，成为千古传颂的民族英雄。但是，与苏武一同出使匈奴的太原人常惠就很少有人知道。他作为苏武的副使同样被匈奴扣押，度过了漫长的 19 年艰难岁月而誓不叛汉。当汉使要求匈奴放还苏武等人时，又是常惠发挥了关键作用，才使苏武等返回故土。后来常惠受命出使西域，孤身率兵击杀匈奴。当他发现龟兹国劫杀汉朝官员时，主动召集乌孙等国军队数万，围攻龟兹，惩罚凶手，巩固了汉王朝对西域地区的统治。另一位与常惠有相似经历的山西人是唐时的裴行俭。当时波斯国被大食，也就是阿拉伯灭亡，波斯王卑路斯逃往长安避难。他去世后，王子泥涅斯被唐册封，裴行俭受命护送归国。在路上，裴行俭得知西突厥要侵袭安西，就是今天新疆的库车。本来他是没有责任管这件事的，但因为安西是唐王朝的都护，如果被西突厥袭击，后果不堪设想。于是裴行俭自己招募了 1 万多骑兵，假装陪波斯王子打猎，设计俘获了西突厥首领。这些山西人胆识超群，急公好义，有勇有谋，不图私利，体现了中华民族最优秀的品格。

现当代以来，仁义忠勇的品格在山西人身上仍然表现得十分突出。女英雄刘胡兰，大家都知道，她为了保护战友英勇地牺牲在敌人的铡刀之下。当敌人以死威胁她时，刘胡兰说，怕死不当共产党员！毛泽东主席给她题词"生的伟大，死的光荣！"精辟地概括了包括刘胡兰在内为人民、为革命献出生命的共产主义战士的崇高品格。长治市襄垣县返底村的党支部书记段爱平，急民所急，助民所困，捐资为村里修学校、建养老院，带领大家种药材、改电网、搞园林建设。她说我就是见不得别人受苦。阳高县龙泉镇司法所所长李培斌同志是省委与中组部先后表彰的优秀共产党员，差不多20多年来一直工作在农村，负责司法与民事调解工作。最近，我看了一本介绍李培斌事迹的报告文学《大爱无疆》，感受很深。因为他公道正派，因为他全心全意，老百姓就信任他。"有难事，找培斌"，这是阳高县群众经常挂在嘴边的一句话。但这普普通通的一句话却揭示出一个真理：共产党就是为老百姓干事的。只有心中有民，心中有爱，心中无私，心中有责，为老百姓干事、干好事，才能得到大家的拥护、信任、爱戴。李培斌自己也常说，谁叫咱是共产党员呢？因为是共产党员，就要时时想着群众，处处为了群众；因为是共产党员，就不能只顾自己，不管大家，就必须先公后私，公而忘私；因为是共产党员，就要克服困难，迎难而上，自觉主动。其实，李培斌也不是没有机会为自己争取点实惠。但是他说，我是怕玷污了共产党员的形象。一个人爱什么，敬什么，怕什么，是我们每个共产党员都应该很好地想一想的。李培斌的出现也不是偶然的，而是我们的土壤、传统影响、熏染的。《大爱无疆》介绍说，抗美援朝的时候，山西的农民踊跃捐献"爱国丰产号""新中国农民号"飞机支援前线作战。李培斌所在的阳高县农民张凤林、高进才两个人就捐了5000斤山药。他们两人还带头在大泉山开荒植树，打坝筑堰，使这一带的生态发生了积极的变化。毛主席高度评价这个典型。李培斌的爷爷是一名参加过解放战争和抗美援朝战争，曾获得金质奖章的共和国功臣。但是他不以功臣自居，选择回村做普通农民，从来不与人说自己的过去。李培斌的父亲当过30多年的村干部，是村里的支部书记，为农田基本建设累得晕倒在工地。在李培斌的身上浸染着这些普通共产党员的作风、传统，用他自己的话说就是"有遗传基因"。在我们的生活中，有许许多多像段爱平、李培斌一样的好党员、好干部、好同志。他们是我们这个时代的中坚力量，是共产党能够得到人民拥护的根本原因，是我们能够克服困难、迎难而上、继续前进的历史必然。

第五，家国一体的情怀。

中华民族精神中一个非常突出的特点就是家国一体、家国情怀、视国如家。如《汉纪》中就说到，"亲民如子，爱国如家"。梁启超认为，普世界之最爱国者，莫中国人若矣！习近平总书记在他的讲话中指出，在社会主义核心价值观中，最深层、最根本、最永恒的是爱国主义。流传广泛、影响深远的杨家将就是这样的典型代表。宋辽金元，攻守博弈，此进彼退。在这战乱频仍的年代，涌现出一批批舍生忘死、保家卫国的英雄豪杰。我们熟悉的杨继业就奉命在山西北部抗击契丹，不断取得重大胜利，被称为"杨无敌"。他被俘后誓死不降，绝食而亡。杨继业去世后，他的儿子杨延昭继续担负起抗辽重任，孙子杨文广也是当时一代名将。杨家三代为国而战，前赴后继，激发了一代又一代国人的爱国之情，成为人们歌颂、赞扬的对象。特别是在民间，被历代各种戏曲、话本，乃至今天的影视作品、书画作品、舞台艺术作品演绎，出现了更多的人物，增加了更多的故事，成为最深入人心、受人喜爱、常说常新的题材。对这一题材的喜爱，也反映了人们爱国爱家、视国如家的高尚情操。

山西也出现了许许多多的贤臣廉吏。大家都知道被誉为"天下第一廉吏"的于成龙，他的故事也是广为流传。于成龙的廉洁我们都熟悉，比如被称为"于青菜""于半鸭"等。他身无余钱，衣皆布衫，食多青菜。但是我以为从他的经历来看，有这样几个特点。一个是有以民生为重，以天下为己任的人生追求。所以他不论在什么地方做官，给老百姓办事，救民于困苦是最大的事，天大的事。只有老百姓过上了安康的日子，国家才能好，民心才能顺。二是有胆有识，敢于任事的做人品格。他从吕梁的方山县徒步到广西的罗城县上任，走了好几个月。那时的罗城匪盗横行，民不聊生。县城的老百姓都跑了，只留下几户人家。所谓的县衙只有几间茅草房，还毁塌不堪，不能居住。他的几个前任，不是被赶走了，就是被吓跑了。但是，于成龙受命于国，绝不退缩。他发动群众，平乱剿匪，发展生产，把罗城治理得井井有条，人民安居乐业。他在湖北时，本来已被免了职。用我们今天的话来说，就是没我什么事。但是因为湖北黄州贪官污吏横行霸道，官逼民反。于成龙感到，如果自己不去黄州的话就要引发大规模骚乱，于是主动请缨，前去平乱。在困难面前于成龙从不退缩，在责任面前于成龙总是迎难而上。他从来都是主动担当，不计较个人得失。三是注重调查研究，实事求是地解决问题的工作作风。如果说他的工作方法非常好，其根本就是依靠群众，为了群众，不脱离群众。我觉得，在于成龙身上可以看到中华民族的大智慧、大品格。其实像于成龙这样的贤臣廉吏还很多。比如大同浑源县的栗毓美，是中国治河史上立了大功的人。他任河东河道总督时，坚持到黄河流域实地勘察，对沿河情况了如指掌，创造了"抛砖筑坝"法，是黄河治理的里程碑式技术，对治理水患产生了重要作用。老百姓拜他为"河神"。他性廉介，寡嗜好，清正廉明，自奉俭约，不辞劳苦，在河道总督这种被人视为是"肥缺"的位置上，严定章程，裁撤供给，捐资筑坝，以至于父亲去世无钱安葬。最后，累死在治水工地上。他说，"一日在官，不忍一日不尽心民事"。也正因此，栗毓美受到了朝野的尊敬。据说他的灵柩运回浑源时，沿途民众挥泪相送。

近现代以来，山西人的家国情怀同样表现得十分突出。"戊戌变法"是中国近代史上的一件大事。人们都知道康有为、梁启超、谭嗣同，但是，"戊戌六君子"中还有山西闻喜人杨深秀。他官至刑部郎中、山东道监察御史，是最早向光绪皇帝上书要求变法的人。他"以澄清天下为己任"，认为时局危艰，不革旧无以图新，不变法无以图存。在整个"戊戌变法"期间，杨深秀不仅是最早也是最多上书的维新派官员。当守旧派在慈禧支持下向维新派反扑的时候，康有为、梁启超等出逃，而杨深秀却不避凶险，继续上书，质问为什么光绪被废，要求慈禧归政于光绪。最后，他被押往北京菜市口斩首，为国家的变法维新献出了宝贵的生命。"苟利国家生死以，岂因祸福避趋之"，像杨深秀这样的志士我们代不乏人。光绪年间，清政府把山西矿产卖给了英国。这一消息受到了山西爱国人士的坚决抵制。在日本东京政法大学留学的阳高籍学生李培任得知这一消息后，在日本二重桥跳海自杀，以死抗争，以死来警醒国人。山西各界人士纷纷行动起来，成立了保晋矿务公司，出钱赎买被出售的矿权，取得了保矿运动的胜利，维护了国家的主权，粉碎了英帝国主义掠夺中国矿产的阴谋。

抗日战争期间，山西人民做出了巨大贡献，付出了巨大牺牲。在中国共产党的领导下，首先在山西建立了抗日民族统一战线；改编后的八路军开赴山西抗日前线，实现了对日作战；建立抗日民主根据地，开展敌后游击战，山西成为先进青年、进步力量的汇集地，成为敌后抗战的主战场。有多少英勇的抗日将士血洒疆场，为国捐躯；有多少好儿郎穿上军装，拿起刀枪奔赴战场；有多少和平民众参加到了这一生死存亡的伟大战争之中。著名的历史学家许倬云说，这是一场为人格而战，为国格而战，唤醒全民族的战争。在这样一场事关民族存亡的战争中，山西人民做出了伟大的贡献。解放战争后期，新中国的曙光已经初现。南方新解放区需要大批干部，山西几乎是上下动员，先后三批，派出整建制的南下干部两万多人开赴四川、湖南、福建等地，支援新解放区建设。他们在匪患横行、敌特潜伏、气候不适、言语不通的条件下，离乡别子，抛家舍业，以国家为重，以事业为重，克服了重重困难，积极开展工作，使新解放区迅速恢复秩序，生产得到发展，人民安居乐业，显现了中国人民在党的领导下建设新生活的伟力。新中国建立后，山西作为共和国的能源与重工业基地，做出了巨大贡献。特别是为共和国的建设提供了源源不断的煤炭电力能源。新中国建立以来，山西生产了全国煤炭总量的四分之一。可以说，正是山西人民的努力、奉献，才为新中国提供了能源保证。在中国革命、建设、改革的各个历史时期，山西人民在党的领导下铸造了伟大的太行精神、吕梁精神、右玉精神，成为中华民族宝贵的精神财富。

中华文明 5000 余年来，为人类的发展进步做出了伟大贡献。山西，作为中华文明的主要发祥地，对民族优秀传统文化的形成、发展、新变功莫大焉。近代以来 170 多年中，中国人民上下求索，筚路蓝缕，一直寻求民族复兴崛起的正确道路。只有在中国共产党的领导下，才真正实现了民族的独立、国家的自主，建立了人民当家作主的新中国。在这一进程中，山西人民自觉自励、无私无畏，勇于担当、敢于胜利，一直立于时代潮头，敢为风气之先，创造了许多宝贵的经验，形成了在共产党领导下的革命文化。新中国建立以来，特别是改革开放以来，山西是国家的能源基地、重工业基地、化工基地、粮食生产基地，是涌现出无数先进典型、模范标兵的地区。互助组、合作社时期的郭玉恩、李顺达；新中国建设时期的农民科学家吴吉昌，工业战线的石圪节煤矿，被毛泽东主席肯定的稷山县太阳村卫生先进村、阳高县大泉山村，以及农业战线的典型西沟村、大寨村；改革开放以来的锡崖沟，以及李双良、欧学联、段爱平、李培斌；还有 60 多年坚持不懈、改变面貌的右玉人民，等等。在社会主义建设时期，山西人民跟党走，能实干，创造了具有自身特色的社会主义先进文化。不论是优秀的传统文化，还是红色的革命文化、社会主义先进文化，都是中华文明的重要组成部分，是我们在新的历史条件下发展进步、继续前行的强大精神动力。

抗日战争爆发后，中国再一次遭遇了生死存亡的严峻考验。一些人对当时的中国持怀疑态度，认为中国人已经失掉了自信心。鲁迅先生写了一篇文章，叫《中国人失掉自信力了吗》。他说："我们自古以来，就有埋头苦干的人，有拼命硬干的人，有为民请命的人，有舍身求法的人……虽然是为帝王将相作家谱的所谓正史，也往往掩不住他们的光辉。这就是中国的脊梁。"这一类的人们，就是现在也何尝少呢？自古以来，山西就有许许多多像鲁迅先生说的那样，为民请命、埋头苦干的人们。现实生活中，我们仍然有许多这样的优秀分子。这是我们的主流。在山西，中华精神并没有中断，中华民族的美好品格并没有消失。我们需要的是，让更多的人知道山西的历史，了解中华民族的历史及其伟大贡献，把这种优良的精神与品格发扬光大。

139

以华夏为基点的整合

读书与论史

《中外视野中的山西与丝绸之路》各篇导读

第一部分　道路：丝绸之路上的山西

一、《穆天子传》所见东西交通路线，余太山著

余太山，中国社会科学院历史所研究员、荣誉学部委员，主要研究古代中亚史、中外关系史，是我国研究丝绸之路最重要的学者之一。其学术成果至少有两个方面。一是对史料的梳理考释，著有《两汉魏晋南北朝正史西域传研究》《两汉魏晋南北朝正史西域传要注》及《早期丝绸之路文献研究》等。二是西域史研究，如《嚈哒史研究》《塞种史研究》等，曾主编《西域通史》等。本文即选摘自其《早期丝绸之路文献研究》（商务印书馆）一书。

关于丝绸之路，一般认为是西汉时张骞出使西域开通，具体的时间在公元前 139 年，至公元前 126 年返回长安，前后共 13 年。后公元前 119 年再次出使西域，四年后返回。张骞先后两次出使西域，被誉为是"凿空之旅"，对连通西汉与西域各国之间的联系，以及内地王朝了解西域的情况功高至伟。

不过，从西方的视角来看，他们更愿意强调是亚历山大东征开通了丝绸之路。如法国学者 F·－B·于格与 E·于格所著的《海市蜃楼中的帝国——丝绸之路上的人神与神话》一书中就指出，"有一种几乎是

普遍性的共识，认为亚历山大的东征（公元前334—前324年），是丝绸之路开通的序曲"。他们认为所谓"凿空西域"仅具有一种象征性意义，"若没有亚历山大，欧亚之间的道路就不可能被打通"。所以，亚历山大是丝绸之路上的先驱。历史的事实是亚历山大从马其顿出发，在10年左右的时间内，横扫欧亚，直至亚洲的中心地带——今天格鲁吉亚的铁门。这肯定是连通了欧亚的壮举。尽管当时的亚历山大并不是为了开通丝绸之路而东征，但实际效果则是人类第一次把欧洲与亚洲等地连接起来。

近来，人们对丝绸之路的开通多有研究。其中受到极大关注的是《穆天子传》一书，该书记载了周穆王巡游的有关情况。其成书所说不一，有的认为是西周时所著，也有认为是东周初期之书。而余太山先生则认为可能成书于战国时期。该书于晋太康二年（281），也有人认为是咸宁五年，即公元279年出土于汲郡魏王墓，记录在竹简上，时已残缺不全。经后人整理，成五卷。后又加入关于周穆王美人盛姬死事一卷，共六卷。前五卷主要记载周穆王在位时率师南征北战的事迹。其中特别重要的是以大量篇幅记述了周穆王西行见西王母一事。这历来被认为是一个关于中国古代旅行家的记录。不过，随着对丝绸之路研究的深入，人们发现周穆王西行之路线与丝绸之路有很重要的关系。虽然我们还不能说那一时期丝绸之路已经开通，但可以从中了解内地通往西域的道路及当时的社会经济文化情形。《穆天子传》应该是中原与西域进行交流的最早的历史记载之一。

周穆王是西周第五位君主，据说在位55年，大约是公元前976年至公元前922年在位，是西周时期在位时间最长的天子。他大约生于公元前1026年，卒于公元前922年，约105岁。不过也还存在不同的说法。他在位时曾作《吕刑》，其细则达3000条之多，是中国流传下来的最早的法典。由于他积极作为，东征西讨，励精图治，天下安宁，保持了周昭王时的盛世。

《穆天子传》所记之事，大约在公元前 10 世纪后期。有人认为是公元前 963 年至公元前 959 年间。这大概就是《穆天子传》中所记周穆王西巡之事。他命造父驾车，率七萃之士，乘八骏之马，驱驰九万里，至瑶池拜会西王母。西王母在中国典籍中多有提及，也是一个非常多样的人物。西方学者对她也多有论及，如前面所言的于格就认为西王母是所罗门的王后萨巴。这一观点对西王母的身份有非常明确的指认。张星烺先生引柏林大学教授福尔克的考证认为，西王母是萨巴国女王，而萨巴国即今阿拉伯国。那么，西王母到底是名为萨巴，还是本为萨巴国女王，仍然没有定论。当然，关于西王母是谁，西王母国具体地域在哪里，还有很多其他的说法。关于这一次西巡，有很多研究，涉及的问题也很多。这里只强调周穆王西行的路线，其中相当大一部分与山西有关。余太山先生此文对《穆天子传》所载周穆王西行路线所涉地点进行了梳理。同时还参照古希腊历史学家希罗多德的《历史》一书所提到的地名进行考证，主要目的是要证实《穆天子传》所言史实的真实性。他这一观点一直有很多学者赞成，如张星烺先生在其著名的《中西交通史料汇编》中特别就此进行了论述。由于该书所言之事流传过程比较久远，其中多有古人关于当时自然地理和人物的夸饰之说，但《穆天子传》确为历史真实之事。

余太山先生在其《〈穆天子传〉所见东西交通路线》一文中考证了周穆王西行的路线，对其中涉及的地名进行了说明。其中与山西有着非常特别的关系。在《穆天子传》卷一中，叙周穆王往西行走，涉及山西之地者有今之高平、长治、平定、恒山、沙河、唐河、雁门关等地。在其卷四中，叙周穆王东还，涉及山西之地有今之右玉、蒲州、句注山以及井陉等地。最近读方艳所著《〈穆天子传〉的文化阐释》一书，其中有作者列出的《穆王出行简表》，开列周穆王所经地点，并附各家对这些地名的考释。其中包括顾实、陈逢衡、小川琢治、丁谦、吕调阳、常征、翟云升、刘师培等多位学者的研究成果。除余太山文中所提地名外，涉及山西者还有长治长子、忻州代县、朔州平鲁，以及永济、洪涛山、潞安等地。这些考释虽然所言地点不尽一致，但都与山西有关。从这样的路线来看，与我们一般所言丝绸之路的草原丝路有很大的相似性。或者也可以这样说，在西周时，中原地区与西域的联系最主要或者最方便的路线是我们所说的草原丝路。而草原丝路之连通中原地区与西域，必须经过山西进入草原，再转往西。这一路线并不是汉以后才开通，而是至少在西周时已经开通了。如此看来，山西在丝绸之路上的地位就不是一般的重要了。

二、西玉东输雁门关——玉石之路山西道调研报告，叶舒宪著

叶舒宪，中国社会科学院文学研究所教授，曾先后在美国耶鲁大学，英国学术院、牛津大学、剑桥大学，荷兰皇家学院等任客座教授、访问教授。在比较文学、文学人类学研究等方面处于国内领先地位。其主要著作有《英雄与太阳：中国上古史诗的原型重构》《中国神话哲学》《河西走廊：西部神话与华夏源流》，以及译著30余种。2011年任上海交通大学致远讲席教授等。2014年开始进行"中国玉石之路申报世界文化遗产"项目的田野考察与研究，出版有《玉石之路踏查记》等著作。本文即为该书中的一章。

最近比较引人注目的一部关于丝绸之路的著作是英国著名历史学家彼得·弗兰科潘所著的《丝绸之路：一部全新的世界史》。该书的特点是以丝绸之路来结构世界史，并据不同的历史时期以信仰之路、基督之路、变革之路、和睦之路、皮毛之路等来划分相应的历史阶段。这一研究视角使人耳目一新，也使丝绸之路的意义得到了新的解释。不过，目前关于丝绸之路的研究，从史的角度来看，呈现出向前延伸与向后拓展的趋势。

所谓向后拓展，就是说包括宋元之后的明清时期，中西贸易都十分重要，在海、陆两条路线上都有非常突出的表现。如德国学者冈德·弗

兰克就认为，清时，中国在国际贸易中所占的地位仍然极其重要，直至1840年才发生了重大的扭转。而英国著名的艺术史家休·昂纳在其《中国风：遗失在西方800年的中国元素》中则认为，从11世纪以来至19世纪，在西方世界兴起了中国风尚的热潮。这一论述不同于一般人们认为的只是在18世纪时才在欧洲出现了"中国热"的观点。这些研究虽然并不是针对丝绸之路进行的，但均与丝绸之路有极大的关系，从中可以看出中西方经济文化交流的持续性、重要性。

所谓向前延伸，是说不同于一般的把丝绸之路的出现定格在张骞出使西域的公元前2世纪，而是认为在此之前中原地区已经与西域有了比较密切的联系。其主要依据是典籍记载与考古发现。目前比较重要的关于丝绸的考古发现，在内地有山西夏县西阴村被人工切割过的半个蚕茧，证明在距今6000年左右的时候，这一地区的人们已经掌握了缫丝技术。此外，在浙江良渚遗址也发现了距今5300年至4000年的丝线、丝织品。其中的一块绢织物的经纬密度达每平方寸120根丝，这说明那时良渚一带已经掌握了相当发达的养蚕与纺织技术。但是，这并不能确定从什么时候开始丝绸传入西域。最引人注目的考古发现是在俄罗斯巴泽雷克古墓群中的丝绣织物，据学者考证应为公元前10世纪。因而，丝绸之路的形成，或者说，丝绸向西的传播比张骞的凿空之旅应该早很多。

与此同时，在丝绸传播的早期，或者更早的时期，东西方之间已经建立了联系。尽管这种联系并不紧密，或者说还是当时的人们无意识的交往，但我们并不能漠视或否定其存在。其中最令人感兴趣的是玉石的传播，很多研究者把丝绸西传早期或之前玉石的东传路线称为"玉石之路"。叶舒宪在上海交通大学担任致远讲席教授时曾经与有关部门，其中也包括山西大学、山西师范大学等单位联合组织了关于玉石之路的实地考察，并出版了相关的著作《玉石之路踏查记》一书。其中对山西地区的考察是他们进行实地考察的重要工作。在《西玉东输雁门关

——玉石之路山西道调研报告》一文中，作者介绍了他们在山西考察的经过。叶舒宪一行先后在大同、代县、太原、兴县等地进行了实地考察与调研，并与当地的学者进行了讨论。结合在山西兴县、芮城清凉寺遗址、襄汾陶寺遗址及各地流传的玉器、玉文化，以及《穆天子传》等典籍，他认为，商周时代以前的西域与中原交通，除了陇东线，即玉石之路泾河道以外，"主要还应有一条不为人知的北线，即沿着黄河上游的走向，向宁夏和陕北、内蒙古交界处运输，然后再通过黄河及其支流的漕运网络，进入黄河以东的晋北、晋中和晋南地区"。在家马出现以前，应以水路运输为主。家马出现之后，大约是商代时，在黄河水路之外，新开辟出一条极为重要的陆路，即南下雁门关后直达晋中和晋南盆地，再进入中原的陆路通道。他还强调，中原王朝与北方草原地区及河西走廊地区最重要的陆路通道就是经雁门关而贯穿三晋大地的这一条。而这条路也是公元前 10 世纪周穆王西巡会见西王母的线路。

　　玉石之路虽然还不能简单地认为就是丝绸之路，或者说丝绸之路的前身，但是，玉石之路与丝绸之路之间有着极为密切的关系。单纯就经过北方草原地区连通中原与西域地区言，其行走路线与丝绸之路的草原丝路是基本一致的。而这其中的关键路段即是山西，山西是从中原进入草原后再往西域的枢纽地区。

三、玉石之路黄河道再探——山西兴县碧村小玉梁史前玉器调查，叶舒宪著

　　本文亦为叶舒宪《玉石之路踏查记》中的一章。此前，作者已有《玉石之路黄河段刍议》及《黄河水道与玉器时代的齐家古国》等文章，就玉石之路黄河道进行研究。所谓"再探"，可能就是在前述成果的基础上进行的再次考论。

　　叶舒宪在对玉石之路的研究中提出了两个很重要的概念。一是"西玉东输"，就是说，西域之玉被运送至东部，主要是指玉石本身。二是"东玉西传"，是指关于玉的文化含义，包括制玉技术、玉石之礼

仪制度、象征意义等从东方传送回西部。不论是东输还是西传，黄河沿线，特别是晋陕沿线地区都极为重要。这是因为在交通极不发达的时期，陆路运输由于家马还不能够承担，水运就成为最重要的手段。而黄河河道即是天然的水道，其中也包括黄河结冰期在河面的运输也相对便捷。因而，叶舒宪认为这种利用河流的水运，在夏商周时期是主要的运输通道。其中，玉石之路东段有三条，分别为黄河道、泾河道、渭河道。而实际上，不论是泾河或者是渭河，都离不开黄河。

在考察了黄河沿线包括甘肃齐家文化遗址、青海民和喇家遗址等地的玉石传输情况后，叶舒宪等发现沿黄河一线，特别是包括陕西石峁、山西兴县、山西芮城清凉寺、山西临汾陶寺等地均存在大量的玉器。似乎这些玉器有沿黄河河道东输的迹象，因为石峁、清凉寺等地的玉器被检测证明多为从西部而来。在经过多次实地勘察及访问、研究，特别是对山西兴县碧村小玉梁等地进行实地勘察后，叶舒宪在本文中指出，玉石之路山西道，是目前所知中国历史上开辟年代最早、持续时间最长久的沟通西域之路线。而玉石之路山西道，至少有一新一老两条。黄河道始于 4000 多年前的龙山文化—齐家文化时期；雁门道始于约 3000 年前商周之后家马引入中原并成为新兴的运输手段之后。而现有中国史料如《穆天子传》《战国策·赵策》《史记·赵世家》等提到中原地区与玉石之路相关的地名多集中在山西晋北地区，突显了包括雁门关在内的晋北在早期中西交通史上的重要地位。可以说，中原地区最早与西域地区的交通，山西的地位与作用是极为重要，或者说至关重要的。由此也可以看出山西在丝绸之路上的重要性。

四、北朝隋唐粟特人之迁徙及其聚落，荣新江著

荣新江，北京大学历史系教授及中国古代史研究中心主任，博士生导师，教育部"长江学者"特聘教授，曾在荷兰、日本、英国、德国、法国、美国做访问教授、访问学者等，是我国西域史、中西关系史研究

领域中最有成就的学者。特别是在整理研究敦煌、吐鲁番等地新发现的史料方面下功极深。著有《敦煌学十八讲》《中古中国与外来文明》《中古中国与粟特文明》《丝绸之路与东西文化交流》等，主编有《中外关系史：新史料与新问题》《粟特人在中国》等大量著作。本文收录于作者《中古中国与外来文明》（生活·读书·新知三联书店）一书。

关于历史上的粟特民族，目前仍然缺乏充分的研究，许多事情仍然不够明晰。如其种族、迁徙，以及具体的地域、构成等。但是，这一民族在中国历史上，包括中西交流史上的作用却非常重要。一般而言，所谓"粟特"，在中国史书中也被称为"昭武九姓"。这是因为他们原先居住在今天中国境内的"昭武城"一带，大约为今甘肃张掖及其周边。后被匈奴所破，被迫迁徙至中亚地区的阿姆河、锡尔河之间，即所谓的"河间"地区，也就是今乌兹别克斯坦、塔吉克斯坦一带。粟特人没有建立统一的国家政权，只是形成了数个比较集中但又不在一处的民族聚落。所谓"昭武九姓"，其中的昭武，是指粟特人为不忘故乡，铭记从昭武城迁来而称自己为"昭武"；而九姓则是指有九个各有所姓的"国"或集团式聚落。一般人们认为是以国为姓，但究竟是哪九姓，史说不一。据荣新江考证，人们提到比较多的是撒马尔罕的康国、布哈拉的安国、苏对沙那的东曹国、劫布坦那的曹国、瑟底痕的西曹国、弭秣贺的米国、屈霜你迦的何国、羯霜那的史国、赭时的石国等，此外还有穆国与东安国、毕国、漕国，以及火寻、戊地、捍、那色波、乌那曷等。其中最强大的康国似乎对其他聚落有统领或制约的作用，或被认为是粟特的宗主国，因而被人们认为是粟特国的代表。但是，这种所谓的统领或制约并没有有力的行政权力来实现，实际上多为象征性的。康国所在地为撒马尔罕，是中亚中心地带的城市，也是丝绸之路连通东西方的中心城市。围绕撒马尔罕，其他各姓散居周边，形成了一个以撒马尔罕为中心的粟特地区。

粟特人的历史很不清楚。有学者认为早在公元前 10 世纪前粟特地

区就有居民居住，但是这些人很可能不是粟特人。又言在公元前 6 世纪
一公元前 4 世纪，粟特曾是波斯帝国的一部分，并曾奋起反抗东征的亚
历山大等等。不过，这些说法多有矛盾之处。大约在公元 7 世纪至 8 世
纪，粟特逐步被阿拉伯人征服，至 10 世纪之后，其文化优势也被突厥
一伊斯兰文化所取代。

我们可以肯定的是，在北朝隋唐之际，粟特人成为东西方之间最重
要的联系者。一是因为粟特人是商业民族，极善经商，所谓利之所在，
无往不至。因此往往往来于各种能够获取利润的地区，当然也是奔走在
丝绸之路上最活跃的商人。二是由于粟特人没有建立强大的政权组织，
也没有强大的军事组织，多依附于周边的大国，因而善于与人沟通，善
于在不同政治、军事势力中获取利益，也长于不同民族的语言，常常被
各种力量借助来进行外交活动。除了贸易、外交外，粟特人也非常热爱
艺术。其音乐、舞蹈、绘画对内地产生极为重要的影响，著名的胡旋
舞、柘枝舞、康国乐、安国乐等在唐时风行一时，并出现了许多非常重
要的艺术家。此外，粟特人也比较勇武。唐代有很多粟特血统或粟特背
景的武士、将领，如安禄山、史思明等皆为粟特人。

粟特语为伊朗语族的东部方言，对周边地区有较大影响。维吾尔曾
经使用过的回鹘文即是在粟特字母的基础上创制的。据说回鹘文、蒙古
文、满文等均与粟特文有渊源。粟特人一般信奉祆教，也有信奉摩尼教
者，这些宗教元素对内地产生了比较大的影响。其宗教组织，同时也是
其商业与聚落组织的首领"萨宝"在内地逐渐演变为管理外籍人士的
自治性行政机构。唐后，粟特人逐渐汉化，并消失。

荣新江的《北朝隋唐粟特人之迁徙及其聚落》是作者在对大量文
献进行研究，并进行了许多实地考察之后撰写的。本文沿粟特人东行路
线对相关史料进行考证辨析，梳理了唐时粟特人停居的城市、地区。其
中，在今塔里木盆地周边的于阗、楼兰、疏勒、据史德、龟兹、焉耆等
地粟特人或其聚落已在《西域粟特移民聚落考》一文中进行了介绍。

由于篇幅及内容并不涉及山西，所以不在此收录。在本文中，作者勾勒出了粟特人东行聚落，也从某种意义上能够看出丝绸之路的路线。需要我们注意的是，当时的粟特人并不是将自己的活动停止于西安或者洛阳，而是一直往东。从荣新江的梳理来看，最东抵达营州，也就是今天的辽宁朝阳。这就说明，仅仅从粟特人追求商业利润言，也不会将自己的脚步终止在西安，而是走向一切有可能取得商业利润的地区。如果再考虑其他的政治、军事因素，就表现得更加复杂。重要的是，丝绸之路并不可能把西安作为终点，也并不是把这一地区作为起点。事实上，西安作为汉唐之都，是一个最为重要的国际贸易集散地。荣新江在文中特别提到了山西的太原（并州）、雁门（代州），说明在那一时期，山西地区是粟特人活动的重要地区。这也从一个角度反映出山西与丝绸之路之间的关系。

五、北朝隋唐粟特人之迁徙及其聚落补考，荣新江著

本文收录于作者《中古中国与粟特文明》（生活·读书·新知三联书店）一书，为作者在《北朝粟特人之迁徙及其聚落》的基础上，依据考古及新发现的史料进一步对北朝隋唐时期粟特人的聚落进行的补充丰富。文中增加了康业、安伽、史君、虞弘等人的墓葬资料，使粟特人的基本情况有了更加系统的呈现。其中特别要提到的是关于山西地区，增加了虞弘墓志、康元敬墓志，以及翟娑摩诃、龙润等人的资料，还增加了"介州"这一地区的有关情况。从其新的考古发现及史料的进一步丰富来看，也再次证明了山西地区是丝绸之路上粟特人活动非常集中的地区。

六、平城通往西域的交通路线，[日] 前田正名著

前田正名，日本著名的历史地理学专家，曾先后在日本东京教育大学、立正大学以及驹泽大学任教。其著作有《东亚史概论》《东洋历史

地理研究》《陕西横山历史地理学研究》《河西历史地理学研究》等。他对中国特别是中国北部的历史地理研究颇深，曾至河西走廊实地考察，并对中国历史地理及中日文化交流作出重大贡献。他著述颇丰，治学严谨。特别是《平城历史地理学研究》一书，以平城为焦点展开讨论，是一部非常重要的历史地理学著作。本文即为该书的一部分，转录自云冈石窟研究院编的《平城丝路》（青岛出版社）一书。

北魏迁都平城，即今大同后，开疆拓土，励精图治，终于统一北方。而作为北魏前期的都城，平城也成为具有国际性意义的都市，是当时国际政治文化的中心之一。前田正名在《平城通往西域的交通路线》中从讨论北魏统一北方的几次重要战争来说明中原内地与西域之间交通路线的开通、恢复，视角十分独特。尤其要注意这样几个问题。一是北魏与西北地区地方政权之间的关系，可以使我们了解当时错综复杂的政治经济局势，及其对内地与西域之间联系的影响；二是由于北魏在两次战争中取得了军事上的胜利，使内地与西域之间的联系更加便捷、密切；三是以平城为中心，连通西域的路线状况。文中涉及的路线介于草原丝路与绿洲丝路之间，是其他研究中少有提及的。这也可以看出，中原与西域的通道从来不是一种简单的呈现，而是随着具体情况的变化出现了更为复杂的状态。丝绸之路是一个动态的过程，也是一个网络状的结构，往往随当时政治、军事的变化而变化。在北魏及其前后相当长的历史时期内，平城取代了西安，成为丝绸之路的关键性枢纽地带。

七、僧侣的故事，［英］苏珊·惠特菲尔德著

苏珊·惠特菲尔德，中文名魏泓，是大英图书馆"国际敦煌计划"主持人。她最重要的工作之一就是把超过 5 万件收藏于世界各地的 11 世纪之前丝绸之路文物原稿发布在网上，以供人们查询。同时，苏珊·惠特菲尔德也从事中国文化的研究，并经常来中国进行访问。其著作有《中国——一部文学指南》等。引起人们关注的是她关于丝绸之路的著

作《丝路岁月——从历史碎片拼接出的大时代和小人物》。这本书非常独特，很有个性，不同于一般的学术著作。本文即其中的一篇。

在这本书中，作者从大量的丝绸之路文献中选择了 10 个真名实姓的"小人物"，通过对他们与丝绸之路有关的经历的介绍，从侧面来描述 8 世纪至 10 世纪时期，也就是唐时社会文化状况。用她自己的话来说，其目的并不在于概括丝绸之路的历史，而是希望人们能够了解这一时期生活于丝绸之路东半部地区的人们的生活。她指出，书中这些角色发生的事件都是取材自当时的材料。这些角色如公主、艺术家、尼姑、官吏、寡妇等都是确实存在的历史人物。其不同只是关于他们的历史资料，有一些是其完整的传记，而另一些则只是在不同文献中被提到。从这样的角度来看，这本书就具有了极为鲜明的独特性。它力图从小人物的命运中表现出大时代。虽然整部著作并不系统，也不是就某一问题进行专题研究，但我们仍然能够从其中人物的经历中了解把握丝绸之路及其当时的历史原貌。

154

《丝路岁月》共选择了 10 个人物，分别是商人、士兵、马夫、公主、僧侣、艺妓、尼姑、寡妇、官吏和艺术家。在这 10 个人物中，有两个与山西有直接的关系。一是《公主的故事》，介绍了公元 821 年，唐太和公主奉其兄唐穆宗旨前往回鹘和亲。这一故事有明确的历史记载。文中除了介绍当时唐之生活状况外，需要我们注意的是太和公主前往回纥的行走路线。虽然回鹘在长安的西方，但她却要首先往东。太和公主与和亲队伍从长安出发，东渡黄河，停留在太原。她们在太原休整了一段时间，享用了当地出产的葡萄美酒，并补充了沿途的粮食给养，才开始沿黄河之东往北，再往西行走，到达了西域回鹘的都城"哈喇巴拉哈逊"城。由于这一故事主要是介绍唐与回鹘的关系，以及当时的社会文化状况，仅只在太和公主前往回鹘时途经太原，反映出山西地区在丝绸之路上的重要性。故而在这里只做简单的介绍。

《丝路岁月》中第二个与山西有直接关系的是《僧侣的故事》。简单说，就是介绍了一个生活在迦湿弥罗国即克什米尔的年轻僧人楚达向往中原佛教圣地五台山，终于于公元 855 年的春天启程，踏上了前往五台山朝拜的旅途。经过艰难的历程之后，楚达途经太原，终于来到五台山。他在五台山待了几个月后准备返回克什米尔。但是，克什米尔发生了动乱，楚达便停留在敦煌，以自己的医术谋生。用作者的话来说，"他在丝绸之路的诱惑下留了下来"。

关于《僧侣的故事》，我们需要特别注意这样几点。一是五台山作为中原地区的佛教圣地，在西域有着非常重要的影响。楚达之所以要到五台山朝圣，乃是由于在他生活的寺庙中有许多僧人非常了解五台山，并对五台山充满向往、赞誉。文中特别介绍当楚达决定开始自己的长旅时，其他僧侣纷纷向他提出要求。"有些人要某部佛经、玉念珠、丝绸，还有人要他从五台山带回一些纪念品"，这反映了当时克什米尔地区僧众对五台山的向往。二是当时有很多佛教徒从各地历经千辛万苦到五台山朝圣。文中介绍楚达曾听"行脚到中国的僧侣介绍"中国佛教的情况，"朝圣者数以万计。印度、高丽和日本的僧侣经常来访，有些人一待就是好几年"。这种介绍虽然也反映了到五台山朝圣的情况，但还是简单了些。实际上，唐时不仅内地僧人前往西域，主要是到天竺取经，西域地区、东南亚地区的佛教徒也纷纷前往中原，主要是前往西安、洛阳，特别是五台山。其中有许多极为重要的高僧大德，如罽宾高僧佛陀波利，斯里兰卡高僧不空法师，尼泊尔高僧室利沙等。三是从克什米尔到五台山的路程，近 4000 英里。文中介绍说，从克什米尔到长安，要走 3000 英里，然后还需要再走数百英里才能到五台山。其间将遇到许多难以预计的困难。但是，楚达心怀祈求和平，兴盛佛教的宏愿，仍然历经千难万险终于到达了五台山。从这一史实来看、山西地区不仅从地理位置上对丝绸之路具有重要意义，从文化传播的角度来看，也具有非常重要的地位。

八、明代西域丝绸之路的走向，杨林坤著

杨林坤，在兰州大学历史文化学院任教，出版有《西风万里交河道——明代西域丝绸之路上的使者和商旅研究》。本文即为该书中的一章。

关于丝绸之路，一般论者只谈汉唐，其他均少涉及。但实际上在汉唐之外的各个历史时期，东西方之间的联系并没有中断，在很多时候还表现得极为活跃。可以说，在这些历史时期，丝绸之路不但存在，而且对全球经济文化的交流贡献极大。以明清言，人们往往被所谓的"闭关锁国"固化，那一时期中国在全球经济文化发展中极为重要的贡献被遮蔽。比如在科技方面，中国的技术对欧洲的启示。如果没有中国的航海技术，哥伦布不可能知道从大西洋出发可以到达亚洲。再如文化方面，欧洲传教士在进入中国后，把中国的文化、政治、科技等传回欧洲，引发了欧洲的启蒙运动。在国际体系方面，一方面是欧洲殖民体系的建立，另一方面是中国朝贡体系兴盛。这两种不同的国际体系代表了两种不同的价值体系与发展方式。特别是经济方面，海上贸易进一步兴盛，逐渐形成几个以中国为中心的三角贸易区。如中国—美洲—欧洲；中国—欧洲—美洲；中国—美洲—非洲等。直至 19 世纪前期，全球贸易中仍然有 50% 的白银向中国汇聚。著名的法籍伊朗裔历史学家阿里·玛扎海里在他同样著名的《丝绸之路——中国—波斯文化交流史》一书中指出，中国当时与世界其他地方比较起来极为富裕和技术发达。中国生产和拥有一切，它丝毫不需要与胡人从事交易。18 世纪末，东印度公司的英国人在想到用鸦片来交换茶叶和瓷器价款之前就发现了这一事实。正是由于巨大的贸易出超，引发了中英之间的鸦片战争，改写了人类历史的走向。

杨林坤的《西风万里交河道——明代西域丝绸之路上的使者和商旅研究》一书，即是对明时以中国为中心的"朝贡体系"下东西方交

流的研究，在相当程度上还原了历史的真相。由于该书资料翔实，考据审慎，具有极强的学术价值，也是对明时丝绸之路历史的再现。其中特别涉及从西域至内地的行走路线，是对历史真相的重新揭示。杨林坤在《明代西域丝绸之路的走向》中把丝绸之路分为三段，所谓东段指西安至敦煌，中段指敦煌至葱岭，而西段则指葱岭至中亚、南亚、西亚及欧洲。这一划分虽然与明代的历史史实不符，但他在关于丝绸之路中段的研究中借助了哈烈王国沙哈鲁王派遣以火者·盖耶速丁为首的使团前往北京的史料，介绍了他们的行走路线，其中涉及山西。所以，在此特别选用。

我们说杨林坤关于丝绸之路的划分与历史不符，主要是他仍然移用西安为起点的说法。实际上，他在具体的研究中已经放弃了这一观点。因为明时都城在北京，而不是西安。所以商人、使节并不是把西安当作最终的目的地，而是要到达北京，北京是他们最重要的目的地。所以，阿里·玛扎海里说，最有意义的贸易交换可能就是于北京就地成交的。而西安在这一历史时期，其政治、经济、文化地位已不能与汉唐时期相比。杨林坤非常钦佩明代的外交家陈诚，他多次代表明王朝出使西域，其行走路线从北京到哈烈大约需要一年的时间。而杨林坤借助的由盖耶速丁详细记录的《沙哈鲁遣使中国记》也是从哈烈往北京，而不是往西安，甚至他们来往交通已经不需要经过西安。明代以来西来传教士最重要的目的地即是北京。所以，我们说西安是丝绸之路的起点或终点，主要是指汉唐时期。其他历史时期并不以西安为起点或终点，如北魏前期就是以平城为起终点，元明清时期则是以北京为起终点。

哈烈为西域大国。据阿里·玛扎海里研究，哈烈王沙哈鲁与明永乐皇帝维持着卓有成效的文化和经济关系。1419 年 11 月 24 日，沙哈鲁使团前往大明。1423 年 8 月 18 日，使团返回哈烈，前后共三年多。使团中的画家盖耶速丁记录了整个出使经历，包括其行走的城市、路程、时间等。在阿里·玛扎海里的《丝绸之路——中国—波斯文化交流史》

157

中以注释的方式介绍了盖耶速丁记录的《沙哈鲁遣使中国记》一书。其中当然有关于使团沿途经过的城市、河流等。杨林坤在他的著作中也对这一路线进行了研究。沙哈鲁使团从哈烈出发，经过了撒马尔罕等西域城市，来到内地肃州、甘州，至兰州，过黄河，就到了真定，然后到达目的地北京。其返回的路线是出北京，到达平阳，即今天的临汾，再过黄河，又返甘州、肃州，再至哈烈。杨林坤指出，"使团于 1421 年 5 月 18 日从北京出发，7 月 2 日到山西平阳，8 月 5 日经蒲津渡口渡过黄河，在甘州逗留了两个半月，于 11 月 3 日抵达肃州"。杨林坤的具体时间与阿里·玛扎海里所言时间各有差异。但我们这里主要是说使团经过的路线，两人在描述使团前往北京时，关于出兰州、过黄河、达真定的描述是一致的，但是他们都没有介绍使团怎样从兰州到达真定。不过，我们分析其过黄河后要到达真定，当然不可能不进入山西境内。而杨林坤在介绍使团返回路线时，非常明确地说他们是从北京经平阳再过黄河，这肯定是经过了山西。这里我们不去讨论其中的出入，而是说这一路线其实是西域国家往北京常常行走的路线。也就是说，至少明时，由于都城转移至北京，山西再次成为丝绸之路上的重要地区。因为从西域来到内地，要前往北京，如果不绕行的话，必须经过山西。山西是丝绸之路极为重要的行经地。

第二部分　发现：山西地区的西域文化

一、北朝时期丝绸之路输入的西方器物，王银田著

王银田，暨南大学文学院历史系考古学教授，博士生导师。曾参加北魏大型砖墓室——平城镇将元淑墓、云冈石窟窟前遗址、小浪底库区上毫新石器遗址等多项考古项目的发掘，以及与日本京都大学人文科学研究所、日本国立历史民俗博物馆等研究机构的项目合作。出版有

《大同南郊北魏墓群》等专著。研究方向为北朝史及考古学。

北朝时期，中国处于分裂割据状态。各种割据政权或分或合，或兴或亡。但是，中国内地与西域地区的联系并没有中断，不仅经济贸易仍然持续存在，在政治、文化、军事等领域也多有交往。特别是北魏建立，统一北方，形成了一个强大的北方统一政权，对中国的发展，特别是之后隋统一全国产生了重要影响。作为北魏前期的都城，平城（大同）得到了快速发展。不仅聚集了越来越多的人口，也吸引了许多外来地区的人才，西域及欧洲的生活方式、审美风尚、生产技术等均传入平城，城市的规模也一再扩大。平城成为当时最重要的国际化都市。北魏政权在征服各地割据政权后，政局逐步稳定，社会逐渐安宁。西域及拜占庭帝国等西方国家纷纷遣使通商，北魏也积极开展与西域及欧洲国家的联系，不断派出使节联系往来。在那一时期，平城的人口呈现出极为复杂的状况。不仅有鲜卑各部，也有许多汉族民众，还有迁徙而来的包括西凉等地的工匠、技师、艺人等。此外，从西域各国及欧洲而来的人士也颇多。

随着考古工作的不断深入，在以今大同为中心的北朝地带发现了许多西方器物。王银田的《北朝时期丝绸之路输入的西方器物》一文收录在《4—6世纪的北中国与欧亚大陆》一书中，是对这些考古发现的概括性介绍。他主要把这些发现分为四部分：一是金银器与鎏金铜器，如大同发现的萨珊波斯鎏金錾花银碗；二是玻璃器，如太原、长子等地发现的"蜻蜓眼玻璃球"，大同发现的萨珊磨花玻璃碗；三是金银币，如大同天镇发现的波斯银币；四是首饰，如忻州原平发现的素面金指环等。从这些考古发现的器物中，我们可以了解到当时北朝，特别是以平城大同为中心的北魏中原地区与西域及欧洲地区的往来交流状况。这也从一个方面证明，在那一历史时期，丝绸之路的中心已经发生了转移，大同地区作为历史上中原通往草原，进而通往西域的重要地位进一步强化，其国际性突显。丝绸之路的重心向北移动，山西地区也因此而表现得更加重要。

二、鱼国渊源臆说，余太山著

隋时虞弘墓位于太原市王郭村附近，是有关中原与西域交通往来历史极为重要的考古发现，影响重大。在虞弘墓发现前后，陆续发掘了一些与西域人士有关的墓葬。其中比较重要的如西安地区的史君墓、安伽墓，太原的徐显秀墓、虞弘墓等。此外，在西安、太原、洛阳等地都发现了许多与西域有关的墓葬，如西安的李素墓，洛阳的翟突娑墓，太原的娄睿墓、龙润墓，以及大量的可断定为粟特人背景的墓葬。还有收藏于日本美秀美术馆（Miho Museum）的粟特石棺屏风等。这些发现都极为典型地证明了中原与西域之间有着广泛的联系，是西域文化在中原地区传播的实证。

在这诸多考古发现中，虞弘墓又显得十分突出。这主要因为这样几个方面的原因。一是虞弘墓是经过考古工作者的科学发掘整理的，因此历史文化信息比较真实，损毁丢失较少。二是其墓志有明确的纪年，因而可以考证出许多相关的历史信息。三是其墓志所言反映的历史文化信息比较丰富，如在介绍虞弘家族情况时就可以看出当时不同政治势力之间的关系等等。此外，其墓葬中的遗存，如石棺等具有极为重要的文化、艺术价值。虞弘墓引起学界高度重视的原因还有一个，就是虞弘为鱼国人。但是鱼国到底在什么地方，史籍无载，众说纷纭。

余太山的《鱼国渊源臆说》一文也收录在《4—6 世纪的北中国与欧亚大陆》一书中，该作对鱼国及相关的历史文化进行了辨析。主要强调了这样几个问题。一是指出其墓志中强调的虞弘一族与虞舜之间的关系。但是这种现象并非虞弘一族特有，而是中国历史上游牧民族进入中原地区之后的普遍现象，更是西域地区，特别是具有粟特文化背景的人士的共同现象。二是分析了虞弘家族在鱼国的社会地位，指出其祖上很可能是鱼国的酋帅，并与大月氏关系密切。三是认为虞弘的"鱼国"

160

可能在公元前 3 世纪中叶出现在索格狄亚那，在西方历史中被称为
"Massagetae"。其地在河间的锡尔河以南地区。

余太山长期从事西域史研究，他关于鱼国的分析具有极强的权威
性。虽然还不能说已在学界取得共识，但不可否认的是，虞弘具有突出
的祆教文化背景，并且曾任管理西域人士的政府官员。同时，其墓志中
也明确说明自己的先祖"派枝西域"，可以证明其家族是从西域地区迁
徙至内地的。鱼国应在西域是毫无疑问的，但具体的地点可能会有不同
的结论。从虞弘墓的发掘研究，我们可以了解到西域地区与山西，特别
是太原一带的往来关系。

三、大同地区的北魏玻璃器，安家瑶、刘俊喜著

安家瑶，女，中国社会科学院考古研究所研究员，博士生导师，中
央文史研究馆馆员。长期从事汉唐考古及城址考古，特别是唐长安城的
考古发掘与研究。在中国古代玻璃器研究与东西方贸易史研究方面有重
要成果，为德意志考古研究院通讯院士。出版有《玻璃器史话》《世界
古代前期科技史》等。安家瑶先生是国内外最早开展中国古代玻璃器
研究的学者之一，她首次成功地把国内出土的玻璃器分为进口玻璃与国
产玻璃，改变了中国古代没有玻璃生产的错误认知，得到了国际学术界
的认可，是我国最具影响力的研究古代玻璃传输与生产的专家。

刘俊喜，山西大同市考古研究所研究人员。

在许多史籍中，所谓的"玻璃"实际是指"琉璃"。一般认为玻璃
技术是从西方传入中国的。大约公元前 2 世纪，埃及的玻璃制品开始大
量地传入中国。此外，来自伊朗、叙利亚、印度等地的玻璃制品也不断
进入内地。《魏书》记载，北魏时，有大月氏人来到平城，能制作五色
玻璃制品，其光泽比从西方传入的还好。这被认为是西域地区玻璃制作
技术传入中原地区的证明。也由此说明，中国内地玻璃生产技术在北魏
时期曾经十分兴盛，是中国玻璃技术的一个重要阶段。当然，之所以如

此是由于北魏时期从西域地区传入了大量的玻璃制品及其制作工艺。尽管后来这种工艺失传，但是，我们仍然能够从中看到中西之间经济文化交流的盛况。而北魏都城平城自然是一个极为重要的地区。

收录在《4—6世纪的北中国与欧亚大陆》一书中的《大同地区的北魏玻璃器》就考古发现的西域传入大同一带的玻璃器进行了介绍。同时，作者对这些玻璃器的来源也进行了分析，将这些玻璃器的来源分为这样几个方面。一是从丝绸之路传入的西方玻璃，如大同南郊出土的来自萨珊的玻璃钵。二是中印佛教交流中传入的，如在大同永宁寺出土的被称为"印度洋—太平洋玻璃珠"。三是在大同本地生产的。如大同南郊出土的小玻璃瓶，以及玻璃半球形泡饰等。这也可以印证前述大月氏技师在平城传授玻璃制作技术的史实。总之，我们从玻璃器的传输情况来看，同样可以证明山西地区，特别是大同一带在与西域交往中所具有的重要地位。

162
四、论南北朝华北陶瓷的革新，森达也著

森达也，曾任日本爱知县陶瓷资料馆的研究人员，现任冲绳县立艺术大学教授，专攻中国陶瓷史、日本陶瓷史、古代陶瓷贸易等。多次来中国考察古代陶瓷窑址，在中国陶瓷史与陶瓷贸易领域的学术成就突出。

中国是陶瓷的原产地，对世界有极其重要的影响。但是，在陶瓷的生产历史中，也不断地发生着技术的、形制的变化。尽管其原因是多样的，但其中也不乏由于中外交流而引发的变化。森达也长期从事古代陶瓷的研究，并且多次来中国进行实地考察，在这一领域的研究非常深入。同样收录在《4—6世纪的北中国与欧亚大陆》一书中的《论南北朝华北陶瓷的革新》，虽然是以华北地区为研究区域，但森达也的研究所用实例多为北朝时平城大同的考古发现。因而我们也可以从文中看到那一时期大同地区中外文化交流的一个侧面。在本文中，森达也特别强

调了两个方面。一是当时陶瓷的形制，以"深腹碗"为主流。而这种碗形受到了西方玻璃器和金属器的影响。二是唐三彩的出现乃是由于北齐黄釉陶的装饰工艺发达，导致黄釉上面挂绿釉与褐釉的两彩及三彩的出现奠定了唐三彩的技术基础。这种变化，不是陶瓷自身的内部变化，而是受到了当时玻璃器及金属器等外来器物和各种中国工艺的影响。也可以说，是南北朝时期西风盛行导致陶瓷器发生了革新。尽管森达也并不是讨论陶瓷的东西交流，但本文涉及内容却从陶瓷器的变革看到了西方审美、技术对中原内地的影响。而这种影响在平城大同得到了最为典型的体现。

第三部分　融合：山西地区的西域文化

一、丝绸之路上的粟特商人与粟特文化，荣新江著

本文收录在荣新江《丝绸之路与东西文化交流》一书中，主要讨论在丝绸之路沿线粟特商人的活动情况及其文化影响。其中，介绍了粟特商人在丝绸之路沿线形成的聚落，以及北魏隋唐时期出现的"萨保"现象，指出"萨保"即是胡人聚落首领，也是政府管理胡人的行政机构，并介绍了萨保府的官职情况。文章还强调，在丝绸之路上，粟特商人是进行国际贸易的主要担当者。他们具有明显的祆教文化背景。

需要我们注意的是，在荣新江的论述中，主要列举的实证突出了与山西有关的粟特人墓葬中发现的资料，如虞弘。此外，还提到了虽然不能判定为粟特人，但与粟特有相同文化背景，主要是祆教文化背景的可能是焉耆人的龙润、高车人的翟突娑等的资料。他们的活动是粟特人在丝绸之路上进行贸易，以及文化活动，实际上还有军事活动的实证。其中的虞弘具有特殊的典型意义。他不仅是从中亚地区进入内地的具有粟特文化背景的西域人士，而且也能够从他们的经历中看出当时内地政权对待西域人士的态度、政策。如虞弘就担任过外交官，都督凉州诸军

事，领并、代、介三州乡团，检校萨保府。也就是说，虞弘在不同的时期均受到了当时政府的重用，在外交、军事、行政、外籍人士的管理等领域负有重责。

除此之外，我们还需要注意的是，荣新江指出，粟特商人经过长时间的经营，在撒马尔罕至长安之间，甚至远至东北边境地带，形成了自己的贸易网络。这就是说，作为丝绸之路上从事贸易的商人，粟特人并不是仅仅在长安以西的地区经营，而是一直到东北边境都有他们的商业贸易活动。也就是说，丝绸之路并不是终止在唐代的长安，而是要往更远的地区延伸。这其中有一个十分重要的地区即是山西，这已被考古发现所证明。

二、隋及唐初并州的萨保府与粟特聚落，荣新江著

本文收入荣新江《中古中国与外来文明》一书。文中主要使用在太原地区考古发现的史料来论述隋唐时期粟特聚落与政府管理机构"萨保府"。虽然作者更看重虞弘墓的史料价值，但并没有局限于此，而是同时介绍了在太原地区发现的许多与粟特文化相关的考古发现的史料。其中比较突出的如焉耆龙润一家，可能是高车人的翟突娑父子，以及北朝时期著籍太原的粟特人安师、康达、康武通、何氏、安孝臣等人。这说明，在太原一带聚集了大量的粟特人士。因而，我们可以断定，太原是粟特人士十分活跃的地区，太原以及山西一带与丝绸之路有着极为密切的关系。

三、对北朝粟特石屏所见的一种神异飞兽的解读，康马泰著

康马泰，生于意大利威尼斯，意大利拿波里大学东方学博士，考古学家、壁画学家、汉学家。现任美国加州大学伯克利分校"阿扎佩"杰出教授，联合国中亚考古队队员。曾参加过意大利考古队在布哈拉绿洲壁画遗址、高加索山区拜占庭遗址等多处考古遗存的发掘，参与中亚

壁画的修复与再创作、乌兹别克斯坦阿姆河佛寺遗址考古与修复、伊朗帝王摩崖石刻考古与修复。特别是在丝绸之路研究方面，涉及领域广泛，研究方法独树一帜，被誉为"丝路学界拉斐尔"。著有《唐风吹拂撒马尔罕：粟特艺术与中国、波斯、印度、拜占庭》等。

本文收录在《4—6世纪的北中国与欧亚大陆》一书中。康马泰在文中首先介绍了他对伊朗艺术中"森木鹿"，即一种半鸟半犬的有翼神兽艺术形象的研究。他认为这种文化现象不仅出现在伊斯兰艺术之中，也出现在拜占庭基督教艺术之中，可以理解为"神的荣光"，是伊朗文化中上天赐予君主或英雄的吉祥神兽。在稍晚的伊斯兰细密画中，这种兽被画成一种美丽的鸟，"显然是借用了许多中国神话中凤凰的元素，很明显是成吉思汗时代，蒙古占领波斯期间（约13世纪）传过去的影响"。这种神兽的主要特点，一是有翼，二是口含绶带，三是半犬半鸟。但是在祆教背景的文化中，还有有翼骆驼、有翼羊、有翼狮等等。引起我们注意的是，康马泰在他的文章中介绍了中国内地北朝时期考古发现的这种神兽。其中特别强调了山西地区的考古发现如虞弘墓、娄睿墓、徐显秀墓中的壁画、石棺上的神兽作品。实际上，在近年发掘的忻州九原岗墓葬壁画中，也发现了这种有翼神兽。康马泰指出，这类神兽流行的时期正是中国北朝"大有胡气"的时期。它们不仅出现在来华粟特人的墓葬之中，也出现在鲜卑贵族的墓葬中。特别是北齐时期，在经过一个汉化的风潮后，重新回到了好尚胡风的阶段。从这种有翼神兽艺术形象的传播，我们可以看到中亚艺术与文化在内地一带的影响。特别是康马泰在他的论述中以山西地区的考古发现为论述的实证，也从一个侧面看到了西域文化对山西地区的影响。或者说，山西地区是与西域地区文化交流的重要地带。

四、关陇地区对北朝墓志形制的影响，宋馨著

宋馨为德国慕尼黑大学的教授，其更具体的情况还缺乏了解。本文

收入《中国魏晋南北朝史学会第十届年会暨国际学术研讨会论文集》一书，通过从墓志形制这一独特的视角进行研究，大致梳理出从西域地区至关陇地区乃至整个中国北方地区文化传播的初步路线，可以看出西域文化对内地的影响。

宋馨介绍了在洛阳地区发现的西晋时期的支伯姬墓中墓铭的置放特点。根据支伯姬及其夫安文明的姓氏分析，他们应是西域人士。而支伯姬姓支，应是大月氏人。其夫安文明姓安，应是粟特安国人。在西晋时期他们已经来到内地，在洛阳生活。这一时期，这些西域人士仍然保持了不与汉族通婚的习俗。结合其他考古发现，可以分析出来，把墓铭、墓志置放于墓门上方封土，或墓道填土的置放形式是从西域地区传入内地的。宋馨在他的研究中特别突出了北魏平城时期的情况，并介绍了相关的考古发现。其中最典型的是大同地区发现的北魏时期司马金龙墓中墓铭的置放形式，应与前述有文化上的承传关系。

除了这种墓铭之外，另一个很有特点的墓葬现象是在公元 4 世纪中后期出现了圆首碑形墓志，被称为"墓表"。宋馨认为，这种墓表是前后秦时期地方豪族中最早使用，而且多为胡人或其他非汉族人士。这种墓葬形制同时向西、向东传播，向西至少至吐鲁番一带，向东起码至平城大同。而在司马金龙墓中可以看到墓铭及墓表两种形式同时出现。从这种现象中，我们可以了解西域地区文化与内地文化之间的传播及相互影响。而山西地区并不能排除在外，或者可以说，山西地区是这种相互影响的重要地区。

五、被逼出来的文化认同符号，邢义田著

邢义田，美国夏威夷大学历史学博士，台湾"中央研究院"院士、历史语言研究所特聘研究员，先后在"国立台湾大学""国立清华大学"，香港城市大学，法国汉文写本金石图像文献研究中心，美国夏威夷大学历史系、哈佛大学燕京学社，复旦大学、武汉大学等大学，研究

院任访问学者、客座教授等。研究方向为秦汉史。主要著作有《秦汉史论稿》《天下一家》《治国安邦》《地不爱宝》《画为心声》《中国文化源与流》等，译著有《古罗马的荣光》等。本文为作者《立体的历史：从图像看古代中国与域外文化》中的一节。

　　《立体的历史：从图像看古代中国与域外文化》是作者在上海复旦大学以"古代中国与域外文化"为题的系列演讲基础上加工修改而成书的。所谓"立体的历史"，作者认为是由文字及非文字的材料由历史研究者传递给读者后，三者互动产生的"三度空间整体历史画面"。《被逼出来的文认同符号》一文是书中第二讲《想象中的胡人：从"左衽孔子"说起》中的一部分。这一讲主要讨论各种画像中人物的服饰问题，以此来观察历史中不同文化之间的交流影响。其中特别强调的是衣服之"左衽"与"右衽"的文化现象。邢义田指出，尽管今天的人们并不太在意这个问题，但在古代中国却是一个"象征文化存亡"的大事。所以，孔子才有"微管仲，吾其被发左衽矣"的感慨。但是，在考古发现的北朝时期的遗存中，各种人物的衣饰并不讲究左右衽问题。然而，邢义田指出，在北魏的墓葬中又出现了一律左衽的陶俑。这种现象的存在，作者认为应该是一种文化认同的反应。北魏期间，孝文帝改汉制，受到了许多鲜卑贵族的抵制。其代表如时太子恂就把孝文帝为他准备的汉式衣冠撕毁。也因此，太子恂被孝文帝废为庶人。邢义田认为，之所以出现了一律左衽的陶俑现象，应该是文化认同被逼或被强化的结果。就是说，如果没有强行改汉制的举措的话，这些鲜卑贵族可能还不太在意左右衽问题。但是由于孝文帝强行推动汉化，一些贵族人士反而被激起了文化对抗的意识，"刻意要去强调一些和华夏相反，却又不见得是自己原本拥有的象征性符号"。

　　邢义田所言是否能够反映历史的文化真相，我们不去讨论。这里需要注意的是，文中所用图像资料主要是山西地区的考古发现。其中如大同沙岭出土的鲜卑破多罗部贵族墓，太原北齐娄睿墓及徐显秀墓、虞弘墓，大同南郊田村北魏墓等。虽然作者的论述并不仅仅局限于这些山西地区的墓葬，但我们仍然可以从中看到山西地区在中原与草原不同文化交流融合中的重要地位。

六、略谈徐显秀墓壁画上的菩萨联珠纹，荣新江著

本文为荣新江所著《中古中国与粟特文明》一书中的文章。联珠纹的研究是丝绸之路上东西方文化交流的重要课题。虽然其构图比较简单，但应用非常广泛。至少从魏晋南北朝时期开始，这种装饰图案在内地就被使用在各种场合。如丝绸的装饰、壁画图案、衣物图案、陶瓷等器物装饰等。虽然有人认为联珠纹并不是外来图案，在新石器时代的彩陶如马家窑的彩陶中已有这种装饰，在夏时的青铜器中也有这样的纹饰，在商时演变为空心的小圆圈。此外，在一些瓦当、瓷器中也多有出现。尽管联珠纹在中国内地出现比较早，但是并没有形成自觉连续的传统。而在公元前的西方钱币上即已出现了联珠绕人头的图案，并且连续不绝，至波斯安息时代，之后的萨珊时期等发展成熟。无可置疑的是，这种图案是带有明显波斯文化背景的西域文化元素。传入中国内地后，这种装饰图案被加入了本土内涵，与内地装饰纹样融合，在唐时达到兴盛。这也可以看作是中西文化交流融合的重要例证。

在联珠纹装饰图案中，联珠圈内往往有表现特定文化含义的主题图像。如在早期传入内地的联珠纹圈内，多有有翼神兽、鸟、鹿、羊、犬、猪等动物图像。随着时间的推移，这种图像也在发生变化。其变化的趋势是逐渐转换成具有内地文化色彩的内容。荣新江研究的徐显秀墓壁画中的联珠纹饰圈内的图像成为佛教内容的"菩萨像"，显然与其原有的内容不同，是一种袄教与佛教元素的融合新变。这当然是一种文化传播过程的融合。

徐显秀为北齐重臣，而北齐则是一个胡化极为突出的时期，不仅有大量的胡人，包括西域胡人活动，而且他们当中多有在朝廷任职者。西

域的生活方式、风俗习惯、文化艺术在内地深受喜爱，传播广泛。当时的太原为北齐之陪都，从某种意义讲，其政治、文化地位甚至高于都城邺城。徐显秀于武平二年（571）卒于晋阳（今太原）家中，这也可以从一个方面看出当时太原在北齐的地位非常重要。荣新江在分析了徐显秀墓葬壁画中的菩萨联珠纹图案后指出，这并不是孤立的现象，而是伊朗系统的图像进入佛教王国以后，与佛教图像融合的反应，是伊朗—印度混同文化东渐的结果。这也就是说，在这种文化的融合进程中，太原一带是极为典型重要的。

七、一个入仕唐朝的波斯景教家族，荣新江著

波斯与古代中国关系密切。这不仅表现在商业贸易方面，也表现在政治文化领域。尤其是唐时，表现出更加紧密的联系。当时的波斯处于衰落期，希望依靠国力强大的唐王朝挽回国运。在波斯被新兴的阿拉伯王国灭亡后，波斯王卑路斯避难中土，被唐留驻。唐曾帮助波斯复国，但时运已逝，终未实现。这期间，除在广州一带聚集着大量的波斯商人之外，在当时的都城长安一带也多有波斯贵族及其他人士停留。荣新江所著《一个入仕唐朝的波斯景教家族》一文收录在其《中古中国与外来文明》一书中，主要通过对考古发现中波斯人李素家族在唐之情况的分析来讨论东西方文化的交流融合。

根据西安发现的波斯人李素及其妻卑失氏墓志，李素家族在唐时极为活跃。李素之李姓，为唐帝所赐，是在他的祖父时被封赐的。李素一族在其祖父李益时以"质子"的身份从波斯来到长安。李益被授予右武卫将军，在长安宿卫，也就是担任护卫皇宫的军人。史传李氏王室比较重用"蕃族"人士，多有非汉族者在皇室中任职。李素的父亲李志，也非常受唐室重用，曾任唐朝散大夫、守广州别驾、上柱国。别驾是仅次于都督的地方长官。由此可以看出，李志的地位还是很高的。李素在唐时曾任司天台的官员，应该是他对天文学有非常深的研究。荣新江在

文中对李素等波斯人士关于天文学知识的掌握了解有比较翔实的考证。同时，李素也是一位景教徒。据荣新江考证，著名的《大秦景教流行中国碑》中即刻有李素（字文贞）之名。

李素一族与山西也有比较密切的关系，但他们是否在山西生活过，目前还缺少相关的文献。根据考古发现的墓志，李素一族在这样几个方面与山西有关。一是李素本人，曾任司天监，转汾、晋二州长史。就是说他曾任汾州、晋州的长史。二是李素的两位夫人。前妻王氏，曾受封为太原郡夫人，但这是否能说明这位王夫人就是太原人士还需要进一步研究。李素在王夫人去世后，续娶的新夫人是卑失氏。据她的墓志所言，其父曾任"开府仪同三司守朔方节度衙前兵马使御史中丞"。朔方军为平安史之乱，曾先后在山西以及河北、河南等地征战，节度使为郭子仪，副使包括伊斯，也就是从西域来内地献资刻景教碑的景教徒伊斯。而卑失氏的父亲为节度使、御史中丞，亦应随郭子仪在山西等地活动过。三是李素的子女辈。据墓志言，由王夫人所生之仲子李景先曾任河中府散兵马使。河中府在今运城蒲州。卑失氏夫人所生之季子李景伏，曾任晋州防御押衙。晋州为今临汾。虽然我们还难以找到李素一族在山西活动的资料，但从这些记载来看，他们一族与山西的关系是非常密切的。或者是不是也可以这样分析，因为山西也有大量的包括来自西域各地的人士活动，山西一带与陕西，特别是长安一带的联系是很紧密的。故唐室在封授官职时也考虑到了这种因素，把李素这一波斯家族的成员更多地封赐到了山西一带。

八、明清天主教在山西绛州的发展及其反弹，黄一农著

黄一农，哥伦比亚大学物理学博士，曾在马萨诸塞州立大学从事天文学研究。现任"台湾新竹清华大学"人文社会研究中心主任及"中央研究院"院士，是著名的科技史专家，研究领域涉及科学史、中西文明交流史、明清史等。同时，他也是香港大学及香港理工大学荣誉教

授，北京清华大学讲座教授、中国科学院名誉研究员等。代表性著作有
《两头蛇：明末清初的第一代天主教徒》《社会天文学史十讲》等。《两
头蛇：明末清初的第一代天主教徒》一书中辟有两章讨论山西地区天
主教的传播情况。本文即为其中的一章。《明清天主教在绛州的发展及
其反弹》一文对天主教传入山西及绛州时的有关情况进行了比较翔实
的研究介绍。从中也可以看出在中西交往中，特别是天主教的传播过程
中，山西仍然是一个非常重要的地区。

　　基督教在中国的传播，大约可以分为四个阶段。第一阶段是唐时景
教在中原的传播。这一时期，山西地区还缺乏可靠的史料记载。但是景
教徒伊斯等人在朔方军中任职，应该在山西有比较多的活动。景教徒李
素一族与山西也多有关系。由此看来，山西地区当然会有景教徒的活动
是无疑的。第二阶段是元蒙时期的也里可温传播。景教在退出中原之后
有一部分人转到草原地区。同时，欧洲各国，也包括罗马教会先后派教
徒往蒙古，希望能够传播教义，联合蒙古大军来对抗日渐强大的阿拉伯
伊斯兰势力。这些信仰基督教的人均被称为也里可温，其中当然也有景
教徒存在。山西一带是蒙古各部留停争夺之地，也有信仰基督教者活
动。最著名的是汪古部的景教徒马可斯，他曾前往巴格达，被任命为中
国区总主教，后被选为景教教枢，就是景教的大主教。第三阶段是明末
清初开始的天主教传教士的传教活动。这一时期山西的传教活动也很活
跃，有很多非常重要的传教士来到山西。黄一农的文章就是对这一时期
以绛州为中心的山西地区天主教传播情况的研究。第四阶段是清末的基
督教新教传教活动，其代表人物是英国的传教士李提摩太等。

　　天主教传入山西以绛州人韩霖与意大利传教士艾儒略至绛州为标志
性事件。也正因此，绛州成为天主教活动最为活跃的地区，在全国具有
代表性。黄一农指出，天主教在绛州等地的传播，虽然有韩霖等奉教人
士的推动取得了积极的成效。但是却因文化的摩擦、政治的干预等与一
般社会产生隔阂，以至于逐渐衰落。其中黄一农认为造成这种状况，原

因十分复杂，但是教会当局应该承担一部分的责任。因为他们在许多重大问题的处理中立场过分主观，往往忽略中国人的感情，终令天主教停留于外来宗教的形象，不能与中国社会真正融合。山西绛州天主教的传播情况正是一个非常生动的诠释。由此我们也可以看到，山西在中西文化的交流融合中处于极为重要的地位。

《三晋史话》综合卷概述

在人类文明的发展进程中，世界各地不同民族、国家都做出了自己独特的贡献。但是，由于种种原因，许多曾经辉煌一时的文明消失了。只有那些具有强韧生命力的文明才能被传承下来，并产生重要影响。在追寻人类文明的发展进程时，根据古代典籍记载与现代考古发现，可以帮助我们走进远古人类的生活与精神世界。一般而言，许多重要的考古发现，往往呈现一种孤立的点式状态。仅就单个遗存来说，它们具有重要的文化价值。但如果考察其延续性，就比较困难。从这样的角度来分析，在世界文化版图内，中国的山西地区，历史上曾被称为"三晋"的区域，具有某种独特性。这种独特性就是，根据考古发现，可以清晰地描述出源于这一地区的绵延不断的人类发展脉络，使我们对人类持续发展的基本线索有了一个能够感受到的典型标本。因而，讨论三晋地区的文明发展史，就不仅具有区域性意义，而是非常充分地显现出人类文化形成发展的整体性意义。也就是说，对三晋历史及其文明现象的研究，已经超越了具体的地域。至少可以说，这是对中华文明进行整体全面研究的一个极为重要的切入点。甚至也可以说，是对人类文明进行讨论的一个完整标本。

以今天山西为主的三晋地区，位于太平洋西岸的中国内陆，大约北纬 40 度左右的温带地区。在中国平原、高原、青藏高原三级台地中，山西处于其中的第二级——黄土高原。其东部是从华北平原突然隆起、南北走向、绵延 800 余里的太行山。其西部、南部是蜿蜒数千里奔腾而下的黄河——中华民族的母亲河。她从北向南，又在晋陕豫金三角地带向东而去，奔向大海。依傍黄河的是从北至南的吕梁山脉。在太行山、吕梁山之间，是以汾河河谷为主的一连串平原、盆地。其间河道纵横，森林茂密。这些高山、丘陵、平原、盆地均被厚厚的黄土覆盖。深厚的黄土地下，储存有大量的煤炭、铜铁、铝矾土、煤层气等矿藏。大陆北部温带气候、深厚的黄土地及黄土高原、丰富的动植物及地下矿藏等形成了这一地区独特的自然地理环境，成为远古以来最适宜人类生存的区域，也是粟作植物，即后来进化为谷的可食植物的发源地，是人类农耕文明最早形成的地区之一。农耕文明的形成及其进化，决定了这里的人们最基本的生产生活方式。如对土地的热爱，定居生活，重视自然与人的关系，讲究伦理秩序，尊老敬祖，开放包容等等。这种受自然条件影响而形成的生产生活方式及文明形态与其他地区有很大的不同。其对人类文明的贡献具有非常独特的意义。

山西是华夏文明的主要发祥地。在黄河急转弯的晋陕豫金三角地区，特别是以晋南一带为主形成的华夏文明，绵延 5000 余年，成为人类诸多古文明中罕见的没有中断的文明形态。随着现代考古学的发展，人们发现了越来越多的实证能够清晰地勾勒出华夏文明发展的基本脉络。在今天的山西垣曲县，中外考古工作者发现了距今约 4500 万年的曙猿化石，被称为"世纪曙猿"。在芮城西侯度，发现了距今 180 万年的丰富的旧石器遗存，如三棱大尖状器、石刀、石斧等等。特别引人注目的是烧骨化石的出现，似乎说明这时的古人类已经掌握了用火的技术。这一革命性技术的运用，对人类文明的形成具有极为重要的意义。之后的匼河遗址、丁村遗址、柿子滩遗址、西阴村遗址等均发现了具有标志性意义的文化遗存。它们证明，在这块土地上曾经生成了具有传承意义的文化现象。古代典籍中，尧都平阳、舜都蒲坂、禹都安邑等记载，随着考古发现不断得到证实。特别是陶寺遗址的发掘研究，证明这不仅是尧时之都城，而且也能够说明，在距今 4500 年左右的历史时期，华夏文明已经在晋南一带形成。之后的夏、商、周三代均与山西有着极为重要的关系。在历史发展的长河中，华夏文明不断拓展其影响范围，融合了其他地区的文明，在周时终于蜕变为覆盖地域更广、人口更多、文化影响力更大的中华文明。从那时以来，由于独特的品格及其存在的地理人文环境，中华文明从未中断，并总是在历尽劫难后表现出空前的生命活力。

山西是人类农耕文明的重要发源地。独特的地理气候环境形成了与之相应的生物生存环境。据考古发现，在沁县下川遗址中已经有谷物的种子等遗存。此外，还有石磨残片、磨锤等出现，其时间在距今 2.6 万年至 1.6 万年。山西地区类似这样的考古发现不在少数，特别是把太行山东西两麓联系起来看，就会发现这里是粟作农业的发源地。至少在一万多年前的时候，就出现了原始采集农业向原始种植农业过渡的征兆，形成了先民以粟作种植为主的农业文明。这种生产生活方式深刻地影响了中华文明的发展，并达到农耕文明的顶峰。与这样的生产生活方式相联系，三晋地区的农业生产技术得到了较快的发展。在距今 10000 年至 4000 年的时期内，这里出现了长期定居的村落，开始出现陶器，人类农业实现了由采集向种植的转化。由农业而延伸的医药技术得到了较快的发展，养蚕与纺织技术出现，耒耜等新的耕作工具广泛使用，造井技术的出现也拓展了人类定居的生产生活范围。与此同时，天文学得到了快速发展。尧时已经有了规模庞大的观象台，能够确定"二分二至"，并测定一年有 366 天。与此相应的是，三晋地区地理学的研究成果甚硕。从禹划九州，到法显的《佛国记》，再到裴矩的《西域图记》，中国第一部欧洲游记《身见录》，以及以山西人为代表的西北地理学派及徐继畬《瀛环志略》等，不仅对我们了解中国，也对东亚的人们了解世界具有重大意义。商周时是青铜器广为使用的时代，三晋地区的青铜制造技术不仅出现得早，技术水平也领先。标准化、规模化、批量化生产已经成为常态，晋系青铜器代表了中国最典型的青铜制造技术。这一时期，铁制农具也已出现，至战国中后期，主要的铁制农具已经基本成形，农业灌溉系统已经形成，"抛荒制""轮作复种制"等耕作方法广泛使用。水利工程在山西得到快速发展，山西也出现了许多治水专家。除以上所言外，三晋地区在数学、物理、化学、医药、建筑等诸多方面都有非常重要的成果，成为中国科技发展进步的生动缩影。

山西是中华民族融合的大舞台。地处农耕文明与游牧文明的交汇地带，山西一直是这两大文明融合的重要地区。这种融合，不仅改变了特定历史时期的政治经济结构，也使不同文化之间的交流新变成为常态。山西地区是炎黄二帝的主要活动区域，是以农业为主的炎帝族群与以游牧为主的黄帝族群实现融合的重要地区。这一融合意义重大，奠定了华夏民族的人文基础。之后的尧、舜、禹三帝，均为炎黄二帝之族裔。不同的是，其中进入中原地区，接受农耕文化者成为"华夏"，而没有接受农耕文化，仍然从事游牧渔猎生产的则为"夷狄"。他们或共处一地，或相互分离；或通婚，或互市。周时"启以夏政，疆以戎索""魏绛和戎"，汉代开始的和亲政策、匈奴内迁，以及明清时期的茶马互市等，增强了不同民族之间的了解认同。除了这些"和平"的方式之外，战争也促进了融合。一般而言，地处北部的游牧民族在气候寒冷、干旱时，往往向南部迁徙，造成对内地农耕民族的冲击，引发战争。这些冲突、战争，往往由山西而起，由山西而终。其间，大量的匈奴、鲜卑、突厥、契丹、女真、蒙古等北方游牧民族人民进入山西腹地及中原地区，与内地农耕民族融合，血脉相通，文化新变。不同民族在山西一带的交往，包括战争，既促进了各民族之间的相互融合，也激活了文化的创新基因，从而实现了文化的融合与发展。

山西也是中外贸易的中心地带。丰富的自然资源，先进的生产技术，使这一地区的经济十分活跃。早在春秋时期，以猗顿为代表的晋地商人就已经从事着大规模的商业贸易活动。一般而言，丝绸之路是从汉代开始的，但中西方的经济贸易并不是从汉时才有。三晋地区是丝绸的主要生产地，20 世纪初在夏县西阴村发现的距今约 6000 年的蚕茧即可证明。一直至明清时期，山西的潞绸仍然行销四方。山西也是陶瓷、铁器的重要生产地，并源源不断销往各处。在晋中、晋北均发现了古罗马钱币，以及蜻蜓眼玻璃球等西域器皿，说明这一带是非常重要的国际商贸通道。特别是北魏时的平城（今大同），东魏、北齐时的晋阳（今太原），唐及明清时期的太原，均为国际化大都市，商贾云集，人口众多，经济繁荣，文化兴盛。不仅有大量的外来工匠、教士等，还有专门管理外籍人士的政府机构与官员。从西安经太原北上，进入蒙古草原，再转道至欧洲成为一条连接中原与欧洲的重要商贸通道。明清时期，从西安过黄河，经太原，翻越太行山，至北京，成为西域商人的必经之路。另一方面，明清时期主要由晋地商人开通的连接欧亚的茶叶之路，南起福建武夷山，经河南，过山西，进入蒙古高原，至恰克图，再由恰克图进入俄罗斯乃至于西欧。这两条延续时间最为长久，对国际贸易影响巨大的贸易通道，均与山西关系密切。可以说，山西正处于这两条通道的交叉点上，是陆路国际贸易的中心支点，是经济全球化的重要动力源。

山西是中华文明核心价值体系形成及践行的重要地区。轴心时代，百家争鸣。诸子学说多与山西有关。儒家学说"祖述尧舜，宪章文武"，形成于孔子，却变革于荀子。卜子夏西河讲学，使儒学复兴，成为三晋儒学的创始人。他强调学以致用，是由儒入法的关键人物，直接影响了荀子、韩非子。他的学生李悝、吴起等人在魏国推行改革，成为早期法家代表人物。荀卿的儒学包含有浓郁的法家思想，也可以说是法家思想的肇始，是兼通儒法的关键性思想家。韩非是法家思想的集大成者，在总结早期法家实践及理论的基础上，完成了法家思想的重大建构，对中国社会影响甚深。晋国称霸数百年，与其法治传统密切相关。在列国称雄的战国时代，三晋地区最早开始变法，其动向对当时诸侯各国的分合影响至重，成为诸国竞相争雄的重要地区，是纵横家的重镇，是兵家的竞技场。一直以来，这一地区涌现出众多的在中国文化发展进程中产生重大影响的思想家。如隋唐之际的理学思潮代表人物王通，宋明理学的代表人物司马光，明代的理学大师薛瑄，明末清初的实学大师傅山等。受传统价值体系的影响，山西人民质朴、勤劳、忠厚、仁勇，山西也出现了许许多多爱民敬业、清正廉洁、担当有为、取义成仁的廉吏能臣、武将义士。三晋地区也是受外来思想影响较大的地区。诸如基督教、祆教、伊斯兰教等都在这一地区传播并产生影响，特别是佛教，在汉时已经进入山西。唐代，主要在山西地区兴盛的禅宗、净土宗，推动佛理的本土化，完成了佛教的中国化。西域地区的音乐、雕塑、绘画、工艺等在山西广为流行，影响深远。同时，出现了许许多多极为重要的作家、诗人、音乐家、画家、书法家及学界翘楚，可谓名家辈出，灿若繁星。

　　山西是中华文明中最富创新精神与进取精神的地区。炎黄时期，新的技术不断发明，社会管理体系显现雏形。至尧、舜、禹，随着生产力的进步，出现了阶级，社会分化，华夏文明形成并得到发展。特别是大禹治水，改前人堙堵之法为疏导，使泛滥的洪水不再。春秋战国时期，晋国率先打破宗法制，起用士族中的有识之士治理国家，成就了数百年的霸业。韩、赵、魏三家分晋，变革当时不适应生产力发展要求的管理体系，列战国七雄。赵武灵王胡服骑射，改旧制为新规，增强了军事实力，拓展了疆域。北魏鲜卑拓跋氏推行汉化政策，改革土地、税收、文化制度，奠定了隋唐统一的基础。李渊、李世民父子晋阳起兵，建立大唐，开启了中国农耕文明的鼎盛时代。明清之际，山西成为边防重镇，由此而形成的边防供给体系带动了内地经济和社会文化的发展。山西也是现代工业、交通、教育较早得到发展的地区。近代化的启动，要求中国人睁开眼睛看世界，学习新思潮，变革旧体制。张之洞、胡聘之等人在山西积极推进近代工业，更有杨深秀等献身戊戌变法。辛亥革命爆发，山西积极响应，是最早推翻帝制的北方省份，史称"南响北应"。马克思主义传入中国，山西是较早建立党团组织的北方省份，是为数不多的在北方地区建立红军，开展工人运动、学生运动、新文化运动的地区。尤为需要强调的是，抗日战争全面爆发后，山西是最早建立抗日民族统一战线的地区，是八路军总部及三大主力师的所在地，是共产党领导下的敌后抗战的主战场，为抗日战争的最后胜利发挥了战略支点、中流砥柱的作用。革命根据地的建设，为新中国建立打下了坚实的群众基础、干部基础、政策基础，以及社会管理基础。解放战争爆发后，刘邓大军等三大主力部队从以山西为主的根据地分头南下，风卷残云，摧枯拉朽。党中央从陕北经山西到达西柏坡，指挥全国人民打败了国民党的腐朽统治。一个充满活力，代表了人民利益的新中国终于建立。历史掀开了崭新的一页，中国人民走上了快速实现工业化、现代化的道路。古老的中华文明显现出新的生命活力，将为实现中华民族伟大复兴的中国梦与人类文明的发展进步做出新的划时代的伟大贡献。

179

《被遮蔽的文明》引言

　　一般来说，人们习惯于以 15 世纪作为人类历史划时代的分界线。这主要是因为在 15 世纪末，哥伦布"发现"了新大陆，似乎开启了一个大航海时代，也可以说开始了全球化的新时代。不过，如果我们认真研究历史，并客观地得出结论，就可以发现，早在哥伦布之前，人们已经知道了美洲，并且有人在那里生活。只是欧洲人对此还不知道而已。同时，虽然由于生产力的局限，世界各地的人们相互之间的联系并没有像 15 世纪之后那样紧密，甚至难以分割。但一个无可否认的事实是，不论地域如何遥远，交通如何不便，世界各地之间人们的联系从来都在进行着。只是这种联系由于受当时条件的限制，表现出不同的频度与深度。总的来看，随着历史的演进，生产力的不断进步，人们之间的联系日趋紧密，以至于从地球逐渐演变为"地球村"。不同地域、民族、国家之间的相互依存变得越来越密不可分。生产方式、贸易方式、信息联系、人才交流、货币结算与市场形态等日益形成一种你中有我，我中有你，难以简单以地域与国家来划分的存在状态。全球化，已经成为一种现实。

　　不过，当我们回顾人类发展历史的时候，就会发现，这种"全球化"的联系并不是现在才出现的，也不是从 15 世纪才开始，而是一种自人类出现以来就存在的现象。其区别只是自在与自为。如果我们非要以 15 世纪为界来讨论问题的话，那么就可以简单地说，此前，全球化的趋势是人类比较盲目的自在行为，而之后则是一种自觉的追求。但是，严格地来看，即使是在 15 世纪之前，人类已经具有了与其他地区联系的自觉追求。只不过是，这种联系可能表现得更加艰难、间接、微弱，具有更大的局限性。比如说，人们只能够通过旅行、贸易等简单的与间接的手段来实现这种联系。与今天便捷的交通、快速的网络信息、先进的航天航空技术等相比，当然是不可同日而语的。实际上，许多人在研究人类发展的漫长历史及其演变时，已经提出了一个以欧洲为主要研究对象的"世界体系"，或者也可以说是构建了一个以欧洲为中心的"世界体系"，并把这一体系以 15 世纪哥伦布发现美洲为起点。不过，也有一些人认为这种说法还不够准确，还不能反映历史的真实面目。他们认为，即使如此，也不可能是突然之间形成的，而是有一个过程或者原因才导致哥伦布、达·伽马等的航海活动，导致了"世界资本主义体系"的兴起。其中一个极为重要的原因就是东方——当然在更主要的情况下是中国所具有的发达的经济文化。正是这种东方的存在，才激发了西方对遥远世界的热情与向往。当我们回顾历史，发现前人即使是在客观条件非常简陋、艰难的情况下仍然没有放弃对远方、对遥远未知世界的探求努力时，必将对人类的创造力、坚忍不拔的精神、对未知世界的想象力与探求愿望充满了敬意。这种努力是我们先祖的业绩，是我们与生俱来的渴盼，也是人类相互了解、合作的漫长历史。

在这种实现全球化的努力中，连接东西方的丝绸之路当然是最具有典型意义的。高山阻隔，大海浩渺，沙漠万里，路途迷茫。东方与西方之间的联系对于早期的人类而言，是一个非常艰难的挑战。在现代交通没有出现的情况下，这种联系十分不易。但是，没有什么能够阻挡人类探求的愿望与脚步。行走在古老丝绸之路上的人们正是这种愿望能够实现的证明。他们筚路蓝缕，前赴后继；他们用勇气、智慧、毅力，以及内心从未泯灭的希望与想象力来努力。当我们回寻这一切的时候，就会深切地感到，人类具有不可阻遏的意志力与伟大的创造力。我们的先人所创造的辉煌，以及在这种创造中表现出来的精神仍然是今天人们骄傲的理由。丝绸之路当然是因为贸易而形成的。但是，丝绸之路并不仅仅是经济的，她同时还是军事的、科技的、宗教与文化的、民族与人口的，甚至也当然是政治的与心灵的。

随着历史的推移，许多东西被时间遮蔽了。我们对曾经发生的事情并不了解，对先人所创造的一切所知甚少。只有在某种命定的时刻才会发现，它们竟然如此重要，如此夺目。但是，这种夺目的光芒常被漫长的时间淹没，需要我们细心地褪去这遮蔽事实的尘埃，找回历史的真相，使之重新放射出更加耀眼的光芒。丝绸之路，就是这样一种被历史所遮蔽的光。她越来越闪射出诱人的光芒，并随着时间的演进而吸引着人们一探究竟。除了那些探险家、考古学家之外，更多的历史文化学者进入对丝绸之路的研究领域。他们或实地考察，或梳理史料，或从某一历史的横断面进行研究，或从当时具体人物的命运变化切入，或构建宏博的理论框架，更有甚者，以丝绸之路为核心来构建人类发展的历史。可以说，对丝绸之路的研究早已成为学界的热点。而在这其中，一个被人们忽略或遗忘的地方，同样需要我们重新认识。这就是——山西。山西与丝绸之路有关系吗？这本书就是要揭示这一真实的历史，使那些被时光的尘埃遮蔽的历史重新焕发出令人讶异的光芒——原来，历史曾经是这样的！

山西，地处黄土高原，内陆腹地，是华夏文明的主要发祥地。一个伟大的民族从这里形成；一种充满魅力、极具生命力的文明在这里诞生。同样，丝绸之路，这条连接了世界东西方的魅力之链，也与山西有着至为重要的关系。在这里，我们将要讨论的是，山西到底为这条人类文明沟通之路做出了什么样的贡献。

首先，我们要从时间与空间两个层面进行讨论。从时间的层面主要是探讨丝绸之路在历史上的存在情况，以及与山西的关系。作为一种历史，丝绸之路是仅仅存在于汉唐盛世，还是存在于各个时期？在这样的时间长河中，山西与丝绸之路有什么关系？其次，我们要从空间的层面探讨丝绸之路的分布情况以及与山西的联系。在漫长的时间内，丝绸之路是一条线路，还是多条线路？是线性状态，还是网络状态？山西在这样的分布中处于什么地位？这是本书前两章所要进行的工作。

在此之后，我们要讨论的问题是，作为一个地处内陆的高原地区，山西对丝绸之路的开通、经营做出了什么贡献，具有怎样的关系。这里我们主要从两个层面展开。一是山西因其特殊的地理位置，对丝绸之路的开通具有怎样的战略意义；二是在丝绸之路的开通与经营中，山西人士发挥了什么作用。之后，我们还需要研究一下，山西地区所生产的物产是不是也曾经通过丝绸之路进入了东西方的贸易网络。这是第三、四、五章的主要内容。

在厘清这些问题之后，我们还需要从文化的层面进行讨论。主要有这样几个方面：一是要研究山西学人对丝绸之路及西域历史地理的学术贡献，以及这些贡献对整个民族了解西方、了解世界所产生的作用，进而探求人类相互了解的某种努力；二是要研究在山西地区有没有西域人士进入，他们是什么人，在山西做了什么事，对中国的发展产生了什么影响；三是要研究不同质的文化，特别是外来文化有没有进入山西，如果进入的话是什么情况；四是要从考古学的角度找到西域外来文化进入山西的实证，找到考古发现与史籍记载，以及前人涉及这一问题的零散研究等能够统一起来、相互对应的历史依据。这是本书第六、七、八、九章的内容。

在初步系统地梳理了丝绸之路与山西的关系之后，在第十章里需要对其做一个概括式的总结，简明地说明山西与丝绸之路的关系及其突出贡献。同时，还要讨论一下丝绸之路之所以能够在漫长的历史时期存在，其动力与魅力是什么。最后，我试图就丝绸之路对人类文明发展进步的意义进行概括，看丝绸之路为我们的进步带来了什么。通过这种努力，力求使自己对丝绸之路的研究能够从具体的、细节的、区域的层面上升到人类文明发展进步的高度，以更加宏阔的视野来观照这一人类进步进程中创造的奇迹，以及丝绸之路所发挥的作用。

谈谈山西对民族优秀传统文化的贡献

《品读山西文化》一书将要出版了，编者嘱我写点文字。不知道该从什么角度谈起，就想简单谈一下山西对中华民族传统文化的贡献。虽然有些泛泛而论的意思，但也是近来思考比较多的问题，能够借这样一个机会与大家交流，还是很好的。不过，这里所谈的文化，应该是一个比较狭小的层面，不包括器物、制度，以及科技、艺术等，仅从价值观的层面说一些自己的想法。主要有这样几个方面。

首先，从民族文化的形成来看，山西地区的贡献还是非常突出的。这与山西特殊的自然地理环境有着莫大的关系。山西地处北部温带地区，无霜期比较长，但又不同于热带地区，便于土地保持活力，也使农作物能够有较长的生长期。这一点与世界各大文明的情况基本相同。当然，由于各地的地理、气候条件差别较大，它们的具体环境又各有不同。但是，总的来看，这样的自然条件是适宜于生命成长的。还有一个很重要的特点是山西地处黄土高原，黄土由于其土质疏松，宜耕宜种，耐旱保水，也为植物的生长提供了天然的有利条件。如此种种，使山西成为一处极其有利于农业发展的地区。从世界范围内来看，中国是稻作农业的原生地。不过，这一原生地在长江流域，特别是江浙两湖地区。当然中国也是粟作农业的原生地。这一原生地主要在太行山沿线，包括山西的大部分地区。这一点已经被考古学所证明。除河北磁山遗址、河南裴李岗遗址外，山西的下川遗址、柿子滩遗址、西阴遗址等均发现了粟作植物的果实或石磨、石棒、石铲、石锛等反映农业生产及其变革的遗存。这些考古发现与史籍的记载十分吻合，均可证明山西地区是农业文明的重要发源地。

一定的文化之形成，必然与当时人们的生产生活方式有着根本性联系。农耕文明是中华文明的主要特征，农耕生产决定了从事农业的族群之生活方式、社会结构、伦理关系与价值体系。文明需要注意的是虽然山西地区是农耕文明的重要发源地，并不等于在这一带只有农业生产，也不等于说，这里的生产方式从一开始就是农业。这是非常简单机械的一种看法。实际上，人类的生产在最开始的时候只是一种采摘方式，之后发展到渔猎方式，而后在一些地区出现了游牧方式，一些地区出现了农耕方式。其进程是错综复杂、相互重合的。根据我们的神话与传说，炎帝神农氏使农业从采摘发展到种植。这当然是一场巨大的技术革命，时间应在距今五六千年前。如果根据考古发现来分析，时间应该更早。但是，即使是到了舜生活的时代，渔猎仍然是非常重要的生产方式。所谓"舜耕历山，历山之人皆让畔；渔雷泽，雷泽上人皆让居"，这就说明，舜时是农耕与渔猎等多种生产方式并存的。只是在这一时期，最主要的生产方式是种植农业而已。还有一个问题是，农耕地区与游牧地区也并不是截然而分的。一般我们认为草原地区是游牧生产方式，而往南进入中原则是农耕生产方式。这只是一种简单的划分。实际上在相当长的时期内，由于气候与地理环境的不同，二者虽然有大致的分界线，但是，在很多地方是混居的。也就是说，农耕地区与游牧地区错杂交叉存在。这从晋文公的经历中就可以看出来。那些在比较偏远、高寒地区的族群多为游牧，而那些在比较温暖、平缓地区的族群则多为农耕。这种状况持续的时间非常长，一直到汉代仍然如此。另外，随着不同政治势力的改变，这种区别也在发生着重要的变化，如赵武灵王胡服骑射，就极大地拓展了农耕地区，基本上迫使重要的游牧族群退出内地进入草原。所以，尽管山西地区生活着很多从事游牧生产的族群，但从总体上来看仍然是以农耕为主的地区。这就决定了其生活方式、伦理关系是以农耕为主并适应农耕与游牧融合的状态。如以定居为主，重视家庭家族关系，适应农业生产的需要使天文历法得到了快速的发展，并形成了重人与重天相统一的观念，能够包容不同生活习俗的开放心态等等。可以这样说，由于山西地区自然环境与生产生活情况的特点，决定形成了与之相适应的价值观念。

这种价值观念的形成当然不是一蹴而就的，而是经过了一个逐步积累的过程。根据考古发现，我们可以认为在尧时华夏文明作为一种古文明已经形成了。这在陶寺遗址中已经得到了证明。文明形态的形成除了考古学家们所言的若干要素外，还有一个非常重要的方面就是价值体系的完成。当然我们还不能说在陶寺时期已经形成完备的价值体系，但我们可以说至少在那一时期已经形成了初步的价值观。不过，就山西地区而言，至少炎黄二帝，以及之后的尧、舜、禹等的言行已经体现出中华民族最基本的价值观念。比如炎帝，为民请命，以身试毒，种五谷、尝百草，终于献出了自己的生命。黄帝则是"声禁重，色禁重，衣禁重，香禁重，味禁重，室禁重"，清心寡欲，"以信与仁为天下先"。尧则住茅草屋，吃粗茶淡饭，协和万邦，其仁如天。舜有大孝，有大德，以德治国，以法行令，任贤才，重民意，政教大行，八方宾服，四海咸颂。禹为治水，三过家门而不入，常年奔走在治水工地，察看水情，勘探地势，孩子都不认识他，腿上的汗毛都磨光了，手上全是老茧。这些神话与传说中的先贤都活动在山西一带，是中华民族价值体系的倡导者、践行者。也正是由于他们的努力，民族价值观才逐渐形成并确立。

其次，从民族文化价值体系的理论建构来看，山西地区的贡献也是非常突出的。从目前存留的史料来看，我们还不能发现炎黄及尧舜禹时期的文字资料。所以，对那一时期的了解，主要是通过传说，其中也包括体现价值观的传说。这些传说基本上没有形成系统的构架，要到周时才有史籍流传下来，这主要是包括《周易》及诸子作品在内的各种著作。这些著作奠定了中华民族价值体系的主要范畴、观点、方法。就山西地区而言，与轴心时代出现的诸子关系极大。他们或为三晋人士，或在三晋地区活动，又到其他地区任事。其中影响较大的如儒家之子夏、荀子，法家之韩非子、商鞅、李悝、申不害、慎到等，纵横家如苏秦、张仪、公孙衍，兵家如乐羊、尉缭、吴起等，名家如惠施、公孙龙等，杂家如尸佼等。这些十分活跃的思想家对中国传统文化价值体系的形成贡献极大，其中一些人甚至具有开创新局、承前启后的关键性作用。如荀子，虽然以儒家为名，但在他的思想中已经包含了丰富的法家内容。事实上，我们也可以把荀子看作儒家新变的一个关键点。这种新变就是在儒中分离出了法。所以荀子既是儒家的重要人物，又是法家思想的奠基人。而韩非子则在总结前期法家思想的基础上，系统论述了法的思想及其治国理论。他把商鞅之"法"、申不害之"术"、慎到之"势"等综合起来形成了法家完备的思想体系。

不同的历史时期，社会发展面临着不同的问题。为解决这些问题，往往需要提出有现实针对性的思想。在这方面，山西地区的实践也具有重要影响，成为民族传统文化中的重要组成部分。如为增强国力，赵武灵王推行"胡服骑射"；为改善农耕地区与周边游牧地区族群的关系，魏绛提出"和戎"方略。这些思想实际上也是民族传统文化中价值观的体现。秦统一中国，迎来大一统的秦汉盛世。这一历史巨变要求思想界能够提出与之相适应的理论。公元 15 世纪以来，世界范围的大航海时代开启，欧洲发生了巨变。这种时代变革也影响了中国那些具有先知意识的知识分子。他们认识到工商业的发展与国计民生关系极大，工商业者是社会的重要力量。也由此而在思想领域出现了一批倡导实学、重视民本的思想家，如黄宗羲、顾炎武、王夫之。山西著名的启蒙思想家傅山提出了"市井贱夫平治天下"的观点。他认为要重视工商业，以增强国力，同时指出其中的才俊之士完全可以治理国家。这种思想的出现与当时时代发展的潮流一致，是解决社会问题的积极探索。虽然就傅山等人的思想而言，可能还不一定是为了适应世界变革趋势，但是他们的观点恰恰对解决中国面临的问题有着极为强烈的现实针对性。戊戌变法时期，山西人杨深秀是极为典型的一位变革思想家。虽然他的影响力没有康有为、梁启超、谭嗣同大，但是发挥的作用却极其重要。他是最早提出变法要求的思想家，也是向朝廷提出有关变法条陈最多的思想家。特别是在戊戌变法以及变法失败之后，杨深秀仍然不顾个人安危，要求慈禧太后撤帘归政。杨深秀终被杀害，为"戊戌六君子"之一。

　　山西地区思想理论的成果还表现在睁眼看世界，对外来文化的包容吸纳方面。按照传说，禹划九州，定五服，可以说是中国人最早的关于"天下"的观念。这不仅使古代中国人的视野突破了地域上的"中原"，也确立了中国人认识世界的基本观念与方法，并产生了持久的影响。在人类发展进程中，如何对待游牧民族的流动性带来的冲击，也体现了不同文化的特征、品格。以中国言，游牧与农耕的冲突基本贯穿了古代中国的历史。但是比较而言，我们就会发现，中国古代游牧与农耕的冲突呈现出一种时断时续、或和或战的状态。在很多时候，是进入中原农耕地区的游牧族群被农耕族群所同化。而在欧洲，往往是一种原住民被游牧民族驱赶迁徙，甚至灭绝的情形。这种状况的出现，除了地理环境、对抗博弈的方式不同外，一个非常重要的原因是文化的不同。诸如"启以夏政，疆以戎索"的国策，不仅是一种治国之策，同时也是一种文化形态。其中就包含着如何看待"外族"或者说异质文化的态度。因此，在一定的时期，可能以战争的形式出现，而在另一时期，可能就会以非常和平的形式，如贸易、和亲、联盟等形式出现。中国历史上处理中原农耕政权与塞外游牧政权的关系，通关贸易与异族和亲是十分重要的方式。其最重要的表现是西汉时期汉室与匈奴之间的战争，二者争夺的焦点在今晋北地区。汉高祖刘邦"白登之围"后开启了大一统以来的和亲政策，一直延续至明清。隋时，隋炀帝杨广宏图大略，经营西域，命裴矩管理张掖。裴矩著《西域图记》，详细记录了西域 44 国的

188

山川风情，是中古时期中国历史地理领域最为重要的著作，也极为生动地表现了当时中国人的"天下观"。其与清时兴起的主要由山西人构成的西北史地学派如阎若璩、祁韵士、张穆等的一系列著作，成为奠定中国多民族统一国家的重要典籍，具有极为重要的意义。而诸如法显、樊守义、徐继畬等所著的《佛国记》《身见录》《瀛环志略》等更是中国人开眼看世界的经典之作，具有非常重要的国际影响。这里简略列举这些事例，主要是为了说明中华文化具有开放包容的品格，而山西地区则是这种品格极为重要的体现者、形成地。

第三，从中华文化的实践形态来看，山西地区同样具有非常突出的贡献。一种思想如果仅仅停留在理论形态，不能转化成对现实世界产生作用的实践形态，是非常无力的，也是缺乏生命力的。在中国传统文化形成发展的进程中，山西地区一个非常突出的贡献就是躬耕践行。这种特点其实表现出理论形成及其意义的原始逻辑形态，即来源于实践，经过总结概括之后形成思想，再回到实践之中。理论的发展进步基本沿着这样的模式循环演进。从中国传统文化价值形态的形成来看，最早的体现仍然是一种实践形态，并借助于后人的神话与传说流播。如炎黄二帝的行为，尧、舜、禹的言行，以及各种神话传说中的人物所体现出来的价值观等。以在诸子百家中产生影响最大的儒家来看，虽然不同时代各有论述，但在理论形态上最具有代表性的仍然是孔子，而在实践形态上最具有代表性的则是关公。

首先要强调的是，山西的思想家本身非常重视实践，他们在自己的论述中往往把实践放在非常重要的地位，或者谈的问题主要是关于如何实践。如子夏，是孔门十哲之一，亦可视为儒学之重要人物，对儒家学派的传播贡献巨大。但是，他并不仅仅是继承孔子之学，而是强调要与时俱进、经世致用。他还认为学不能为学而学，还要学以致用。隋代思想家王通，强调教育是为治国安邦培养人才，而人才的培养必须重视品行的修炼。明代著名理学家薛瑄，被认为是程朱学派的代表人物，是朱

189

熹学说的传人。但是薛瑄的思想与朱熹有很大的不同，其中之一就是强调"行"，认为行难知易，知的目的在行，所以要"知行两得""知行兼尽"，不可偏废。在学术研究上，山西地区的学者强调亲力亲为，不能只在书中考证，最典型的就是清时兴起的祁韵士等西北史地学派的研究。这种特点应该说在全国来看是非常突出的。

但是重视实践并不等于就是实践。就山西来说，最为突出的是在实践形态上出现了许许多多堪称表率的典范。前述炎黄二帝及尧、舜、禹三圣均以躬耕亲力为特点。关公自不必说。在山西地区产生重要影响的人士多为在实践形态上有突出表现者。具有浓郁家国情怀的杨家将，虽然有真人真事可依凭，但经过民间文学及艺术的加工演绎，逐渐成为内容体系庞杂、戏剧成分突出的半虚构性史实。实际上诸如杨家将这样的爱国英杰山西有很多，如汉之卫青、霍去病、班超、班勇、冯奉世、常惠，唐之温彦博、薛仁贵、裴行俭，明清之麻贵、任环等。山西还出现了许许多多的能臣廉吏，他们的行为体现了优秀传统文化中修身、齐家、治国、平天下的人格追求。其中如西门豹、狄仁杰、柳宗元、司马光、姚天福、杨继宗、刘东星、薛瑄、王家屏、于成龙、陈廷敬、孙嘉淦、栗毓美、祁寯藻、徐继畬、杨深秀等。这些人不仅在做人为官方面廉洁清正，在做事任职方面也非常能干、富有创新精神，敢于并且勇于任事担责，做出了突出成就。如于成龙，为官40余年，家无余粮，常吃青菜、食糠粥、衣布衫，被人称为"于青菜"。康熙誉其为"天下第一廉吏"。但是，于成龙并不仅仅是清廉，还表现在能干上。他整顿吏治、平叛救灾、平反冤案、打击匪盗，所到之处，皆政绩卓著，先后三次被举为"卓异"，是非常善于任事且能够克服一切困难做好政务的能吏、贤吏。这些人的言行从实践的层面使民族优秀传统文化得以发扬光大，成为具有现实意义的价值标准。

优秀传统文化在山西的实践还非常集中地表现在民间形态中。一种价值观如果没有转化为实践形态，就不可能对社会产生积极的作用。而这种实践形态如果仅是社会上层人物掌握、认知并践行，也难以成为全民族的价值选择。在山西地区，民间的实践也表现得非常生动，甚至逐渐演化为一种民俗，有的直至今天仍然保持着其基本的形态。金元之时，山西各地好学之风盛行。如隰县主簿宋元吉曾言其县，"观其民风俭而不陋，朴而不野……其间人物，举止有体，出言有章，郁然有吾儒之气象者"。而据元好问言，在潞泽一带，"士或带经而锄"。可见当时社会风气中人们好学之态。明清时期，山西地区重视社会风尚的教化，一些地方甚至采用行政手段来推动，如每年正月与十月，在县学举行乡饮酒礼活动，款待当地年高德劭者，对孝烈之人进行表彰等等。这些现象已经难以归结为个人的认知与践行，而是成为一种社会的普遍风气。也可以说，正因如此，在山西地区才表现出对优秀传统文化所具有的根深蒂固的影响。或者也可以说，这种现象也是传统文化生命力的一种典型体现。

《品读山西文化》一书并不是对山西文化进行全面完整的"品读"，而是选取了五个方面的典型进行了论述。它们分别是炎帝农耕文化、尧舜德孝文化、关公忠义文化、能吏廉政文化、晋商诚信文化。这些文化是中华民族传统文化中非常重要的方面，是我们宝贵的精神财富。对于山西来说，更具有典型意义。今天，我们来品读这些由我们的先人创造的具有极强生命力的文化，不仅将使我们能够感受到先人的风骨精神，也将激励我们在新的历史时期更好地传承弘扬，使优秀传统文化能够血脉延绵，红色文化与社会主义先进文化能够汲取到极富现实意义的传统基因，并强化其生命力与创造力，具有非常突出的现实意义。因此，希望能够通过这样的介绍使我们进一步认识自己的民族，认识自己的民族文化，并对未来充满希望与信心。

2017 年 8 月 12 日于并州

傩，民俗、历史与艺术

——关于傩舞爱社并读《寿阳县非物质文化遗产保护系列丛书》

　　我的故乡寿阳在太行山麓纵横交错的褶皱之中。厚厚的黄土覆盖着这里，隐藏着数千年来曾经上演的历史。我的老家是白云乡，要从县城沿着山川间的河流一直向南70余里，一个更深更隐蔽的处所。不知为什么把这里称为"白云"，是不是我们的先人在这沟壑纵横的黄土地上劳作，心却向往着那更加高远的天空？白云，一个充满了诗意且极为浪漫的名字。谁说我们的祖先只会面朝黄土背朝天，日复一日地在黄土地上劳作？他们同样有着仰望星空的愿望与浪漫，一代又一代地用双手创造着这种充满了诗意的日子。

　　遗憾的是，在那一年乡镇合并中，把白云乡合并到羊头崖乡了。从此，白云作为一个行政意义上的存在就这样终结了。每每有人问我，你是哪个乡的？这使我很尴尬。因为我是白云乡的，可是她不存在了。而我是羊头崖的人吗？好像没有在那里生活过。羊头崖，比起我大山深处的白云来确实大了许多，地处交通要道，相比白云而言有很多的商家、店铺、学校、粮站、卫生所，以及在村中心的一座烈士纪念塔等等。我以为羊头崖是因为其地势如羊之头而名，后来才知道，炎帝部族的图腾是羊！那么，如此来看，这里也曾经是炎帝部族生活聚集的所在了。这又使我感到了故乡的神秘，以及由此而来的骄傲。在大约5000年前的时候，这里就已经生活着我们的先人。炎帝神农氏的子民在这广袤厚重的太行山地区发现并培育了人类最早的粟作物——今天我们称之为"谷"的植物。直到今天，寿阳人最喜欢的食物仍是小米饭。不过，我并没有去寻找炎帝部族在寿阳的踪迹。我忙于各种琐事，但是，有心者大有人在。诸如白天、王晋华等，他们生活在这片黄土地的深处，日复一日，默默劳作，寻找、体验着由此生成的文化，并带着自己的体温、情感、心性传承着。这是我们的文化之所以能够绵延不绝的原因，是我们的文脉之所以能够新生的保证。读到这套《寿阳县非物质文化遗产保护系列丛书》关于傩舞爱社的抢救传承等等，使我的思绪又回到了这片广袤、神秘、古老的黄土地上。

被称为爱社的民间艺术是傩舞的一种，其内容表现的是黄帝与蚩尤的大战。由于蚩尤部族战斗力很强，黄帝部族久攻不下，于是派二十四家"魂头鬼"混入鬼门关，攻占了蚩尤城。这是黄帝、蚩尤两大部族之间的关键之战，也因此奠定了黄帝统一中原，成为天下共主的地位。在中华民族形成的漫长历史进程中，不同的部族相互融合，其最为重要的即是炎帝部族与黄帝部族的融合。典籍记载，炎黄二族在经过数次激烈的战斗后，属于农耕部族的炎帝神农氏失败，而属于游牧部族的黄帝轩辕氏胜利。但是，炎帝部族的一支蚩尤部族并没有归顺黄帝，而是继续反抗。当时，蚩尤部族已经掌握了青铜制造技术，能够使用更加先进的金属冷兵器进行战斗。而黄帝部族则使用了那时先进的兵器"躬矢"，可以远距离进攻。这使双方之间的厮杀十分激烈。黄帝征集四方诸侯参战，取得了最终的胜利，"于是，诸侯咸尊轩辕为天子，代神农氏，是为黄帝"。也就是说，这次战争胜利后，黄帝才真正取代了炎帝，成为天下共主，也实现了炎黄两大部族之间的最终融合，奠定了华夏民族的基础，成为中华民族的人文先祖。

羊头崖，应该是炎帝部族生活的地方。在爱社活动的区域，今寿阳平头乡的沟北村、韩沟村附近有阪泉山（当地俗称阪寺山）、北神山。阪泉是炎、黄及蚩尤大战之处。在北神山上有轩辕圣祖祠。据当地碑刻记载，此祠为祭祀轩辕黄帝而建，"惟轩辕圣祖有熊氏之胤也，继炎帝以土德王，分井疆、创礼乐、制衣冠、始征伐……"这些内容说明，炎黄二部族在这一带有交集，且黄帝部族取得帝位后，在社会文化方面有许多创建。但是，历来对炎黄二帝所代表的部族，包括黄帝与蚩尤的战事到底发生在什么地方，各家所言不同。如张家口一带、晋南等等，却少有在晋东寿阳之说。进一步分析，我们也会发现，寿阳平头一带的地理形势也少有具备两大部族激战的条件。但是，考察今天仍然在寿阳一带流传的民间传说、形成的民俗，以及地名等，似与炎黄二帝有非常紧密的联系。也许可能的情况是，在寿阳一带本来生活着属于炎帝部族的子民，因为太行山地区是炎帝部族的主要活动区域。这一分析是合理的。但是，炎黄之战后，炎帝部族归顺黄帝部族，属于游牧民族的黄帝部族子民也来到这一带定居，并成为社会、文化的主流。这些人当中，有许多同时也参与了黄帝与蚩尤的大战。他们是在黄帝部族取得最终胜利后被安置或迁徙到寿阳平头地区的，他们把能够标志自己部族及其荣誉的地名如阪泉等也带到了这一带。在中国传统文化中，多有地随人走的现象。就是说，某地人在迁移中，把自己原来生活地方的地名带到了新的定居地。就寿阳言，北齐时朔州及其所领五郡均被侨治于寿阳。所以在当时，寿阳也被称为"朔州"。但是，并不是说寿阳就是朔州。如此看来，这个阪泉山应是当时黄帝部族的人们把能够标志自己历史身份与荣誉的"阪泉"带到了这里，并在附近的山上建立祭祀场所，也就是在被后来称为北神山的地方建立了祭祀黄帝的祠庙。同时，他们根据黄帝、蚩尤之战的情节，结合当时的舞乐创编了表现黄帝战蚩尤的傩舞，来表现自己的历史、文化与信仰。

傩舞是中国文化中非常重要的内容，是初民表现自己原始信仰的重要方式，主要意义在于驱鬼逐疫与祭祀。其最为突出的表演特点就是要有表示力量的面具，并配以舞蹈音乐。一般来说，傩舞流传于我国西南、东南一带，黄河以北相对少见。也正因此，以"爱社"为代表的太行山腹地的傩舞就显得更加珍贵。与其他地区不同的是，爱社所表现的内容是固定的，即纪念黄帝战蚩尤的故事。同时，其表演程式也是固定的，现在可以看到流传下来的表演程式分为武势、倒上墙、直墙、小场、过关、耍桌六大部分。其人数也是固定的，由 24 人演出，其中 6 大鬼为主要表演者，18 小鬼为配合表演者。爱社的傩舞表演为我们深入研究中国文化提供了诸多方面的可能。

首先是对了解中华民族的融合有重要的启示。这主要源于其表现内容，可以进一步说明黄帝部族、炎帝部族及蚩尤部族之间的关系，以及其融合对中华民族形成的影响。这方面的研究虽然历代多有文献记载，但是缺乏实证。今天，我们可以通过考古发现许多线索。但是，这种所谓的发现还只是一种分析。比如，我们可以从红山文化的遗存中找到可能是黄帝部族的文化，但是还不能确证这些遗存就肯定是黄帝部族的。这只是一种推理。而能够流传至今的实证可以从爱社中看到，爱社是中华民族融合的活化石。

其次是对民间习俗、信仰的研究有重要的意义。中华民族自称为炎黄子孙，是炎黄血脉传承而来的。在寿阳北神山上的轩辕圣祖祠可以看到，轩辕黄帝被后人视为"圣祖"，说明某种文化由轩辕氏而来。这种信仰延续至今，似乎在这种习俗中也可以看到中华文化中敬祖祀先的源头。同时，爱社的表演也有祈雨的功用。之所以如此，是因为这种民间习俗源于当地人把轩辕氏作为能够通达"天"的神灵来看待。所以，我们也能够从中了解到许多关于中华信仰的线索。

第三是对中国戏曲发展进程的研究有非常重要的价值。傩一直以来被人们认为是戏曲的前奏、雏形。中国戏曲虽然在发展中接受了许多其他艺术的影响，但与傩的关系是非常紧密的。在爱社中，我们已经看到了戏曲的雏形。这就是已经脱离了单纯的舞乐表演，而出现了构成戏曲基本元素的人物形象、故事情节等等。爱社中已经出现了后来戏曲中的角色分类，如担当主演的大鬼与可视为配角的小鬼。同时，也有了类似于中国戏曲的表演程式，包括其服装、道具等对戏曲的影响很大。其中的面具与后来的戏曲脸谱应该有紧密的关系，脸谱可以看作是由面具演化而来的。直至今天，在川剧中仍然有用面具的变形来表演变脸的技艺。可以说，在傩舞爱社中能够找到今天戏曲的许多基本内容。

第四是对研究中国文化发展的规律性现象有重要作用。中国文化的发展有一个极为突出的特点，即综合性。就是说，在其发展进程中，是多种艺术形式作为共同体存在的。随着艺术形式的不断繁荣丰富，相关的表现方式逐渐独立。中国的文字，最早的形态是书画一体的。所谓"象形字"就是以画为形，以象为意，以字为用。随着文字的发展，画的具象特点逐渐被字的抽象要求超越并独立出来。再如诗歌，其早期是诗与歌的统一体，后来又有词与曲的结合。至元时，元曲成为词、曲一体的艺术形式，并成为中国戏曲的成熟形态。中国的画也是书画同源、同体。中国的音乐则是音、舞相联。而在爱社中，除了我们前面提到的一些特点外，其最突出的一种形式是舞、武相融。在沟北村的爱社中，演出者必须会武术，其中以"小洪拳"为主。虽然流传到韩沟村的爱社，其演出者已经不会武术，但是他们的动作是属于"武术"的，或者说，其架势是属于武术的。这在我们已经发现的表演形式中还是比较少见的，等等。

我对傩舞及爱社没有研究，也没有进行过相关的田野调查等。但是，我知道，今天发现、研究、传承我们民族文化中的这些瑰宝具有十分重要的意义。所幸的是，在我们的土地上，仍然有许许多多的人，不为名利，不求回报，孜孜以求，在做着这种工作。比如这套丛书的编撰者们。正是由于他们的劳动，使我们能够了解民族文化的某种发展脉络，看到先人们的生活、历史、情感，以及他们的信仰、想象、创造。同时，也使我们具体生动地感受到中华文化生生不息的传承与发展。

2014 年 4 月 26 日晚 20：23 于并办

2014 年 4 月 27 日晚 19：16 改于并

文明时代的曙光

——读乔忠延长篇小说《苍黄尧天》

乔忠延生活在山西的临汾市，可以说是当地的地标性文化人。这不仅是因为他创作了大量的散文作品，有较大影响。更主要的是他身处古之"平阳"这样一个历史文化底蕴深厚的地区，对中国古代文化，特别是尧时期文化的热爱与研究。今天的临汾，只是中国众多地级市中的一个。而从中华文明的发展进程来看，其意义与地位则大为不同。所谓"尧都平阳"，就是说当年的尧曾经在此建都，是那时华夏地区的中央地带。随着考古的不断发现，人们对这一地区存留的文化信息有了越来越多的掌握。特别是陶寺遗址中发现的古代城市建制，存留的文字、礼器和青铜器，以及大型祭祀遗址等均证明，陶寺是一座距今 4500 余年的古代都城，具备了一般意义所说的文明形态形成的基本要素。考古学界认为，这里就是当年尧帝所建的都城。所谓尧都之平阳，即今天发现的陶寺遗址。它对我们了解中华文明，特别是华夏文明的形成、发展意义重大。一直以来，由于缺乏考古实证，华夏文明 5000 年的历史受到了许多人的怀疑。而陶寺遗址的发现则为中华 5000 年文明史提供了难以撼动的证据。它不仅为我们揭示了近 5000 年前这一地区人们的生活、生产的基本状况，更为我们梳理华夏文明的形成、发展提供了丰富的实证，对我们认识人类文明的发展规律也具有非常重要的意义。

但是乔忠延并不是一个考古学家，甚至也不是一个历史学家。他只是一个作家，或者说文化人。他的主要工作是把自己感受到的东西转化为文字。有一天，他给我寄来了一厚沓书稿，说是写了一部关于尧的长篇小说，要听取我的意见。但是繁杂的事务工作挤掉了我的业余时间。说实话，我没有来得及阅读他的书稿。可是，似乎就在不日之间，他的小说已经由北岳文艺出版社出版了。出于对他期待的愧疚和自己研究的兴趣，我读完了这部《苍黄尧天》。我佩服作家居然有勇气把这样一种题材转换成一部小说。

说《苍黄尧天》是一部历史题材小说当然没错，但以尧为主要人物的所谓历史小说并不好写。首先是我们今天对尧时期的社会生活还缺乏比较充分的了解。即使有陶寺遗址这样的考古发现，其具体性、丰富性仍然不够。更重要的是，4500 余年前的生活方式，包括人们的吃、穿、住、行，以及劳动方式、生产水平、社会组织等与我们已经熟悉的所谓的"历史题材"是非常不同的。其次是尧时期的历史人物在各种传说、典籍中所言各不相同。要勾勒出那一时期以尧为中心的人物谱系并非易事，因为你不论采用哪一种说法都可能造成与其他观点的冲突。第三是对人物活动事件的设计也存在许多困难。比如尧时曾组织了大规模的观天象的活动，这对人类天文学的发展意义重大。但是在中国的传说中，黄帝时期已有观天象之说。那么，黄帝时期在天文学上解决的问题与尧时期解决的问题有何区别？这种区别又如何转化成文学性的细节？这对作家而言肯定是一个非常严峻的考验。如果过于简单，将使读者感到缺乏真实性。如果过于细致，又可能使读者感到不求甚解。因为它毕竟是文学创作，而不是科普教材。因此，乔忠延首先必须完成一个历史学者要做的工作，就是梳理清楚尧时期，特别是尧前期周围人物的谱系，即尧的出生、周边接触的人物，尤其是史有其名的人物的行状和相互关系；之后，必须对尧的主要事迹有相应的研究和了解。也就是说，他所描写的必须是尧这样一个特定历史时期所发生的事情。其次，他必须努力做好一个作家应该完成的工作，就是把生涩的、错综复杂的史料、传说转化成形象，然后才能进行小说的结构。创作这样的小说，

198

仅靠自己的感觉是不行的，必须对那一时代的社会生活有相当的研究和了解。但是，毫不讳言，《苍黄尧天》仍然保持了小说的可读性，在某些方面对读者来说是具有独特的新鲜感的。比如，尽管我们所说的"历史题材"小说很多，但是，人们仍然很少能够看到描写4500余年前人类生活的作品。这对读者来说无疑是少有的阅读体验。同时，小说比较注重情节性安排。比如在一开始即设计了一个尖锐的矛盾，并由此引发了一系列事件，包括王子放勋由唐侯被贬为平民，之后又受到民众的拥戴，成为事实上的王等等。这种一波三折的结构增加了读者的阅读期待。在人物性格的塑造上，作者也别具匠心。他没有过多地描写不同部族之间的征战杀伐，而是着力表现人物的道德力量，使情节在这种力量的推动下发生逆转等等。总之，通过小说走进先祖的生活对读者来说有许多的期待。

《苍黄尧天》为我们描绘了距今大约4500年前的社会构成。故事的主要发生地在浍河两岸。浍河，中国有两条。一是出自河南东部商丘，流经安徽进入淮河；另一条源出山西翼城县东，西流经曲沃、侯马后注入汾河，这一带正是古平阳周边地区。从小说所描写的太行山、太岳山、盐池等地貌来看，肯定是晋南地区的浍河，而不是河南的浍河。这里的人们聚族而居。小说中提到了所谓的陶族、黎族、狐族、散宜族、商族、姜族等。这些氏族部落似乎与之后华夏地区民族的发展关系密切。而其核心地区是以唐族为主的周边地带，似应在今天的翼城一带。这些不同的氏族互不隶属，均由王族统领，但与今天的行政隶属关系不同。王族与其他各族之间只有简单的统领关系，如可以指派氏族首领如唐侯，可以征调人力与财物，可以到各氏族巡视，拥有重要的生活资源如食盐等及其分配权。王族有办理行政事务的官员，如天官、地官，以及负责修筑王垣的垣理、办理盐务的官员等，拥有自己的武装即卫队。当时的信息传递很不通畅，因而权力控制也比较薄弱。如大王长期不知道尧，也就是小说的主人公放勋到唐族做唐侯后的情况。但这并不为奇，而是当时的一种正常状态。至于像唐族这样的氏族部落，其社会管理机构也很有特色。在氏族中，最高权威是"爷"，由族中有能力、有威望、有智慧的人担任，而不是依靠血缘关系继承。但是小说中王族的王位则是世袭的。这显示出当时社会管理模式的复杂性。除了族爷外，另一个非常重要的人物是"巫首"，负责族内的祭祀、占卜等事务，具有仅次于族爷的影响。此外，还有一位教男子成人的"族娘"。族娘须是族中个头高、身材好、口才利落、善于言谈的女子。她的责任是调教到了成人岁数的男子成为真正的男人。正因此，她在族中受到了族人的尊敬，也成为决定族内事务的重要人物。从这点来看，当时的氏族部落仍然保持着母系社会的某种痕迹。当然，从小说中我们也可以看到，当时的婚姻虽然已经成为类似于对偶婚的模式，但并不是绝对的。小说对这些问题也没有很细致的表现。其中写到了大王有多个妻子，显然不是群婚制，也不是一夫一妻制。在氏族中，除了前面提到的具有全面管理族中事务的成员外，还有负责打猎、耕种、守护族堡、处理纠纷等人员。这一点与今天村的管理模式基本一致。

在这样的社会中，人们生产生活最重要的事务有两点：一是通过占卜来决定族中大事，如是否耕种，是否行刑，怎样治病等等。二是解决吃的问题。小说一开始就是唐爷看到天气渐暖，让族人下种。而族中被视为"魔人"的羲仲却坚决不让族人浪费种子。他根据自己观察天象积累的知识，认为现在虽然气候比较暖，但寒冷的季节即将来临，族人下种不但没有收成，还将毁坏种子。由此，唐爷与羲仲的矛盾次第展开。这说明，当时的生产是以农业为主的。但是，由于对自然规律的认识不够，农业生产的规律性把握得非常欠缺。如何认识天象，并由此而决定农业的生产既是小说的重要矛盾线，也是当时社会生活中急需要解决的重大课题。也由此看出，当时农业生产的效益并不高，还属于比较低级的阶段。除农业之外，另外一个非常重要的生产活动就是狩猎。这时，人们对动物的了解、把握还非常不够，只能在一定的季节里猎获动物以取食。但是，到动物怀孕的季节，就要禁猎，以保证猎物能够正常生产。除了农业、狩猎外，当时的丝织品生产也发展到了一定的程度。小说中的散宜族似乎是一个生产力水平较高的氏族，他们能够生产大量的丝织品，并以此供给王族，换取生活所需。同时，他们对动物的驯养也达到了较高的水平，可以圈养野猪等动物。所以被称为箭王的后羿虽然自视箭术高超，仍然感到散宜族的人比唐族的人精明得多。也正因此启发了放勋，唐族人开始驯养那些体型大、性情温顺的野生动物。按小说的描述，他们首先驯养成功的是驴。这在当时来看，是一次重大的技术革命，不仅提高了劳动生产率，还改变了交通方式，缩短了空间距离。

《苍黄尧天》表现了当时的人们在劳动生产的实践中不断提高自己的生产生活水平。比如小说中写到陶族的宁封子擅于做陶器，放勋就请他给唐族做了许多盛放粮食的瓮。但是这些"陶器"不能见水，遇水则腐。而宁封子在不经意间把陶器掉到了火中，发现被火烧制的陶器很坚硬，这无意中的发现使他们的制陶技术大大提高。放勋的兄长弃因相貌丑陋，曾被弃于野，后被大王领回。他负责姜族事宜，专注于农耕，被后人称为后稷。弃发明了许多农具，如小说中提到的石耜，可以铲土翻地，改善了农业生产条件。人们兴奋地唱道："石耜翻土，播植粟菽。多收籽实，日日饱腹。"由于唐族掌握了天象，汲取了邻近各族先进的生产技术，使农业生产得到快速发展。他们种的庄稼果实饱满，成为各族下种所需的种子，又进而改善了当时的农业生产水平。

更重要的是，小说通过对当时人们生活的描写，表达了他们在特定社会条件下形成的价值体系。我以为最重要的有两个方面，一是关于人与自然关系的价值观，一是关于人与人关系的价值观。随着生产力的提高，人们从渔猎生活进入农耕社会。根据古代的传说，炎帝曾尝百草，以寻找能够让人类食用的植物。同时，他不断地进行尝试，以掌握种植植物的规律。考古发现，在距今 10000 多年前的山西下川一带，已经有

201

了人们食用粟类植物的实证。这正是农耕文明从采摘向耕种转化的时期，是人类驯化粟植物的先声。尧时，农业肯定已经以种植为主。但是，当时的农业种植应该具有比较大的局限。其中最重要的问题就是对自然规律的运行和可耕种农作物生长规律的掌握还缺乏更深入的了解。在《苍黄尧天》中，一个具有贯穿全书的核心情节线即是放勋支持羲仲观天。羲仲因着迷于观测天象，常有异于普通人的言行。特别是他发现了族人还没有掌握的自然规律，更被视为离经叛祖的"异端"。但是放勋以自己的才智敏锐地感到了羲仲正在做一件具有重大意义的事，竭力支持帮助羲仲。羲仲等经过艰苦的研究，终于了解到先人关于季节变换规律的认识有重大失误，并修定出新的年、月、日的基本周期。对天象的了解，以及对自然运行规律的掌握，使唐族的农业生产得到了根本性的改观。这种以农为主的生产生活方式也使唐族乃至周边的人们认识到"天"的神圣性。他们知道，要想有好的收成，必须知道天意，也就是大自然的规律。顺应这一规律，就是顺天意。用放勋的话来说，就是要知天之则，顺天之意，按照天神的规矩来种粟禾。人生活在天中，是大自然的一分子，必须按照天意来播种、收获、狩猎、起居。人不可能违背天意而过上好日子。这些认识，是渔猎游牧文明难以达到的，也是人类进入农耕文明之后，经过艰难漫长的实践才形成的。这对以农耕为主的人们而言尤为重要，以至于成为他们生产生活必须遵循的信条。可以说，后来逐渐完善的所谓"天人合一"的价值观，在这时已经基本形成。

除人与自然的关系外，人与人的关系也是非常重要的。《苍黄尧天》中通过对尧帝，也就是当时的唐侯放勋的描写巧妙地进行了表达。在这样的描写中透露出作者关于人与人的关系，同时也是一种社会理想的追想。放勋是大王之子，才德双修，但年龄较小。相比于其他三位兄长，对接替大王王位来说，有相当的优势。但是由于偶然的原因，长兄挚继承了王位。挚最大的特点就是精明，但大王感到他有些精明得过头。小说比较集中地表现了挚为自己能够顺利接班所用的心思，以及在代父王巡视时处理问题中表现出的机智。但是，挚的这种所谓机智只是局限在我们所说的"术"上，而不是"道"。所谓的"术"，就是具体的办法，是属于技术层面的问题。而所谓"道"，则是规律，属于理想和原则层面的问题。什么是"道"？就是处理问题不仅要讲办法，还要讲其出发点和最终的效果。这种出发点如果仅仅是把问题解决了，就只是一种"术"。而在处理问题的同时考虑其出发点是什么，最终的效果是什么，就是"道"。小说通过对放勋种种行为的描写，表达了一个非常重要的观点，就是人与人的关系应该以德为先。相应地，一个社会如果能够良性运转，和谐共处，也必须依靠德，而不是权术、权势。挚虽然头脑精明，但不顾民生，可以解决一些即时的问题，却难以得到人们长期的拥戴。他靠自己的小聪明继承了王位，但随着他寡德品性的一再暴露，人们终于抛弃了他。从表面来看，放勋有点软弱，有点无能。但他的眼光长远，做事顾全大局，着意民生，因而能够得到人们的拥戴。

对于王位，他完全没有任何想法，不像挚那样时时刻刻牵挂在心。甚至在挚为了自己立威，把放勋从唐侯贬为平民后，他也没有任何怨言。放勋觉得只要对族人好，对大局好，自己的荣辱祸福是可以不计较的。但是，正因为他具有突出的德行，能把民生放在高于一切的位置，受到了周边部族民众的拥戴。小说在下卷比较集中地描写了被贬为平民的放勋回到唐族后，被唐人拥为唐头。他又动员唐族与黎族一起帮助没有男子的狐族收粟，渡过难关。而狐族的人则要帮唐族、黎族做些女子能干的轻巧活。这样，唐、黎二族帮助狐族干重活，狐族帮助他们干轻活，形成了一个互相帮扶、互通有无的"联合体"。用小说中的话来说，就是"联族"。之后，散宜族把他们掌握的养蚕织丝技术教给了附近各族，唐族等又把自己掌握的先进的农业生产技术教给了散宜族等。以唐族为中心的"联族"越来越大。正如小说中所写，"握手联族，你帮我助。日月行天，兴旺联族"。这种部落之间的联合既扩大了社会影响力，也提高了劳动生产力，同时也解决了不同部族之间的困难。由于唐族掌握了大自然运行的规律，农业生产的效率提高，同时又与附近各族在劳动力、生产技术等方面进行互助，以唐族为代表的地区生产力大大提高，生活水平不断改善，社会管理也更加有序，逐渐成为这一带社会生活和劳动生产的中心，对联族各部族有非常重要的影响。而挚所在的王族，由于挚的寡德，渐渐地有才能的官员辞职，政令不通，各族不再向挚示政，而是到唐族请示唐头放勋。放勋成为事实上的大王。正如《帝王世纪辑存》所载，"挚在位九年，政微弱，而唐侯德盛，诸侯归之"。作者通过对曾经的唐侯、后来的唐头、最终的帝尧放勋的描写，表达了自己对理想社会关系的向往。

从考古学的角度来看，人类进入文明时代一般有这样几个标志。如果在考古遗址中发现了城市、祭祀或礼仪中心、文字和青铜器这四个要素中的两个，即可认为这一遗址所存在的文化形态进入了文明时代。临汾地区陶寺遗址发现了规模浩大的城市遗址，大型祭祀坛及众多的礼器，以及文字和青铜器。可以肯定地说，陶寺文化已经是进入文明时代的文化类型。考古学家也认为，陶寺遗址即是尧都平阳之古都"平阳"。也就是说，在尧帝时，华夏文明已经进入了文明时代。所谓5000年华夏文明进一步得到了考古实证。那么，在尧即帝位之前，也就是《苍黄尧天》中所描写的放勋即位之前的历史，可以说是文明的曙光时代。尽管小说并没有描写我们所说的文明时代四要素的出现，但是，那将是不久的将来要出现的事实。乔忠延为我们形象地了表现了先祖，特别是尧帝所生活的历史时期，对我们了解自己的文明史，增强我们的民族认同和自豪感具有十分生动的意义。而在今天，当中华民族处于复兴前夜，对文化复兴的要求也显得更加迫切。小说《苍黄尧天》似乎要为民族文化的复兴提供一种助力，让我们以文学的方式走进民族的历史，了解我们的先人是如何从自己的实践中创造了伟大的文明、灿烂的文化，并形成了帮助我们走到今天以至未来的精神力量。

但是，就小说而言，我也有一些意见。首先是作者在创作前需要将古代传说中诸多问题从学术上研究清楚，然后才能转化为艺术性的创造。这一工作是非常艰难的。许多研究古代历史的学者要弄清这些问题都需要花费极大的精力。如果作者的描写与此不符，就损害了作品的严肃性。而要清楚这些内容就要进行艰难的学术研究，这必将对作者的想象与虚构产生影响和限制，使整部小说显得比较拘谨，那种浪漫的、灵动的、非现实的东西就没有了。小说的题材是传说中的尧。这样的题材本来就具有充满想象力的夸张、绚丽、神秘等品质。但是，目前的小说无论情节结构、人物塑造、叙述语言，包括对人物心灵世界的刻画、对自然环境的描写都以朴实见长，没有神话传说的浪漫气质。我以为这种表现风格事实上有损于对那样一个充满神秘与奇幻时代的表达，也难以表现尧时人类认识自然、适应自然、发展自己的伟力。其次，尧的主要贡献应在其成为尧帝之后。这主要是因为地位的改变使他能够动用更多的社会资源来从事更加宏大的事业。比如他创建了人类历史上最早的天文台来观测天象，这自然比小说中所叙述的仅仅依靠人的经验来观测要先进得多。他主持并直接参与了当时的天文学研究。正是尧时认识到一年有 366 天，这一结论直到今天仍然沿用。《尚书·尧典》中已记载当时中国人已经知道了"二至二分"，即夏至、冬至和春分、秋分。这在人类天文学的发展历程中是非常重要的发现。尧时也修筑了庞大的城市。虽然小说中有帝挚令鲧筑城的描写，但据考古发现，陶寺古城已经建有王宫、贵族居住区、平民居住区、手工作坊区、仓储区、祭祀区等等，是体系完备、功能有别、气势宏大的都城。特别是还发现了众多的礼器、生产用具，表明这时的生产力水平得到了空前的提高，诸如兴修水利工程、打井技术等非常突出。尧在教育方面也有突出的贡献，如注重道德教育、技术教育、礼仪教育等。在刑法制度的建设等方面也有非常重要的贡献。特别是尧的人格品性成为中华民族的楷模。他有仁爱之心、揖让之德、简朴之行，在选贤任能、治理天下等方面都有突出的理念。他禅让帝位与舜，任用的官员如农师后稷、法官皋陶、乐师夔、司徒舜等都尽心为民，恪尽职守。当时的社会可谓政通人和、天下太平，不仅社会安宁，生产力也得到了快速发展，《尚书·尧典》中说，其时"百姓昭明，协和万邦"。司马迁则称颂尧帝"其仁如天，其智如神"。乔忠延本人即有关于尧的研究成果，但是这些内容在已经与读者见面的小说中还没有很好地表现。所谓苍黄尧天，更主要的应该是描写他即位后的贡献。所以我以为，现在的小说只是上半部，即描写王子放勋从唐侯成为尧帝的过程。而更重要的下半部还没有与读者见面，也就是关于尧即帝位后的丰功伟绩还没有写出来。既然已经有了这样的基础，我们有理由期待作者能够把真正的"尧天"告诉大家，用文学来生动地表现我们已经模糊了的曾经伟大的时代。

是时候了，我们应重新审视……

——读《人文太原》并谈我们的历史价值观

　　《人文太原》与读者见面了，这是一件好事。展卷阅读，有许多感慨，有许多启示。其中，一个非常重要的问题就是，我们应该很好地重新审视人类，包括自己的发展历史，并校正我们的历史观。只有这样，我们才能清醒地知道自己是谁，正处于什么样的发展阶段，将面临什么样的挑战，我们该如何面对曾经的自己和将要到来的未来，并寻找到可以激励我们创造新的文明的精神动力。

　　工业革命以来，世界发生了巨大的变化。西方，或者说欧洲的发展突飞猛进。而东方，包括中国处于一种所谓的"停滞"状态。由于新技术的出现和运用，全球性海路的开通，以及殖民地的开拓，西方的经济确实走到了世界的前列。随着西方经济的发展和进步，人们开始重新解释世界，并企图为西方的变化设定一种与生俱来的必然性。所谓的"西方中心论"应时而现。在这样的论述中，有属于比较严谨的学术性思考，但也存在更多的漠视东方以及世界各地文明的问题。他们否认或者遮蔽其他地域文明对人类进步的贡献，漠视或者鄙视欧洲之外的其他民族，努力把欧洲人塑造成一种天生优秀的民族，把欧洲文明描绘成一种将要引领世界发展的所谓的"普世价值"。与此相应的是，东方主义的出现。或者也可以说，东方主义就是"西方中心论"的翻版。其主要特点是否认、遮蔽东方文明的存在，以及对人类文明的重大贡献。在这样的思潮中，世界出现了翻转。东方曾经的辉煌，西方对东方的向往、求寻，以及东方文明对西方的启蒙等逐渐被人遮蔽、遗忘。在人们的观念中，西方真的成了与生俱来的先进优越之地，东方真的成为天生的落后愚昧之处。西方，不仅有发达的经济，还有影响巨大的话语权，以及经济、政治、文化和国际事务规则的制定权。我们不仅被西方的商品所包围，也遵循着西方制定的规则，并按照西方的话语体系解释自己的价值观。许多人把西方的发展模式、社会制度、价值观念视为人类进步的必然选择，漠视和否认其他地区的历史、文化、民族，甚至包括地理环境的差异，漠视和否认其他文明形态对人类进步的贡献。其表现为，盲目模仿西方的社会体制、发展手段等等。表现在文化中，就是自觉或不自觉地采用西方的价值观念，遵循西方的话语体系，按照西方的模式来改变自己。文化的自卑与遗忘，使许多人丧失了自我，迷失了前进的方向，并成为西方价值体系的附庸。

如果说，"西方中心论"只是一种理论的话，那么，在我们的日常生活中也充满了对西方文明的不自觉的追随和崇拜。有人专门研究这种现象的形成，认为在我们的生活中，首先是从审美观的盲从逐渐走向了对历史观的改变，进而发生了价值观的转化。铺天盖地的商品广告告诉我们的是发达国家的商品如何精美，使用者如何具有绅士气质和非同一般的社会地位；占据世界各地影视市场的大片，无论其故事多么曲折引人，其实暗示大家的都是一句话，要在包括美国这样的国家中生活才能使你成功。我们看到的是优美的画面、引人的故事，这些确实是做得很高明。但更高明的是暗含于其中的价值体现。只是我们是在不自觉之中发生了心理和价值观的变化。我们必须承认的是，发达国家的科技水平、经济和军事实力、文化影响力和创新能力，以及建立其上的综合竞争力确实走在了前列。要赶上和超过他们，还需要我们付出更多的努力。同样，我们也必须清醒的是，适合于某一国家和民族的发展模式，并不一定也适合我们自己。比如，欧洲诸国曾经在世界各地建立了几乎遍布全球的殖民地，从而完成了自己的原始积累。但中国肯定不能这样。美国在两次世界大战中，通过所谓的租借法向各参战国提供包括军火在内的庞大物资，从而使自己从债务国变为债权国，为之后的发展奠定了基础。而中国当然不可能只为了经济利益就丧失道义，等等。所以，我们要对自己的历史、文化有理性的认识，对发达国家之所以发达的原因也要有清醒的认识。就世界文明的发展历程而言，我们必须审视自己，不能在别人的话语体系中盲目地附和。

《人文太原》是从人文的角度来回顾太原这样一个地域性很强的区域所形成的人文精神。而所谓的"人文"，其源何至？也是需要我们认真思考的。人文，被很多人认为是西方的产物，甚至认为在中国没有其词源学基础。这当然是违背事实的，是对历史的扭曲。尽管我们在西方话语体系的遮蔽中认为所谓的人文或人文精神、人文主义，主要是指文艺复兴时期欧洲学者为反对教会神学传统的思想。但事实上，在中国的文化中，人文早已见诸典籍，并成为中华文化的基本思想。《易传》成书于战国时期，是孔子及其后人对《易经》的解释。《易经》是中华文化的根，约成于新石器时代。据学者推算，其撰写年代应是距今 5000 年前，或 7000 年前，但其成书应为商末周初。在《易传·贲》中已有"观乎天文，以察时变；观乎人文，以化成天下"的论述。"文"者，其原始意义是指事物表现出来的现象。所谓天文是指自然现象，而所谓人文是指社会现象。而根据这些现象之所以能够察时变、化成天下，乃是人能够掌握天与人的某种规律。所以"文"具有规律性意义，而人文实际也就是强调了人所生存的社会的发展规律。在这里，突出的是作为社会构成的细胞"人"，或者说"人们"。这种思想是中华文化中一以贯之的思想，并不是从西方引进的"新概念"。比如孔子就强调社会要有秩序，人必须遵"礼"。这种礼之所以能够成立，乃是人遵循了内心的道德要求。所谓"仁者爱人"。孟子则强调人性本善，"民为贵，社稷次之，君为轻"，等等。总之，在中国的传统文化中，不论是儒、道、释，都从不同的侧面对"人"提出了基本的要求。文艺复兴当然是人类文明发展进程中的重大事件。其出现乃是新兴的商人阶层对当时欧洲以神学统治一切的"神本主义"的反抗。13 世纪晚期至 14 世纪初的欧洲，主要是意大利佛罗伦萨等处于地中海边缘地带的城市，与东方的贸易便利发达，出现了资本主义的萌芽。新兴阶层对基督教义中对人的漠视、人正常生活的限制，以及人的权利的压榨等不满，向往东方发达的经济、人性的生活，以及繁荣的工商业等，希望冲破教会的束缚，倡导人性，反对神性，呼唤自由，进而形成了被后人称为"文艺复兴"的思想文化运动。其思想文化资源据说是古代希腊和罗马时期的文化典籍。所谓复兴，也就是说要回归到古希腊罗马时期"人"的生活状态。但是，也有学者认为，所谓的古希腊文化是一个虚构的概念。因为即使是那些"西方中心论"者也承认，古希腊的经典著作早已在欧洲失传。现在我们所见到的所谓的古希腊著作是从东方，具体地说是中东地区被发现又转译改写之后重新传回欧洲的。这些学者质疑这种转译改写与原著之间的关系，质疑其能否保持原著的真实性。并且从印刷、书写、纸张等技术方面质疑在书写技术极其落后的欧洲，那些古希腊学者是如何动辄书写数十万字的作品的。这样字数庞大的著作需要多少泥版才能刻写下来，等等。由此来看，所谓的古希腊文明是否确有，还是当时新兴的商人阶层为了自身的利益虚构了一个灿烂的古希腊文明，这些都是需要进一步研究的。无论如何，就文明发展的形态来看，人文精神并不是欧洲所独有的，它至少也是在中华文明中滋生的。但是，随着我们对真实历史的选择性遗忘，就以为人文精神是外来的文化。这就涉及一个非常重大的问题，那就是，我们在"西方中心论"的影响下，失去了对自身文明的正确认知。我们急需要做的是，重新审视我们的历史和文化，还原其本来的真实面目。

《人文太原》有综合、文化、教育、史事、人物诸卷，是对太原区域历史文化的重新发现和再度审视。其初衷即为让生活在太原的人们知道，先人们曾经做过什么，做成了什么，给我们留下了什么，并让人们铭记和珍视，但不是让人一味地陶醉，而是要唤起文化觉醒，凭借历史所赐予的一些底气，携文化自信以肩起开创未来的责任。由此看来，这样一套洋洋大观的新著，其出发点是非常理性的。它不是为了炫耀我们曾经有过多少辉煌，并因此而沉醉，而是为了能够更加清晰地认识我们自己的历史、文化，以及所要承担的时代责任，在唤醒人们文化自觉的同时，增强我们的文化自信，并能够坚守那些仍然闪射着时代人文之光的精神，开创我们新的未来。这套书具有全新的视野。首先是能够把人文精神置于中西文化的交融之中进行审视。其开卷即从中华文化与欧洲文艺复兴的结合来回顾阐释人文精神的内涵，还原了历史的真实面貌。其次是把区域性的人文精神与中华文化的核心内涵统一起来，在总体中探寻具有地域特色的局部，使太原这一区域的人文精神成为中华民族人文精神的助证。再次是把历史与现实有机地结合起来。既有对历史的关照，更有对现实的分析，总体上勾勒出一个比较完整的、延绵永续的精神脉络。特别需要强调的是，这套著作注重独特的地理环境对人文精神形成的影响，比较详细地分析了太原地区的自然形势、沿革变化，及其在中国历史进程中的作用，从而归纳出属于太原的独特的人文特点。在具体的结构上，除序篇予以总体的分析阐释外，各章突出某一方面的特点进行描述。在每一章之前又有类似于总论的文字对某一人文特点进行论述，可以说做到了总分结合、事理相通。而所有的归纳审视均归结为对今天发展的启示，把历史转化为现实的精神动力。

近年来，中国的改革发展日益为世人所关注，也因此引发了反思人类如何发展进步的思潮。特别是国际金融危机对全球发展的伤害，以及中国等新兴国家的进步，使人们对既有的观念发生了转变。包括弗朗西斯·福山这样曾经预言西方资本主义制度是人类发展模式的终结形态的学者也认为自己的判断有问题。大量的重新反思西方文化、资本主义制度，也包括对东方文化的关注的著作面世。有人以为，"西方中心论"事实上已经没有太多的影响力。人类在经历了更多的挫折和努力之后，

211

读书与论史

开始重新回归理性。但是，我们并不能因此就认为，前行的路途已经一帆风顺。事实是，我们自己的文化理性仍然不够自觉，文化自信心仍然没有很好地确立。中国的改革发展进入一个非常关键的历史时刻，需要我们在认清来路，重新发现民族的美好的同时，也必须认清自身存在的问题，学习借鉴他人与我有益的元素，从而进一步强化自身，壮大自身，发展自己。

是时候了，我们应重新审视！

中外交流史中由山西人撰写的四部著作

　　了解中外交流是认识人类文明发展和演进的重要渠道。在早期的交流中，主要有这样几种形式。一是贸易。最有代表性的是丝绸之路，开通了从东方到西方的大商道。虽然这种贸易主要是中转性贸易，少有从中国直接到达欧洲，或者从罗马来到中国的商人，但它无疑沟通了东方与西方，连接了中华文明、波斯文明和地中海文明，并影响到非洲等地区。二是宗教。如汉代佛教的传入，唐代景教的传入，明清传教士的传教活动等。三是战争。如雅利安人东征、亚历山大东征、北匈奴"上帝之鞭"阿提拉在欧洲的征战、唐高仙芝751年恒罗斯战役等。四是使节。如公元166年罗马使者到达中国，张骞和甘英出使西域等。在这诸多的交往中，虽然并不能分得非常清楚，但大致如此。其中一些见于史籍记载，另一些则靠传说留给了后人。至于给后人留下文字记载的并不多。一些著作后来非常可惜地遗失了。如唐时一位名叫杜环的士兵在恒罗斯战役中被黑衣大食所俘，流离西亚数十年，后经海道还国，曾著《经行记》一书。虽然我们还能在《通典》等典籍中看到一些杜环的记述，但原书已经遗失。在那些留下来的非常稀少的著作中，起码有四部是山西人所作。

　　由山西人撰写的最早的一部关于中外交流的文献是法显的《佛国记》。法显，山西平阳人，他的生卒年代已不太清楚，约为公元338年—423年。法显于晋安帝隆安三年，即公元399年从长安出发去印度寻求律藏，前后达 14 年之久。当时他已 62 岁。与他同行的有慧景、慧嵬、慧应等 10 人，他们当中有人或返回，或分道而行，或去世，所谓"同行分披或留或亡"。经流沙，到达印度北部，后又到斯里兰卡留住两年，取得《摩诃僧祇众律》《弥沙塞律藏》等佛经。晋安帝义熙八年，即公元 412 年从海路返国，在风暴中误至今山东青州，后至南京的道场寺开始译经。后又至湖北荆州，即今之江陵县辛寺。《佛国记》多称为《法显传》，又名《历游天竺记传》。该书记录了法显等人游历沙河以西 27 国的经历，具有丰富的第一手关于当时历史、文化、地理、宗教等诸多方面的资料，具有十分重要的文化意义。1836 年，雷慕沙译为法文，后"外人译注者相继辈出"（阎宗临语）。它可以说是一部具有重要国际影响的文化交流史著作。需要提到的是，法显在斯里兰卡王城科伦坡北的寺庙玉佛旁，"见商人以晋地一白绢扇供养，不觉凄然，泪下满目"。这里的"晋地"不知是否应解释为"晋"，即山西，亦法显的祖籍。如果解释为"晋代"的"晋"，大概是不通的。从这里也可以看出山西历史上是丝绸的重要产地之一。也正因为是山西——晋地所产的白绢，才能使法显这一"晋人"在离国别乡 10 多年后"凄然泪下"。《佛国记》是佛教史上的重要典籍，更是中国人自己撰写的中外交流史上的重要典籍。几乎可以说是中国人自己写的第一部关于中外交流的开山之作。唐义净曾说："法显师则创辟荒途，奘法师乃中开正路。"历史上僧人西去取经的事不胜枚举，法显则是开先河者。

另外一部由山西人写的中西交流的著作是樊守义的《身见录》。樊守义，康熙二十一年，即公元 1682 年生于山西平阳府绛州。后入耶稣会，随传教士艾若瑟至北京。17 世纪末"礼仪之争"起，罗马教皇派人来中国处理纠纷。但由于其蔑视中国文化，态度蛮横，条件苛刻，被康熙帝拒绝。同时，康熙帝先后派出两批来华传教士赴罗马，作为中国皇帝的使节向罗马教皇说明情况，期望能够解决"礼仪之争"的纠纷。樊守义即是康熙帝派出的第二批使节。他随传教士艾若瑟于康熙四十六年，即公元 1707 年从北京至广州出发，经澳门，过马六甲，至好望角，到巴西，最后到达葡萄牙，后到罗马。康熙五十八年，即公元 1719 年，樊守义与艾若瑟返。至好望角，艾若瑟病故，樊守义独守艾氏亡灵回国。回国后，樊守义受到了康熙帝的接见。他前后去国达 12 年之久，由于国人多向他询问欧洲的风土人情，于是樊守义于 1721 年夏作《身见录》，记录了他的一路见闻。该书不知为什么没有刊行，而且原稿藏在罗马图书馆内，夹在《名理探》一书中。阎宗临先生于 1937 年在罗马图书馆见到该著的原稿。

以上两部书有一个共同的特点，即是由当事人亲笔所写的自己在欧洲和西域的亲身经历。在中外交流史上，还有两部早期的著作也是由山西人所作。不过作者并非亲历国外的当事人，而是根据史料进行的再创作。巧的是这两个山西人是兄弟俩，其中一部是刘祁所作的《北使记》，另一部是其弟刘郁所作的《西使记》。他们是山西浑源人。

刘祁所作的《北使记》记录了金国礼部侍郎乌古孙仲端携翰林院待制安延珍出使北朝，即蒙古的经历。因金称蒙古为北朝，故书名为"北使"之记录。13 世纪初，成吉思汗进攻中亚，蒙古大将木华黎与金国作战，攻城略地，深入到今山西、河北、陕西等境内，对金形成极大的压力。金主完颜珣感到局势严重，于兴定四年，即公元 1220 年 7 月派乌古孙仲端使北朝。初谒木华黎，1221 年夏觐见成吉思汗。对金国的请和，成吉思汗没有答应，出使的任务并未完成，乌古孙仲端于 1221 年 10 月返回复命。他先后到了今天的阿富汗、印度、吉尔吉斯斯坦等地，均为中亚地区。刘祁，字京叔，是乌古孙仲端的朋友，并没有随他出使北朝。他生于金泰和二年，即公元 1202 年，卒于公元 1250 年，与其父刘从益、其弟刘郁均为金元之间的名家。刘祁留心时事，著有《归潜志》，《北使记》即是其中的一种。

《西使记》由刘郁所著，刊于王恽《玉堂嘉话》中，曾被法国人雷慕沙译为法文，被俄国人孛勒斯齐纳德译为英文。刘郁，字文季，曾奉召拜监察御史，能文辞，工书翰，别号归愚，卒年 61 岁。成吉思汗于 1227 年死后，旭烈兀继续西进，先后消灭波斯的木乃奚，征服"报达帝国"，占领了叙利亚，建立了伊儿汗国。元宪宗九年，即公元 1259 年，常德受命西行，前去慰问，从蒙古和林出发，至中亚，历时一年又两个月，于 1260 年返回。常德的情况后人不太清楚。1263 年，刘郁将他出使的经过记录下来，写成《西使记》一书。常德先后到达今乌兹别克斯坦、里海、德黑兰、麦加、印度等地。《西使记》的篇幅较《北使记》为长，常德所到的地方也比乌古孙仲端多。他们所处的时期接近，对中亚的了解填补了中外交流史上的空白，具有非常重要的历史和文化价值。

阎宗临先生曾专注于中西交通的研究，掌握了大量的第一手资料。他的学识丰富，治学严谨，非我们后生所能比。在他的《中西交通史》一书中对以上四部著作都做了笺注，从中可见他治学的一斑。今天我们之所以要旧话重提，不是为了炒旧饭，而是要人们了解山西在历史上并不是一个封闭的地方。在古代文献中，关于中外交流的著作不能算多，而元之前的更是凤毛麟角。但尽管如此，山西人还是写出了最少四部非常重要的著作，对中国的对外交流做出了非常重要的贡献。除了这些文献记录外，山西实际上处于中外交流的重要地带。山西是丝绸之路东延段和北路的重要物资供应地，如丝绸、生铁、陶瓷等。山西也是内地物资运往西方的重要通道，如在大同等地开设的茶马古市、晋商的驼道等。山西也是中外文化交融的重镇，是农业文明与游牧文明交融、中华文化与西方文化交融的重要汇集地。特别要提到的是，由山西人撰写的介绍外来文明，包括中亚和欧洲文明的著作一直不乏其人。后来如寿阳人祁韵士所作的《西域释地》、忻州人徐继畲的《瀛环志略》等都是非常重要的著作。

2007 年 12 月 23 日—2008 年 1 月 20 日作于并州

仰望的灵与性

——读杨平《仰望三关》及其他

　　忻州的同志来，说他们出了一本关于"三关"的书，想组织一个首发式，希望我能参加。老实说，我对他们说的书没有太在意。这些年来，各地都出版了不少关于本地历史人文地理的著作，有的更是十几本一套，规模很是庞大。为一本书费那么大的劲开会，似乎没什么必要。当他们把书放在我的面前时，不觉心为之一动。书的装帧设计典雅大气，浓重的中国红洋溢着一种端庄与活力，夕阳下山峦中残存的古建遗迹又散发着时间的光彩，以及历史的魅力。它是厚重的，让人感到沉甸甸；又是张扬的，给人以生命的坚韧与无尽的活力。它有历史感，又不乏现代意识；植根于我们脚下的土地和人文，却又向往着美好的未来与希望。而其中的文字，则让人感受到作者生命的跃动，是优美的，充满了灵性的，却也是严谨的，经得起推敲与考证。在这字里行间，流露出我们对既往无尽的追思、回想，也感到对未来的信心与责任。而其中的照片，用杨平自己的话来说，大部分是她拍的，也令人神往。这些照片，用镜头为我们记录了以"三关"为中心的历史，以及历史中的今天。它们是文字的补充、丰富、再说明，是《仰望三关》不可或缺的重要组成。这可真是一本书。

　　看作者介绍，杨平，竟然是一个时尚美艳的女孩。在今天这样的时刻，还有这样的时尚美女来做这样的事情吗？而她除这本《仰望三关》外，竟然已经出版了《人文晋城》《曾经的优雅与辉煌——上党梆子与古戏楼》两部关于山西历史文化的著作，还有《西湖新翠》等作品。在首发式上，播放了一些杨平在"三关"地带采风的照片。她与当地的老农一起席地而坐，与古建遗迹一起散落在塞外的阳光下，与同行的人们矗立在天地之间，用镜头对准大地与天空……无论如何，她是一个中心、一个亮点，甚至像一个侠女、一个骑士，是一个与那里的历史、人文、地理并不相同的影像。但你总会感到，她的心与旁边的老农，那些脸上雕刻着岁月的皱纹，手上肯定打满了老茧的人是一体的。她外在的时尚与内心的或淡然、或宁静、或专注完美地统一起来。历史与现实就这样奇异地融合在一起。而在会前见到她本人时，却让人感到她并不像一个侠女那样勇敢，一个骑士那样健壮。她不像山西人，不像晋地那些黄土地上生长的女子，而更像西子湖畔的江南娇女，显得有些柔弱，有些消瘦，甚至有些……憔悴，正如会上一位了解她采访创作情况的人所言。然而，她并没有说她自己的创作如何艰辛，她的文笔如何优美，或者她对时尚、服装的见地。她说的是铁马金戈的战场，是悠久苍茫的历史，是汉武帝与隋炀帝，是白登之战、马邑之役、土木之围，以及长城、烽火、边塞，辽阔的草原和充满了温暖的土地。她甚至感谢忻州，感谢山西给了她这样的机会，并在创作中感到了难以言说的幸福。她说她最痛苦的不是采访的艰辛、写作的劳累，而是在看到那么神奇的文化正在消失时的纠结与痛心。她觉得，这些很可能消失的东西是那样美好，让人尊重，甚至牵挂。在《人文晋城》的序中，她写道：没有了父母忘我的情感的支撑，失去了与村里最亲密的关系时，"隐约地害怕与这个地方生疏了，更恰当地说恐惧自己像一个断线的风筝飘摇不定，失去根基和对这份乡土的依恋。……忽然觉得这沉沉的山是温馨的，宁静、不平坦的街道是温馨的，原来的一切变成了可感知的甜蜜。我意识到自己骨子里沉积着对家乡的一份眷恋。世界上有很多美妙的地方，却没有一个地方比自己的家乡更加亲切和让人依恋"。我想，这种依恋不仅仅是源自自己的父母，以及由父母而及的家乡，而是潜伏在她内心深处关于人、民族对自己从何处而来并向何处而去的深深的带有原罪感的忧虑,是对我们文明根脉断裂的忧虑,以至于成为"断线风筝"的恐惧。于是,她通过各种途径开始重新认识自己的故乡,并"一头扎了进去。这一扎不要紧,如同打开了一座宝库,家乡所拥有的宝藏,让我无比震撼"。于是,她仰望"三关",映入眼帘的或许只是一个令人感叹的历史景观,留给今人的或许只有叹服和惊异。但留给昔日王朝的却是千年惆怅和永远难以平复的伤痛与哀痛。"这关,这痛,便是这世界的风流,与山川同在,万古长存。"

就是在这样的"痛"中,杨平持续着自己的寻访、研究、创作,并渐渐地对自己的家乡,对这苍茫的历史,以及由此脱生而来的人萌生出"敬"与"仰"。如果说,在创作《人文晋城》时,杨平更多的是用置身事外的理性的眼光来描述自己家乡的人文历史的话,在《曾经的典雅与辉煌——上党梆子与古戏楼》中已经表现出自己对"曾经"的存在而今天已经淡化甚至消失了的历史的伤感与激情。而在《仰望三关》中,这种伤感与激情则表现得更加浓烈。这种浓烈来自她对这一方土地历史、人文的寻访、了解、思考与感受。《仰望三关》是一部关于三关——雁门关、宁武关、偏头关及其地域中历史文化进行重现的著作。随着时光的流逝,这些曾经的典雅与辉煌正慢慢地消失在人们的视野之外、记忆之中,但还隐隐地蛰伏在人们的血液之底、心灵之内。如果有一天它们终于从我们的血液与心灵中出走,我们民族的根脉也将迷失,甚至中断。而今天,让更多的人知道、认同、追思这些如同烟云般飘散、飞荡的历史,就显得更加急迫,更加重要。这不是一个人的写作,而是一个民族的责任。我们是谁?我们从哪里来?我们曾经做了些什么,又留下了什么?我们将往何处去?这也许不仅仅是一种形而上学式的概念性记录,而是重铸民族心灵与魂魄的努力。

杨平首先必须弄清楚自己要表述的对象到底是怎么回事。从某种意义上来看,其最基础的工作是一种学术层面的了解与研究。这并不轻松，要从浩如烟海的文献典籍中探寻到三关地域中直至今天仍然闪光的东西，就如同大海捞针一样艰难。而杨平并不畏惧，从她每一部著作的附录所罗列的书名中，我们可以看到她查阅了大量的史料。要不是能够阅读她诗一般充满个人情愫的文字，而仅仅看她的参考书目的话，我们会以为这是一些学术著作。事实上，学术品格也是她创作中的重要追求。她要进行大量的考证，比如年代，比如地名，比如人名，比如官职，比如事件等等。她写道："第三任皇帝拓跋焘（太武皇帝），不负其祖父'成吾业者，必此子也'的赞美，军事、外交都颇有建树。他英勇好战，不断扩大北魏版图：十多次北伐柔然，使其陷于万劫不复之地；率领3万轻骑，突袭风沙中夏国都城统万城（今陕西榆林地区北），从马上坠地，仍继续战斗……北定后，又亲率60万大军，分五路长驱南下，实现'饮马长江'的愿望。"她的语言是文学性的，充满了诗情。而她的内容则是学术性的，非常严谨，以至于要说明拓跋焘的官职、事件、征战的次数、用兵的人数、古今地名的不同等等。除了这种烦琐细致的考证之外，还有一个对历史重现的问题，即作者能否真实生动地把已经成为过去并被时间湮没的历史为我们描述出来。显然，在这一点上，她是成功的。更重要的是，她在对历史及其人文的研究了解中，对一些已经成为人们习惯性定论的人、事进行了重新的解读。比如隋炀帝杨广，一般而言，对他的评价是横征暴敛、骄奢淫逸，因而造成了隋朝的覆灭。而杨平则在历史的深处对隋炀帝进行了重新解读。她说，隋炀帝杨广规划了帝国庞大的公共建设项目，并亲自与他的大臣一起巡视监督：605年，征河南、淮河民工百万，开挖洛阳至江苏盱眙的通济渠，沟通黄河和淮河；同年，征淮民10万，开自山阳（今江苏淮安）至江都（江苏扬州）的水道（邗沟），连通淮河与长江；608年，征河北民工百万，挖从黄河北岸至涿郡（今北京）的永济渠；610年，诏修江都对岸的京口（今镇江）至余杭（今杭州）江南河（大运河）800余里。608年，发丁百万修筑长城，次年发民60万再修，617年仍修……并亲自巡视工程。"英俊威武的隋炀帝，不仅行事洒脱决断，爱好诗文，与佛教人士来往自如，且爱彰显英雄气概，喜好旅行办公，带着他的心腹大臣，下江南，巡北疆，东奔西走，乐此不疲。即位的第三年，决定亲自去安抚降服的番夷。春天，带着浩浩荡荡的护卫部队，出雁门关，到达马邑（今朔州），抵榆林，再过云中，到达启民可汗的牙帐（今蒙古乌兰巴托），慰问和接受可汗的朝贺后，入塞返回。第二年，他再出塞，抵五原郡（今内蒙古乌拉特前旗西至杭锦旗一带），巡视长城建设。"在杨平的笔下，隋炀帝是一个兢兢业业、意气风发、志向远大，想干事，急于干事，雷厉风行、亲力亲为的实干家。而且，客观地说，隋的统一，以及其在基础设施上的努力、与周边少数民族之间的关系和缓等为大唐盛世的出现奠定了坚实的基础。要得出这样的结论，人云亦云不行，简单草率更不行，必得下大功夫进入历史，才能重新发现历史。

但仅仅这样就会使这些作品成为学术性著作，这对读者而言是严酷的。因为普通的读者不一定喜欢这种学术性非常强的读物。而杨平也并非史学专家。她的任务不是重写一部关于"三关"的历史学专著，她需要通过自己的文字来感染更多的人，吸引更多的人，让更多的人通过自己的创作了解历史、回到历史，并从中汲取前人奋发有为、励精图治、激扬向上的精神与品格。杨平肯定进行了学术性的研读，但她并不局限于此。在对历史的回顾中，她投入了自己的情感、性情，表达了自己的爱憎、喜好。历史不再是客观的、冷静的、从容的，而是充满个人心性的、融化在写作者情感表达之中的、洋溢着人的爱憎的表达。这其中有作者对民族历史的尊重与仰慕，有作者对被现实唤醒的历史人文的评价，以及对这些渐渐被时光淡漠的"过去"的切肤之痛。我们读到的是被杨平个人情感化了的历史、个性化了的历史，是饱含着景仰之情描述的历史。作者不仅参阅了大量的典籍文献，还走访了当地的专家、老乡，感受塞上苍茫的风光、辽阔的天宇，以及在夕阳下仍然透露着生命光辉的断壁残垣、虽然充满沧桑却依然挺立的古建筑，并遥想着昔日的繁华。她似乎在探寻着、追问着，是什么造就了这曾经的伟大、辉煌？为什么我们对自己的历史与文明渐渐淡漠？在现代化的大潮滚滚向前、席卷一切的时刻，我们能不能重新发现自己、找到自己，以及自己的文化之根？对这些问题的思考是痛苦的，但也是非常重要的。我们不能让世俗的眼光遮掩先人创造的历史，不能因眼前的功利遗忘了曾经的源流，更不能企图盲目地走向自己期待的美好未来。所有这些，都让人感动。我们并不是仅仅进行了一次历史知识的重读，并不仅仅为了自己能够说明在这样的地方曾经发生了什么。我们需要体验，体验我们民族的血脉与精神。我们需要思考，思考曾经的一切，以及我们的未来。更何况，杨平的文字是那样优美，具有美的感染力。"北宋帝国的文明、繁荣和优雅，点燃了远在东北原始森林深处一个并不起眼的民族部落对威严、显赫、文明生活的渴望——就像他们从茫茫林海中走出来的使节在向宋朝进贡时，在汴京城里看到的一样。这个与先进文明接触过程中，萌发强大欲望的民族，就是后来野蛮扫荡宋都城并灭亡北宋的女真族。"这是她关于女真族出场的介绍。"当我们今天走在偏关的长城上、废弃的军堡里，除了身心感到震撼，则是对建设这人类最伟大的建筑之一的祖先无限敬佩，对在这些遗迹衬托下的美景无限感慨：江山原来如此多娇，让无数风流人物竞折腰！"这是她对黄河拐弯处偏关一带自然人文景观的感叹。而这样的文字在她的书中随处可见，并成为一种文学表达的风格。

据说杨平是山西晋城人，不知道是哪个县的，也不知道她为什么到了南国的杭州，更不知道她为什么就对自己的家乡生发出如此强烈的情感与兴趣。我所知道的就是这些书，以及书中所透露出来的内容、情愫，还有应该从道义上对这样一种写作表达自己的支持与肯定。当很多的人在忙忙碌碌中奔波时，还有像杨平这样的人在执着地、投入地做一件超越了功利意义的事，还有人在苦苦地寻找、守护我们的文化。这是我们的社会能够进步的希望，是我们的民族能够发展的根脉，是我们之所以能够认清自己，并保持着对未来美好向往的力量。对那些今天仍然在默默地以各种方式传承着我们伟大民族文化血脉的人们，我想用这些文字来表达自己深深的祝愿！

2012 年 7 月 23 日于太原

被遮蔽的话题

——读《十八世纪中国文化在西欧的传播及其反应》

在人类发展历程中，18 世纪是一个非常具有典型意义的时期。一方面是在东方，中国在农耕文明的发展中达到了最为强盛最为完美的境地。另一方面是在西方，工业革命的出现迅速地改变了欧洲分裂、落后以及由此而长期存在的战争状态，并且以其飞速发展的生产力使东方，特别是中国落在了世界发展进步的历史车轮之后。中国的天朝心态被残酷的现实打得粉碎，并且步入了"落后就要挨打"的不幸历史之中。实际上工业革命是一道分水岭。岭的那面是无限风光，人类正在大踏步地前进；而岭的这面则是难以跨越的徘徊、摸索和一次又一次的探寻。只是这一探寻的时间过于漫长艰难，以至于人们在 200 多年的时间里对历史发生了许许多多的误解、重说，许许多多的真相被强势话语所遮蔽。事实上人类的话语权与所拥有的经济、政治乃至于科技的实力是具有非常重要的联系的。强势话语与强势经济等密不可分，因而就出现了所谓的"欧洲中心"观念。对于人类历史，对于人类责任，都是从"欧洲"这一中心出发来言说的。

现在有许多关于中外文化交流的书，大多都是以丝绸、茶叶和瓷器作为中国文化的象征来言说的。事实上在这样的论述中，中国文化的意义和价值已经在无形中遮蔽、贬损了，可以说是在所谓的"欧洲中心论"的阴影下的话语重复。近读严建强著《十八世纪中国文化在西欧的传播及其反应》，忽然发现了被强势话语所遮蔽的一些历史真相，那就是在 18 世纪前后，在分裂、战争和落后的欧洲，曾经兴起一股强劲的"中国热"。富裕的、统一的、强大的、文明的东方中华帝国的种种被西方传教士、商人、外交使节等带回了欧洲，使欧洲人知道了世界的另一方——东方的真实存在，并"睁开了眼看世界"。那些在人类历史上产生过重要影响的有识、有志之士们开始用东方的思想、文化、政策来寻求改变自身落后状况的尝试。就如同在 19 世纪末到 20 世纪末，以至于今天，在东方中国有许许多多的人企图通过学习、了解西方来寻求解放和发展之路一样。

18 世纪在欧洲兴起的"中国热"主要表现在这样几个层面上。首先是在生活用品上，如丝绸、瓷器、家具，各种装饰品等。这是最表层的内容。其次是在生活方式和审美情趣上，如中国园林建筑的兴盛，对农业的重视，"洛可可"风格的形成等等。再次是对中国政体和经济政策等直接关系到国计民生的问题的研究和借鉴。如法国重农学派强调要学习借鉴中国的农业政策；英国则更加关注中国这一广阔的市场，并且对中国社会制度中的优秀成分进行学习，如他们非常赞赏中国的科举考试制度对优秀人才的发掘和使用等等。最后，也是最重要的，他们对中国的文化、文明有着非常浓厚的兴趣，如中国的统一、中国的道德观、中国的语言、中国的哲学等等。可以说当时欧洲最重要的思想家如培根、笛卡尔、莫尔、孟德斯鸠、伏尔泰、莱布尼茨、康德等都对中国进行了比较深入的研究。虽然他们的观点不一定一致，结论也可能相左，但对中国的关切是不可否定的。

让今天的人们知道欧洲历史上曾经发生过的"中国热"，并不是像阿 Q 一样为了证明"祖上比你们阔多了"，而是要还原一种历史的真实，了解中华民族对人类文明的贡献，并增强我们的民族自信心和文化自觉意识。同时，也是为了让我们知道，在人类发展进步的漫长历程中，任何一个民族的文化都有我们可以学习和需要的内容。在一定的条件下，某种文化对我们的进步有着重要的意义；而在另一种条件下，这

225

种文化的进步意义则不再存在或不够明显，需要革新自变，学习借鉴新的另外的文化。文化的多元并存和交流融合形成了新的文化，并推动了人类自身的发展和进步。

郎世宁的课题……

——刘淳《中国油画史》及中西文化交融的一个侧面

在中西文化交流史上，郎世宁是一位十分重要的人物。不过，他与利玛窦等人不同。利玛窦的意义最主要体现在方法论上。这就是说，一种外来文化进入本土之后，是否需要采用适应本土的传播策略至为重要。回顾中国的历史，外来文化的传入如果要取得成功，基本经历了一个适应本土文化的过程。如佛教的传播就是本土化最为成功的一个范例。今天，我们已经很难简单地说佛教是外来的。在很多情况下，人们似乎更可能在潜意识中把佛教看作是一种自己的"传统文化"。也就是说，这种说法暗含了佛教的本土性意义。利玛窦的意义就在于传播基督教的过程中能够适应中国本土文化的要求，所以他取得了极大的成功。但是，由于基督教自身的保守性，以利玛窦为代表的传教活动也终于失败。这种失败反映了基督教文化的僵化，而不是中国本土文化的包容性不够。在基督教传教过程中，出现了很多非常重要的人物，郎世宁就是其中的一位。但是，郎世宁的影响并不在于教义的传播方面，而是因为他是一位受清王室信任与重用的西洋画师。在刘淳的《中国油画史》中，特别介绍了郎世宁在西洋油画创作与中国文化之间的关系。单纯就绘画言，郎世宁表现出某种方法论意义上的价值。但是，就油画技巧及其所反映的文化交融言，郎世宁却成为一个中西文化交流融合的课题。这是油画传入中国后，历代艺术家必须面对的。

郎世宁，意大利传教士。其意大利名为 Giuseppe Castiglione，于

1715 年 11 月到北京，为当时供职于内廷的教士。虽然是传教士，郎世宁却具有良好的油画艺术水平。如果他一直在意大利的话，也许就是一名普通的能够创作油画的基督教教士。但正是由于他来到中国，当然也受到了中国文化的影响，使他的艺术创作发生了变化——"这位欧洲传教士画家主动放弃了欧洲油画的传统材料和方法，而是以熟谙透视、明暗和色彩等方法进行全新的尝试……更多的是将西画画法融入中国画"。刘淳在《中国油画史》中介绍说，他"使中国宫廷绘画在审美上发生了变化，在长达半个世纪的历程中……成为 18 世纪中国宫廷中最大的御用画家并取得了令人瞩目的荣誉，在整个世界艺术史和宗教史中都被列为重要人物之一"。他将中国传统绘画笔法与欧洲写实主义风格融合，采用中国绘画材料，用西画技法处理画面，创建了独特的绘画风格——以油画为本、中国画法为辅的中西结合新画法。虽然就郎世宁而言，取得了非常重要的成功。但实际上也隐含了许多的妥协、痛苦，即中西融合新创的理想目标到底是什么？这一问题成为中国艺术家从事油画创作，探索中西艺术融合的历史性课题。

刘淳的《中国油画史》最早于 2005 年由中国青年出版社出版，其间又多次印刷再版。2016 年，经过作者增订后再一次出版。从史的角度言，这部著作是比较全面系统地梳理中国油画发展历史的重要成果。首先，它比较完整地勾勒出油画传入中国及其之后的各个历史时期的发展情况。其次，在介绍艺术家、作品的同时，也非常注重介绍油画艺术的教育、社团、流派、思潮等相关情况。再次，还特别介绍了许多在油画发展史上比较重要，但被后人忽略或遗忘了的艺术家，因而显示了作者在掌握史料、把握历史等方面付出的艰苦努力。此外，在这部著作中也显现出作者敏锐的艺术鉴赏力，能够用简洁的语言对活跃其间的艺术家做出准确的判断。不过，这并不是这部著作最重要的特色。能够做到这样几个方面，也许是一部"史"著的基本要求。刘淳最突出的贡献是把油画艺术的发展置于社会文化的大背景中分析观照。特别是在中国特定历史时期中西文化交流融合的现实场景中进行讨论，使他的《中国油画史》显现出不同于一般史著仅仅满足于线性平面介绍的独特品格。

　　介绍中国油画的发展历史，首先要解决的一个非常重要的问题就是，中国传统艺术中有没有油画，甚或油画发源于哪里？这个问题虽然并不是刘淳刻意要阐释的，但因为与油画艺术的发展关系极大，在他的著作中也涉及了。这就是随着油画的传入，在几代学人之间存在的油画"本土说"与"外来说"的争论。如果回顾中国艺术的发展历史，很早就有使用"油彩"作画的现象。如新石器时代就有油彩作彩绘陶图案的作品。《周礼》中已有"碧油笼之"的记载，并发展出"罩明"与"厚涂"等画法。在中国画传中，如张彦远的《历代名画记》中即有许多著名画家绘制油画。持这种观点的主要是"原生说"，认为油画源自本土，并传入欧洲。还有一种观点则强调西来。但是，这里强调的西来至少在秦时已经出现。《拾遗记》中介绍，秦始皇元年，有骞霄国来献一位叫做"裔使"的画工。他画的山水、百兽十分逼真，其中有"使以淳漆"的技法，被认为是油画传入中土的肇始。之后的漫长历史时期，不断有外来艺术，特别是绘画艺术传入内地，如佛教绘画等。著名的于阗画家尉迟跋质那、尉迟乙僧父子，就被认为是引发中国内地画风变革的重要人物。他们由西域而来的晕染法，能够表现出光线的明暗凹凸，丰富了绘画艺术的表现力。尽管这些观点言之有理，考之有据，但与我们所讨论的"油画"并不是一回事。它们能够说明的是，中国传统艺术中，很早就已经有了使用油彩与大漆来绘画的技法。虽然康有为认为西洋油画是马可·波罗从中国带回去的，但这种说法还需要得到更多的实证来支持。

　　至于我们在一般意义上讨论的油画是什么，刘淳在他的《中国油画史》中指出，油画是在 15 世纪 30 年代尼德兰画家凡·艾克兄弟发明了油画技法后，才创造了真正意义上的"油画"。这就是说，在此之前，欧洲也同样不存在我们所要讨论的"油画"。这就界定了我们所说的"油画"的内涵与外延。我们所要讨论的"油画"并不是史籍中记载的那种使用了油彩的绘画，也不是这种绘画材料的体现，更不仅仅是一种技法，而是包括这些传统及使用材料在内的新的艺术理念指引下出现的绘画艺术。它从 15 世纪诞生以来，有 500 多年的历史。其传入中国，正是在 16 世纪后期，西方传教士进入中国之后。最初的油画，并不是作为艺术传入的，而是作为传播基督教教义的工具传入的。而后来包括郎世宁在内的西洋画师能够在内地中土受到重视，更主要是因为他们是画师——艺术家，而不是教徒——传教士。郎世宁来到中国后，一方面把西洋画法传入内地，另一方面又"孜孜不倦地学习中国传统绘画"，创建了独特的风格，开一代新风。从某种意义讲，郎世宁是一个融中西艺术于一体，且形成了新的艺术风格的具有重要意义的艺术家。就中西文化的交流融合言，他与较早的利玛窦等在方法论上是一致的。这就是既坚持了西方文化的特点，又适应东方文化的要求，从而使文化出现了新变。而在中国美术领域，这种现象将一直延续下来，在不同的历史时期又有了不同的表现。

　　随着油画艺术的传入，西方科技、宗教等也陆续进入中国。从 16 世纪以来，东西方文化的交流融合成为人类文明史上的一件大事。中国的经济、科技、文化，以及社会治理模式，特别是人文精神对西方欧洲产生了重要的启蒙作用。而西方的科学技术、文化艺术同样也对东方中国产生了影响。相对而言，西方是主动的、积极的，东方则是被动的、消极的。这是因为在那一时期，东方仍然呈现出兴旺发达的态势，而西方则迫切要求改变自己。不过，更客观的看法应该是，东西方之间有一个相互影响、相互启蒙的问题。在这样的交融之中，后起的西方由于自身的迫切性，接受外来影响的自觉意识更为突出，也因而引发了更为剧烈的变革，直至先后发生了农业革命、宗教革命，以及划时代的工业革命。西方后来居上，反而引领了世界发展的潮流。中国则从长期的发达中跌落，成为落后者、被动者，被迫走上了工业化、近代化的历史轨道。在这样的大反转中，中国的有识之士开始寻找救国救民的良策，进行了种种艰苦的努力、探索。其中在艺术领域也有极为明显的表现。刘淳在他的《中国油画史》中非常详细地勾勒了中国艺术家的这种追求。这就使这本《中国油画史》不再仅仅是一本关于油画发展历史的著作，而是从油画的视点来对中国人民实现民族新生历史的回顾与总结，具有了更为厚重的历史价值与文化价值。

刘淳认为，戊戌变法拉开了中国知识分子思考中国的序幕。他的这种判断从本质上可能是正确的，但从时间上来说则有较大的差距。实际上早在戊戌变法之前，许多具有全球意识的中国知识分子已经感到了世界正在发生的变化，并力图找到能够与那一历史时期人类发展主流接轨的思想资源。不过，就油画艺术而言，刘淳强调在整个 20 世纪的 100 年里，"中国几代艺术家为社会进步而前赴后继所做出的努力是感人的"。他认为，"中国油画从一开始就拒绝了视觉艺术的愉悦而行走在艰难崎岖的道路上，在沉重的现实中喘息和挣扎"。"20 世纪中国的苦难与危亡造出了中国油画，与文学等其他艺术形式一样，楔入人生、社会，希望起到改造社会和国民的作用"。因而，从刘淳的观点来看，中国油画的发展是与中国的命运紧密相连的，其历史"是一部以视觉的方式来认识和表达中国的历史"。虽然包括郎世宁等外籍画家，以及早期在广州等地出现的外销画等并不是出于这样的目的。但是中国早期的美术理论倡导者如蔡元培、陈独秀等人，以及早期从事油画学习与创作的艺术家如留日之李叔同、卫天霖、朱屺瞻等，留欧之徐悲鸿、刘海粟、林风眠、常书鸿、吴作人、吴冠中等人，莫不以改造中国社会，唤醒国民精神为己任。其中的许多人甚至参与了实际的救亡工作。如李叔同就认为，"要治本，要推翻腐朽之本，去学习维新，用艺术唤起民族的精神，用文化唤起民众的觉醒"。而徐悲鸿则痛感中国绘画艺术的"颓败"，使"民族之不振可慨也夫！"尽管他们的人生经历、艺术风格多有不同，但以艺术来推动中国的新变是其主流。这种追求一直传承有致，直到今天。

要改造中国的艺术，一个极为重要的方法是学习西方绘画艺术，这就使中西文化的交流融合出现了新的通道。油画不再是传教士传教的工具，也不再是商人谋取利润的商品。油画成为中国人改造自我、革旧图新的武器。从文化的角度来看，油画也成为中西方交流融合新变的桥梁。《中国油画史》比较翔实地介绍了前辈艺术家在海外学习、创作的情况，并着重介绍了他们归国之后的种种努力。其中，如何使西方艺术与中国的传统艺术结合，形成新的具有活力的表现手法，成为一代又一代中国油画家的执着追求，并在不同的历史时期表现出不同的特点。如徐悲鸿，刘淳认为他最突出的成就是"将法国古典主义绘画的样式移植到中国，并经过不懈的努力之后扎根于本土文化中"。其强调的写实主义绘画成为贯穿 20 世纪的主流。而林风眠则是"将西方绘画的外在形式与东方绘画的内在精神有机结合，从而形成了一种融合中西的新画风"。这对传统艺术的改造具有划时代的意义。但实际上融合中西艺术并不断创新，形成一种理想的艺术形式的追求并不是在这代人身上就结束了，而是在不同的历史时期都有不同的表现。新中国成立后，油画艺术的革命性在中国艺术家身上表现得同样突出，涌现出一大批再现革命历史与讴歌火热现实的优秀之作。中国油画的社会意义得到强化，作品的历史内涵、宏阔气概也更为明显。在艺术表达方面，出现了诸如董希文的《开国大典》这样的油画民族风的典范。该作"吸收了中国民间年画鲜艳的色彩和平涂的方法来表现立体和多维的空间。从构图到人物造型，整个色彩都是雍容华贵的，与敦煌壁画有极其相似的地方"。而罗中立的《父亲》则是以"超级写实主义的手法和纪念碑式的构图创建了中国油画的一个丰碑，并以强烈的视觉冲击感动了中国"。改革开放的新时期以来，随着国外文化思潮的涌进，中国艺术发生了极为深刻的变化。在油画领域也出现了受外来思潮影响较深的创作。特别是在

20 世纪 80 年代中期之后，大量新的艺术观念、类型、表现手法对已有的艺术格局产生了强烈的冲击。中国油画艺术呈现出"写实"与"现代"两种比较典型的潮流，呈现出更加多样、丰富、混杂的局面。可以说，油画艺术的观念更为丰富，表现手法得到了极大的拓展，艺术对人心灵世界的冲击更为多样。其结果是在可能性增强的同时，"美"与"丑"之间的区别大大弱化。艺术，不再是清晰的，也可能是模糊的；不再是感性的，也可能是观念的；不再是和谐统一的，也可能是对立撕裂的；不再是提升人的内心世界的，也可能是摧毁人的信仰与心灵的等等。就油画艺术的表达手法而言，不再是传统的、经典的，也可能是非油画的，甚至是非绘画的；不再是西方的，也可能同样不再是东方的。在得到了越来越大的多样性的同时，油画艺术似乎走向了自己的反面——既丰富了油画表现的可能，也消解了油画的本质。在受西方现代艺术观念及其表现手法影响的同时，拓展了艺术的领域、空间。但是，西方的、东方的，并不是有机和谐地统一起来，而是至少在表面上看起来是毫无秩序地混杂起来。这种来自西方的艺术形式与东方中国传统艺术之间的融合将有可能表现出新的态势。在这喧哗与骚动之中，正期待着新的成熟的变革。而这样的艺术面貌，与当下日益剧烈的社会变革是同步的。艺术，正在其生活的母腹中孕育，将诞生新时代的生命——一种更具表现力的、更有魅力的，以及更富启示意义的创造。

实际上，如何使油画艺术在进入中国之后，形成既具有外来艺术的基本规范，又适应本土文化的需要，体现出民族特色，一直是中国的艺术家们孜孜以求的。从最早的郎世宁对中国风格的学习适应，到最初的中国油画家为国家的振兴而留洋求学，跨洋寻梦；从写实主义的崛起、油画"民族化"的讨论与实践，到绘画语言的探索与回归，以致 21 世纪前后的转型与突破。这种种努力均伴随着中国社会的进步、变化，在不同时期表现出不同的特点。可以说，东西方文化交流融合的课题也就是中国油画艺术发展变革进步的历史。刘淳认为，绘画艺术的历史在某种意义上也是一部哲学史。这就是说，他并不是简单地把油画当做一种"绘画"的手法来看待的。艺术是能够不断地表达人类感受存在的客观规律与必然性的。"在西方油画与中国传统绘画相遇时，两条大河产生了剧烈的碰撞，掀起了惊涛骇浪，搅拌成一时难以弄清主流河道的历史漩涡"，它波澜壮阔，有着丰富而强大的生命力。在这样的相遇与交融中，怎样才能形成艺术滚滚向前的主流，仍然需要我们继续努力。

2016 年 11 月 27 日于并

明清时期中国商业贸易活动的一种观察

——读《晋商与徽商》

　　明清时期，是中国发生剧烈变化的时期。今天，我们对它的研究与了解仍然不够。这种变化，从其后果而言，最重要的就是改变了人类历史发展的方向。曾经创造了人类璀璨文明的、以农耕为主的中国逐渐从农耕文明的顶峰跌落。而新兴的工业文明摧枯拉朽、一往无前，开始引领世界发展的潮流。文明的重心发生了变化。尽管从具体的历史过程来看，这种变化并不明显，甚至让人难以察觉。但是从其变化的方向而言，却是非同一般的，颠覆性的。对于中国，这个长期处于世界领先地位的国家来说，这一变化造成了从物质的乃至于精神的双重震撼。从领先地位到落后地位；从万人向往、万国来朝，到割地赔款、任人宰割；从世界最富、扬威海外，到积贫积弱、民心涣散。这种对比是非常强烈、刺痛人心的。黑格尔曾说，历史从中国开始，而中国却在历史之外。脱开其西方中心论的偏见不谈，从某种意义讲，这句话也是有道理的。拥有5000年辉煌文明的中国，在突然之间就跑到了历史发展的轨道之外。

　　形成这一结果的原因众说纷纭，各有高见。不过，比较常见的一种观点认为，明清以来，中国闭关锁国，封建落后，发展出现了停滞。而从15世纪以来，特别是哥伦布开启了大航海时代以后，西方抓住了时代变革的历史机遇，取得了革命性进步。这样的结论实际上有很多可商榷之处。比如，15世纪的大航海肯定不是从哥伦布开始的，至少应该是从郑和开始的。而且，人类的进步应该如何定义，也是一个值得讨论的问题。这一问题的关键是，进步应该以什么为标准，是不是也包含人类基本道德与伦理的标准？是不是仅仅指经济指标与技术指标，或者以经济与技术的发展为进步，而可以不考虑人的价值、生存环境与社会的公平？当然，我们在这里并不是要讨论这些更为复杂的问题，而是仅仅从商业贸易的角度来观察历史的某一侧面，并从这里进入中国的历史。

明清时期，中国的商业贸易出现了新的变化。这种变化是积极的，而不是消极的。首先，今天我们比较关注的丝绸之路仍然活跃，并表现出若干新的特点。这与一般情况下人们讨论丝绸之路只言汉唐，不谈其他的简单化认知是不同的。这些特点我以为至少有这样几点。

一是明清时期是中国朝贡体系最为典型完备的时期。历史上，国际关系有两种性质完全不同的体系。其一是以欧洲先发国家为主的"殖民体系"，其二则是以中国为代表的"朝贡体系"。二者相较，虽然在二战之后，殖民体系基本解体，但在明清时期却是其迅猛发展的时期，并最终瓦解了朝贡体系。显然，殖民体系并不是一种平等、互利、共赢的国际关系，是建立在欧洲先发国家的强大与世界各国的被掠夺之上的。在 20 世纪之初，全球仍然没有被纳入这一体系的只有少数国家。其中最重要的当然是中国。即使最后，中国也只是一个"半殖民地"国家，而不是被彻底殖民的国家。而朝贡体系，并不是中央帝国对周边小国的武力逼迫。在更多的时候，中国只是"被朝贡"。这些相对弱小的国家政权，为了在政治上找到依赖，军事上得到支持，经济上获取利益，纷纷争取"朝贡"。而中央帝国也出于政治文化的目的，接受朝贡。但是，随着历史发展的变化，特别是欧洲先发国家日新月异的强大，"朝贡"这一并不追求经济回报的体系，或者说共同体，同样也没有建立政治军事联盟的体系几乎是在顷刻之间土崩瓦解。但是，至少在清之中早期，朝贡体系仍然是比较兴盛的。朝贡的主要活动之一就是借朝贡来贸易。西域各国，东亚及东南亚各国，均以各种理由来到中国。

虽然我们还难以统计具体数字，但其贸易量应该是比较大的。这些来中国朝贡的使节与商人，所行走的路线就是丝绸之路。

另一重要变化是海上贸易的空前发达。虽然在先秦时期中国内地与周边海外国家已经有了比较紧密的联系，但是海上贸易是从宋时得到了快速的发展，而在明清时期达到新的高峰。这就是说，除了与东南亚国家、东亚国家的贸易外，与欧洲国家的贸易量大大增加。此外，与美洲国家的海上贸易成为新的贸易领域。从中国往东，达美洲；往南再西，达欧洲。新航路的开辟，为以中国为中心的海上贸易提供了技术条件。这一贸易的发展对世界格局的改变意义重大，这就是殖民体系的强化，欧洲原始积累的最终完成。其中的一些事件具有标志性意义。如欧洲之英国，为扭转自身贸易的入超现象，先派使节来中国，后在殖民地印度种植鸦片，终于诱发了改变历史的鸦片战争，并取得了胜利。再如美国独立，其诱因就是宗主国英国开征茶叶税，诱发了波士顿的"倾茶事件"，进而引发了独立战争，并终于从大英帝国独立。这些事件对人类历史的发展而言，看似具体，却有着极为深刻甚至是划时代的影响。

除以上所言外，明清时期，中国的商业贸易有一个较为重要的变化，就是中国商帮积极走出国门，开展国际贸易。丝绸之路开通以来，基本上是以西域地区的商人为主要贸易力量。虽然这其中中国商人也有大量的商业活动，但仅是区域性的转手贸易，即从某一地区向另一地区的阶梯式转手贸易。实际上最为活跃的商人集团是粟特人。此外，在不同的历史时期也有其他的商人集团往来。但总体上来说，中国商人处于亚状态，就是说，并没有西域各地的商人主动，行走的商路遥远。明清时期，中国商人发生了变化。一是集团性质的商帮十分活跃，如晋商、徽商，以及宁波商帮等，甚至有人总结了十大商帮。二是它们的主动性增强，如晋商开通了从福建至今俄罗斯恰克图，乃至于欧洲的万里茶叶之路。海外如对日本、朝鲜，以及东南亚、美洲等地的贸易等。在《晋商与徽商》中，就介绍了晋商出海至日本的贸易活动，特别是介绍了以范氏商人家族为首的"船帮"在近 80 多年的时间里开展的对日贸易。可以说，以晋商、徽商为代表的商帮成为这一时期最活跃、最具影响力的贸易力量，相比于西域各地商人及欧洲商船而言，毫不逊色。它们不仅是明清时期中国商业贸易的中坚，也是世界商人群体中的翘楚；不仅对经济贸易的发展做出了重大贡献，对沟通中西方文化也做出了积极的贡献。

关于明清时期中国商帮的研究，已然成为显学。特别是在当下人们对丝绸之路的关注日盛的情况下，对明清商帮的研究意义重大。其中对晋商、徽商的研究已有很多成果。不过，最近由安徽人民出版社出版、庞利民所著的《晋商与徽商》却有自己独特的视角与贡献，具有突出的现实意义。

首先，以全视角的切入分析了晋商与徽商作为经济文化现象的存在。尽管我们已经有了很多关于商帮的研究著作，但一般而言，这些著作只是把它们作为经济现象来看待的。这当然有其研究的合理性，但与

之相应的是，这种研究也许忽略了许多更为丰富的内容。而庞利民的《晋商与徽商》似乎在观照商帮时，突破了这种单一性的局限。虽然我们还不能说他是多么自觉地追求这种突破，但不可否认的是，他对商帮全视角的研究，无疑拓展了我们认知商帮的可能。在这部洋洋洒洒 90 余万字的著作中，从历史地理的层面讨论了晋徽商帮形成的自然环境，以及资源禀赋。在这样的考察分析中，我们似乎对二者之间的异同有了一个基本的认识，它们的异同实际上与其形成的历史地理环境是密切相关的。在这部著作中，作者用了很大的力气来梳理晋徽商帮的历史文化现象。也就是说，作者并不是仅仅把商帮作为经济贸易现象来看待的，同时也是把它们作为文化现象来研究的，其中涉及了两地的建筑、风俗、精神信仰、仕宦科举、用人之道、对文化的影响等。这使我们对两地商帮的了解更为丰富、生动。可以说，拓展了商帮研究的领域。

其次，以比较的手法打通了对晋徽两地商帮的认知。关于晋商的研

究著作可以说汗牛充栋，关于徽商的研究也充箧盈箱，均取得了丰硕的成果。特别是许多影视作品，更拓展了世人对这些商帮的认知。尽管其中寄托了创作者自己的理想与价值取舍，但绝大部分作品都是就晋商说晋商，就徽商谈徽商。把两者联系起来，打通研究还是比较少见的。《晋商与徽商》似乎力图在这一方面做出努力。仅从书名即可看出，这是作者的一种自觉追求。在这部著作中，作者比较详细地讨论了两地商帮相同的地方，比如它们出现的历史自然条件是"地瘠民贫"，因而就"穷则思变"，从商业方面努力来改善自己的生活境遇。书中还总结了二者在经营方面的共同特点，并肯定了它们对当地建设发展的贡献以及对文化传播的积极作用等等。当然，作者也对它们衰落原因的共性、个性进行了分析论证。同时，也对晋商与徽商的不同进行了中肯的讨论。如除了地域大小不同、兴盛年代不同这些外在的显性的因素外，还有精神领袖的不同、民风习俗的不同等内在的、隐性的不同。这些分析都是很有见地的。从这一角度来看，作者是把晋商与徽商作为既有区别又多有共性的整体来研究的。

再次，涉及多个与商帮现象相关而人们较少关注的领域，并进行了富有创见的研究。其中最突出的是对晋商与徽商精神信仰及文化贡献方面的研究。比如作者对明代极为重要的数学家山西汾阳的王文素、安徽休宁的程大位进行了介绍对比。二者对世界数学领域的贡献极为重要，被称为"南程北王"。王文素著有《新集通证古今算学宝鉴》，通称《算学宝鉴》，程大位著有《算法统宗》。这两部数学著作影响巨大，甚至也可以说是 15、16 世纪时在世界数学史上具有领先地位的著作。尽管庞利民本人对这两位伟大数学家的了解认知还比较粗浅，但把他们与商帮现象结合起来研究却是极为重要的。这使我们能够看到商帮活动的另一侧面——在经营管理活动的同时，对文化建设的卓越贡献。事实上，在《晋商与徽商》一书中，这方面的努力还很多。如特别对晋、徽两地商帮精神信仰的不同进行了分析。他认为晋商信仰关公，所以更注重实践层面的开拓；徽商信仰朱熹，更注重文化方面的建设。特别是指出徽商"贾而好儒"的品格，以贾衍文，促进了地方文化的繁荣。诸如朴学思潮在徽州的兴起，新安画派的出现，以及相应的科举兴学、刻书印刷、戏剧和医学的发展等。相比较而言，晋商在文化建设方面的贡献逊于徽商。实际上，作者在这部著作中还缺乏关于晋商与文化建设的关系之研究。虽然书中收入了晋商与戏剧的研究附录，论述也比较翔实，但还缺乏涉及晋商与文化的其他领域的研究论述。可以肯定的是，商帮活动对地区文化形态具有重要影响，北方文化形态总体上逊色于南方，但我们还是不能简单地从商帮的单一维度来说明这一现象。

　　《晋商与徽商》开阔的视野、对比的手法，涉及诸多人们关注较弱的领域，应该说，是对明清时期中国商帮现象研究的重要收获，特别是在研究的方法论层面多有拓展。但是，商帮首先是一种经济现象，在此基础上才能延伸为一种社会文化现象。明清时期，中国商帮至为活跃，一定有其出现的社会文化背景。中国作为当时世界上最重要的产业生产大国，相应地在明清时期商业贸易活动中得到了极大的发展。如果我们要把这一现象放在全球背景来分析的话，应该说与国际贸易的快速发展有极大的关系。大航海时代来临，世界贸易进入一个真正的全球化时代，其波及的地域之广阔，数量之巨大，效益之惊人，是前所未有的。马克思在其刊发于1857年《纽约每日论坛报》的社论《俄国的对华贸易》一文中指出，在与中国的贸易中，俄罗斯据有令人极为羡慕的地位。在1852年，经恰克图卖给俄国人的茶叶已达175000箱，总价值达1500万美元以上。尽管单纯就这一数量而言，已经是很大了，但马克思仍然认为，这一时期贸易的货物定价都不高。也就是说，这种较低的货物定价水平为欧洲商人的转口贸易留下了较大的利润空间。而马克思所说的时代，正是人类历史转向的时刻——1840年第一次鸦片战争之后与1860年第二次鸦片战争之前。他所描述的繁盛的中国对俄贸易正将进入衰落。这一衰落是整体性的，不仅是对俄贸易，也是世界市场的逆转；不仅在经济贸易领域，也延展至社会、文化、军事等各个领域。毫无疑问的是，在鸦片战争之后，中国从人类文明的辉煌顶峰跌落，中国的经济也从此一落千丈。其原因至今仍然是一个被人们十分关注的话题。为什么几乎是突然之间，中国就跑到了黑格尔所说的"历史之外"？仅仅从经济的或政治的、文化的某一特定角度来讨论是难以解释的。所幸的是，在经过近200年的努力之后，中国的崛起复兴正面临着重要的历史时刻。德国学者贡德·弗兰克在其《白银资本》中曾说，通过分析1400年至1800年间世界经济的结构与发展，可以看到，作为中央之国的中国，不仅是东亚朝贡体系的中心，而且在整个世界经济中即使不是中心，也占据支配地位。直到1840年的鸦片战争，东方才衰落，西方才上升到支配地位——而这显然也是暂时的。因为世界正在调整方向，"中国正再次准备占据它直到1800年以后一段时间为止，历来在世界经济中占据的支配地位，即使不是中心地位"。也许，我们可以从诸如晋商、徽商等明清商帮的活动中探寻到一点历史的真相，以及对今天的启示。

241

2017年12月9日于并

百年视点

——介绍《帝国的回忆:〈纽约时报〉晚清观察记》

《纽约时报》从 19 世纪创刊以来,至今已经 150 多年了。这份报纸在一个半世纪之中,一直雄踞美国乃至西方主流媒体的领袖地位。其中,它对中国的观察和报道成为这份报纸十分重要的内容。曾经在驻纽约总领事馆工作的郑曦原先生,比较系统地查阅了《纽约时报》从 1853 年至 1997 年的对华报道目录,并阅读了其中关于晚清时期的篇目后,编辑了这本《纽约时报》关于中国晚清期间的报道的著作,从中我们可以看到 100 多年前的美国对中国,或者说大清国的种种态度和对许多重大历史事件的细节的生动描述。

19 世纪爆发的中英鸦片战争是非常受人瞩目的,这一战争无疑是中国人民的一场灾难。那么,100 多年前的美国人民是如何看待这一罪恶的鸦片贸易的呢?《纽约时报》在 1863 年 4 月 26 日的述评中写道:"这场可耻的战争的结果正如某些人所期望的那样,文明世界终于在远东获得了贸易上的极大的便利,而大清国却丧失了她控制毒品进入其国境的全部权力,尽管她是这样地痛恨鸦片!""在人们的记忆中,以前的大清国上上下下都充满着战斗精神,拥有强大的国防实力,而现在,烟毒令她显得多么卑弱。国家的人口停止增长了,国家的财政也在急剧地缩减……不错,英格兰国库确实得到了极其丰盈的进项,这也是她所创造出那些悲惨需求所获得的巨大回报,但她却丧失了所有如下可能的收益,即她如果把对大清国的出口设定为工业品时所可能获得的收益。

可怕的鸦片烟瘾不只是消耗这个民族的劳动力和财力，从而直接导致了这个国家的贫穷，而更抑制了她对其他商品的进口，进而使所有期望从事正当贸易的工业国家蒙受了损失。"这一述评不仅从道义的角度，而且也从经济发展的角度分析了鸦片贸易对中国，乃至于英国和其他国家的损害。在其他有关的报道中，我们还可以看到当时的亲历者对吸食鸦片者的描写。比如"他们的样子看上去都相当龌龊，尤其是他们那邪恶和令人厌恶的神情"，以及类似于"英国人无耻的勒索和欺诈""罪恶的鸦片贸易"等。从这些美国报纸的描述中，我们似乎看到了 100 多年前人类的理性和正义。那就是当一个国家和民族在遭受另一个国家的欺压时，仍然能有不同的声音对这样的事件提出批评和指责。

英法联军火烧圆明园是中国历史上的一大悲剧。1860 年 10 月 9 日的《纽约时报》刊出了《英法联军占领北京西郊，圆明园惨遭洗劫》的报道。文中比较详细地记录了当时英法联军，特别是英军的进军情况和对圆明园的洗劫："不分青红皂白的抢掠被认可……每个房间都被洗劫一空"；"有的被带走，有的体积太大无法搬走就把它们砸毁掉。还有装饰用的墙格、屏风、玉饰、瓷器、钟表、窗帘和家具，没有哪件东西能逃过劫难"；"一群法国人拿着棍子又到各个房间去搜寻了一遍，打碎了剩下的每一样东西"。而圆明园则是一处"无论怎样形容都无法道出这所宫廷花园的辉煌、绚丽和壮美"的地方。在许多关于圆明园的介绍中，只是概念性地谈到了英法联军的抢掠，而缺少具体的描述。这是因为作者对当时的了解还很不够。而像《纽约时报》这样的由亲历者撰写的报道，也就显得十分珍贵。它为我们提供了一份生动的无可取代的历史见证。

在 1896 年 8 月 29 日的《纽约时报》中，以极大的篇幅非常详细地报道了《李鸿章纽约访问记》。这位直隶总督兼北洋大臣的访问轰动了美国朝野。据《纽约时报》报道，当日在纽约自发迎接李鸿章，欲一睹其风采者，有 50 万人。在纽约的河岸码头，"十分拥挤，以至从西街到维思街都挤满了人，而且大家都喜气洋洋，像过节一样。在人群嘈杂的闲聊中，还听到有人提出放假的建议。人们互相打听着李的富有和权势，对这个人物充满着无限的好奇"。"曼哈顿西街挤满了人，有许多人清晨就开始赶来。到中午时分，黑压压的人群已挤满美航码头附近的两个街区，并排在通往炮台公园的道路两边。码头上所有包装货箱上、米袋上和一切能越过人群占有瞭望优势的突出物上，都挤满了汗流浃背等候多时的人们。人要穿过街区是很不容易的，街上汽车的行驶也极为困难"。当李乘坐的"圣·路易斯"号邮轮出现后，"15 分钟内，一下子挤来了大约 100 艘大小各异的船"。即使是美国政府也给予李鸿章以"史无前例的礼遇"。这份报纸还详细地描绘了李鸿章在访美时的服饰、神态，以及众多的随从和行李。特别是美国总统克利夫兰专程乘坐"蓝宝石"号游艇赶到纽约接见李鸿章，代表总统前来迎接李的卢杰将军说李此次访美就像是一个国际大家庭里的大哥哥探访远方的弟弟，这种比喻令我们感到耳目一新。从这些细节当中，我们可以感受到百年之前的中国在国际大家庭的地位并不仅仅是屈辱，而是还保存着古老帝国的尊严。

《帝国的回忆》一书全部原始文献均采选自纽约公立图书馆的缩微胶片库，时间从 1857 年 1 月至 1911 年 10 月。它主要选择了以下几个方面的文献，如直观反映晚清时期中国社会面貌的文电。其反映传统中国文化面对西方文明冲击而发生相应变化的文电；描述中国上层社会政治生活的文电；以及中国近代重大外交活动、军事战争、变法革命和华侨生活习俗等的文电，其比较真实地再现了当时的历史事件和历史细节，使我们对晚清的中国有了一个独特的视角，进而能够重新认识那一段对中国人民来说非常重要的历史。晚清对于我们来说，是一段悲痛的历史，却也是一段令中国人觉醒和奋进的历史。当我们重新走进这一历史时，大概就不再仅仅是悲哀和愁苦，更多的是反思和惊醒。

陈泽辉《韵散文》序

前两年，陈泽辉出版了一本《田黄》，有差不多 85 万字之巨，是研究原生于福建福州寿山一带的田黄石与田黄文化的。我还不敢说这是目前最系统的对田黄石及其文化进行梳理的著作，但可以说，以如此规模研究田黄石的著作应该是第一部。现在，他又有一部叫做《韵散文》的新作将要问世，其内容仍然是以田黄为主的关于玉石的作品。他的本业是电视台的主持人，但也许他更热爱中国传统文化，特别是玉石文化。一个人，爬罗剔抉、青灯孤影，在业余时间不断地拜访前贤后学，不断地研读史料文献，不断地进行实地勘察，从浩如烟海的历史遗存中寻找线索，搜罗典故，才成就了这部著作，其热爱可见一斑。

在《韵散文》中，陈泽辉比较多地讨论了作为"石文化"构成中的玉石的有关情况。玉石在中国何时从物质形态蜕变为一种文化标志，人们的研究似乎还不多。但至少在史料的记载中，《山海经》《穆天子传》等早期典籍已有很多描述。从时间的角度来看，应该在商周之前。尽管在存留的典籍中难以找到确切的记载，但人们还是可以从考古发现中来寻找某种启示。比如在东北之红山文化遗址、江浙之良渚遗址，以及西北之齐家文化遗址中都发现了大量的玉器。在这些发现中，玉石已经不再仅仅是实用器物，而是成为礼器。这就说明，至少距今五六千年的时候，玉器已经具有了非常突出的文化含义。人们在对玉石文化的研究中发现，在丝绸之路形成之前，已经存在着一条连通东西的玉石之路。主要依靠考古研究，并与史籍对照，可以大致勾勒出这条玉石之路的基本线索。作为物质形态的玉石原料，历史上存在着由西往东传送的现象。而作为精神形态的玉石，其制作工艺与技术、文化内涵等却存在着由东往西传送的现象。前者为"西玉东输"，后者为"东玉西输"。玉石及其文化成为中华文化的重要组成部分，在某种意义上可以理解为融合中华不同族群，促使之形成多样一体文化形态的动因之一。中华民族的形成不是依靠血缘的连接，而是依靠文化的认同。那么也可以说，玉石文化实际上对中华文明及其文化的整体融合产生了极为重要的作用。

由此而来的另一个问题是，这条路线是怎样的？学者们通过研究认为，在商之前，车最主要的功能是军事工具，还没有成为普遍的民用运输工具。亦因此，陆路的开通充满局限，运输的能力也十分有限。《穆天子传》中描述的周穆王乘造父驾驭的八骏车乘西巡的现象还不能出现。因为基本上在商之前，可供如此规模的车队出行的道路还比较少。

既然陆路的可能性不大，水路就成为可能的选择。实际上，人们也从考古发掘中发现了实证。这就是在沿黄河两岸的文化遗址中有大量的玉石之器存在。如陕西石峁遗址与芦山峁遗址，山西兴县碧村遗址、临汾陶寺遗址与下靳村遗址，以及芮城清凉寺遗址等，河南安阳妇好墓遗址、偃师二里头遗址等都发现了大量的玉器。其中的一些体量较大，显然需要借助相应的运输工具才可把西域之玉运往东方中原一带。这些遗址均分布在黄河两岸。人们认为沿河水运是当时的历史条件下最便捷经济的远程运输方式。对玉石之路进行过实地勘察的叶宪舒等认为，"西玉东输"应该有三条线路，其一是北路，为黄河道；其二是中路，为泾河道；其三是南路，为渭河道。在这三条路线中，如果仅从考古发现来看，显然黄河道是最为重要的。陈泽辉在他的书中借用了司马迁《史记》中的一段话，就是《史记·夏本纪》中说到的"贡璆、琳、琅玕。浮于积石，至于龙门西河，会于渭汭"。从这段话中我们可以看到，西域诸戎向中原王朝供奉的珠宝玉石要从积石山经黄河"浮"至龙门西河。龙门有多处，如山西河津之龙门，河南洛阳之龙门等。但这里说的"西河"，且汇于渭河之"汭"，肯定是山西河津龙门。而渭河也是"西玉东输"的重要通道，亦为水路。"汭"亦可解为"两水交汇处"。是不是可以认为，从黄河水路与渭河水路运来的玉石汇聚在这两条水路的交汇处，然后再转运至中原地区各个需要的地方，从而实现了早期玉石的东西传输。

陈泽辉认为，西域之玉主要是今天所说的和田玉。他还认为，于阗之玉，亦即今之和田之玉，它有广义与狭义之分。广义的于阗玉即是所谓的昆山之玉，这些西域的美玉受到了中原地区人们的喜爱。当其东输的时候，应该是作为可贸易的商品或物品出现的。这些玉石到了中原之后，被赋予了符合中原价值的文化含义，并出现了由东向西传输的现象。这时，玉石已经不再是简单的玉石，而是具有文化含义——包括图腾、信仰、神意、价值观、世俗社会地位等诸多意义在内的被物质化了的精神存在。当这种文化现象传输到一定的地区时，也表明这一地区接受了这种文化。那么，从司马迁的记载中，我们可以看到，至少在夏时这种玉石及其文化的东西传输是非常重要的社会文化现象。而从考古发现来看，至少在距今五六千年的时候，我们所说的中华民族已经形成了对玉石及其文化的共识。至周时，不仅国家体制更为完备，礼仪形态更趋明晰，而且关于玉的使用也成定制。陈泽辉在其作品中也介绍了《周礼》中规定的"六器""六瑞"，使玉器的运用成为一种制度。作为一种文化现象，孔子把玉的文化品格归纳为仁、知、义、礼、乐、忠、信、天、地、德、道"十一德"，显现出中原地区把自然存在与人的社会存在统一起来并融为一体的文化追求。玉石既是"山岳之精华"，又是"人文之精美"，是天人合一之精神的现实体现、道德垂范、人格象征。

但是在中国的东南部并不产玉，或美玉较少。这一带所用之玉亦是

247

"西玉东输"与"东玉西输"之体系中的一环。在和平统一时期，这种东西往来的路线是正常的、通畅的。但在战争与割据时期，这种东西输送的路线就受到了考验，大量的玉石需求与被中断的输送道路产生了矛盾。陈泽辉也在他的作品中介绍道，目前发现的最早的田黄石器出现在南朝。这正是一个分裂割据的时代。而包括田黄等寿山石的大量出现是南宋时期。这又是中国一个分裂割据的时期。退居中国南部的政权，特别是南宋偏安政权由于西夏、辽、金，以及西南部的大理等政权的存在，与西域的联系已较困难。相应地，玉石的获取也出现了问题。而中国南部珉石中的可用者，如寿山石，特别是其中品质优良者应运而兴。其中也包括后来被称为"田黄"的美石。

包括田黄在内的寿山石是福建福州的特产，并且是其唯一之产地。这使福建及福州玉石文化的地位具有了独特性、唯一性。陈泽辉详细介绍了寿山石与玉石之间的关系，以及田黄石与寿山石的关系。这在他的书中有非常系统的梳理。我特别注意到的是他关于田黄石生成的介绍，概括地说，包括田黄石在内的寿山石形成于特定的自然气候条件，经过了特别的时间锤炼，又被人们赋予了特定的文化意味。在距今1亿多年的晚侏罗纪时期，包括福建一带的地质板块发生挤压运动，导致火山喷发，形成这一地区的侵入岩浆岩带，然后出现了寿山石脉。这些岩石在火山作用下，在地底形成岩浆聚集，又在气体、水热气等的作用下冲出地表，与各种物质产生化学作用，形成了不同质地的火山岩石。显然是特殊的自然现象赋予了寿山石特殊的品格。而其形成的时间也不同寻常，至少有1亿多年的时间长度。在终于暴露于地表之后，又经雨雪风霜之侵浸磨炼、崩落分解，被时间掩藏，形成石矿。可见，这种珉石之形成，经过了大自然的千磨万难，又接受了漫漫时光的浸润化育，才灼灼生华，晶莹剔透，所谓日映水孕，千锤百炼，终于成就其"细、结、润、腻、温、凝"之六德。尽管"六德"是人文所附，但也可以说田黄石与于阗玉一样，是人的情感与价值在自然赏赐之物中的表现。二者在这一点上具有一致性。换句话说，田黄石体现了时间与空间这自然宇宙的哺育，又被赋予人文的精神内涵，是中华传统文化中天与人合一共生的存在形态之价值体现。

如果说这是一部"散文"作品，我还是首先要强调它具备了突出的学术品格。它是作者在长期严谨的学术研究基础之上进行的"创作"。如果没有这种学术研究，其文学价值也会大大降低。基本上可以说，这本《韵散文》梳理了玉、石之间的关系，以及其作为一种统一的文化现象在中国传统文化中的作用与影响。特别是对以田黄为代表的珉石文化进行了梳理。其中还有很多颇具学术考辨意义的成果，如对"和氏璧"之"璧"的阐释，对田黄石出现的地质学描述，以及其形成、开采、使用的历史学梳理等等。陈泽辉给自己的作品命名为"韵散文"，似可看作他文体意识的某种自觉追求。也许他希望通过这本著作能够开创一种被称为"韵散文"的文体。但我以为其文体创新的追求仍欠明确。究竟是韵文化了的散文，还是散文化了的韵文？还是韵与散简单结合，有韵又有散的文？仅仅从这一概念来看，的确是不清晰的。但从其作品的体式来看，似乎是一种努力把韵文与散文两种文体混合间杂形成的文体。当然这也是一种努力，一种探索。而且陈泽辉的旧体诗古意浓郁，非常得体地把专业术语转化为诗句，表现出他对韵文规则与玉石知识的熟悉。其散文部分最突出的是能够把学术性的内容以生动的语言表达出来，读之有学术之得而无生涩之感。这都是非常不容易的。无论如何，这本书既是文学创作的新收获，也是弘扬优秀传统文化的新成果。我为他的新作能够问世而感到高兴。

2020 年 2 月 27 日于太原

基于历史的想象

在那遥远的地方……

　　飞机在数千米的高空飞行，白云在机身边幻化成各种形状，或如苍龙，又似卧虎，若有若无，飘飘忽忽。突然之间，就看到了地面上连绵不断的黑石山群。山顶上有残存的积雪，有细弱的雪水顺着山势流下，不知走向何处。这样的山中，是否亘古以来就没有人类的踪迹进入？设想如果不知为什么落在了这在高空都望不到头的丛山之中，将怎样才能重新回到人群之中？也许，顺着山间的雪水向下走，不知要走多少时间，总会来到一条河边。而这河，就是人类生存的依附。听人说，这寸草不生的黑石山下，全是石油或者煤炭。在这广袤的欧亚大陆的中心地带，虽然人迹罕至，没有生命，但是，大自然并没有亏待人类，只是把财富深藏在地底。这与我的家乡截然不同，那里是连绵不断的让人感到温暖和安慰的黄土地。小时候听地理老师说，是强劲的西北风把西伯利亚高原的黄土带到了那里。但是，在另一本书中，专家认为是由于雨水缺少，日照强烈，使这里的石头崩裂。大风把颗粒小的吹到了今天的黄土高原，而那些比较大的则成为沙粒，多少万亿年以来，就形成了包括塔克拉玛干沙漠、腾格里沙漠及毛乌素沙漠等。而厚厚的黄土高原，虽然沟壑纵横，却生机盎然，孕育了最早的人类生命，并形成了伟大的华夏文明。这样说来，即使从地理学的角度来看，山西这块历史悠久、文明灿烂的热土，与新疆这片地域广袤、充满神秘的远方竟然具有如此丰

基于历史的想象

富的生命连接。如果没有这些石头，也就没有黄土。而如果没有温暖丰厚的黄土高原，这些风将把崩裂的土粒带到哪里才能驻足呢？它们也许就成了没有着落的浮尘，在亿万年间飘零、飞扬，不知何往。

这是我第一次到新疆，当然充满了期待、好奇、新鲜感。在此之前，我说自己最西到过宝鸡，立刻遭到了大家的嘲笑，认为我是在说谎。然而，对这片神奇的土地，这个遥远的地方，从内心来说，一直抱有期待。那里有悠久的历史、美妙的民歌、五彩的花衣、曼妙的舞姿和迷人的姑娘，还有从小就百听不厌的阿凡提的故事、《十日谈》中神奇的传说、骑着毛驴上北京的库尔班大叔，以及王洛宾、丝绸之路、楼兰美女、和田璧玉……什么时候才能来到这遥远的地方，即使不能成为其中的一员，也能够亲身感受一下这神话一般的美好。期待总是要经受时间考验的。而在这考验之中，就变成了现实。这次到新疆，是我们文化援疆的一个活动，要为新疆的朋友演出话剧《立春》。晚上，五家渠市的剧场已经座无虚席。我代表山西一行向观众致辞：新疆，虽然与山西相距千山万水，但是，我们有许多共同的地方，有千丝万缕的联系。只有到了山西，我们才能感受到中华文化的历史悠久、灿烂深厚；只有到了新疆，我们才能感受到中华文化的瑰丽多姿、丰富多彩。在山西，我们会情不自禁地唱出"人说山西好风光"；而到了新疆，我们就会发自内心地唱到"新疆是个好地方"……曾经，生活在山西的人们跋山涉水，来到这里，垦荒、经商、繁衍。而新疆，以及通过新疆这条通道，有许许多多的人、文化进入山西，以及中原。

是的，如果仅仅从地域的角度讲，晋疆两地确实远隔万里。但如果从历史上看，这两个地方却存在着难以割断的联系。人们常说，新疆是连接欧亚的中心、要道。伟大的丝绸之路就是经过这块神奇的土地从中原走向了欧洲。丝绸，这一改变了世界的美丽神话在这条大通道上行走数千年，至今不衰。而最早的丝和绸是从哪里来的呢？考古学家告诉我们，早在6000多年前，在今天山西的夏县西阴村，已经有蚕茧存在，并被人工切割。这证明那时在山西的南部已经有人从事缫丝的工作，这是迄今为止人类发现的关于丝绸最早的实证。法籍伊朗学者阿里·玛扎海里在他著名的《丝绸之路》一书中对这条沟通欧亚的通道进行了非常详细的阐释考证，勾勒出从今天的新疆到西安，再过黄河，进入山西，经临汾、太原、定州至北京一路的风土人情、地名物产、商贸社会、文化宗教，是一部非常权威的关于丝绸之路的著作。这些描述记录了今天少为人知的山西与丝绸之路的联系。而事实上，在山西境内就发现了许多罗马时期的钱币，可以作为这部著作的佐证，证明山西的丝绸，以及其他的物产经过今天的晋南，过黄河至西安，再入西域，最终到达欧洲。一般来说，人们均认为丝绸之路是从汉时开通的，张骞的"凿空之旅"开通了这条充满生命感的丝路。但实际上，在汉之前，丝绸已经西域进入了欧洲。或者至少可以说，在汉之前，丝绸已经传入西域。

为了保证这条连接欧亚的通道平安顺畅，中原王朝与沿路的游牧民族进行了长期的博弈。凡丝路被中原王朝控制时，丝路是通畅的、和平的，否则，这条商路就成了一处生死之地。特别是汉时的匈奴、唐时的突厥，表现得更为突出。可以说，中原能否控制丝路，决定了丝路能否畅通，也决定了欧亚大陆之间的商贸、文化、人员的交流能否顺利进行。为此，汉时设立了西域都护府，郑吉、班超等人在此发展农牧、维护商路。唐时，设安西都护府、北庭都护府，均是如此。隋虽短暂，但对西域的经营仍然十分重视。隋炀帝杨广命山西绛州闻喜人裴矩驻守张掖，主持开通丝路之事。裴矩果然不辱使命，在那里向各国商人了解西域各地的风土人情、生活习俗、地理环境，并撰写了《西域图记》三卷，介绍了西域 44 国的基本情况，以及从敦煌到地中海东岸的三条通道。他的努力使隋王朝对西域的地理文化有了清晰的了解。公元 607 年，隋炀帝在恒山祭天，裴矩派人游说高昌王等，使他们归附隋朝，前来参加祭祀的西域国家有十多个。而后，在公元 609 年，隋炀帝亲率

基于历史的想象

40 万大军西巡，沿途走大漠边关，跨高原峡谷，顶狂风暴雪，经严寒冰冻、烈日暴晒，来到今之张掖。西域 27 国派人前来朝见，裴矩陪侍在侧，统筹百事。"肃肃秋风起，悠悠行万里。万里何所行，横漠筑长城……"这首隋炀帝在西巡中写的《饮马长城窟行》，今天读来，仍然有气吞山河之气概。

裴矩撰写的《西域图记》是极其重要的地理学、文化学著作。但由山西人撰写的在世界地理学领域具有重要地位的著作并非仅此一部。在他之前，平阳人，也有说是襄垣人，著名的旅行家法显以 65 岁的高龄于公元 399 年，大约早裴矩 200 多年的时候就从长安出发，经张掖、敦煌，穿过茫茫戈壁，经历严寒酷热，"西度沙河，上无飞鸟，下无走兽，四顾茫茫，莫测所之，唯视日以准东西，人骨以标行路耳"。一路上，有恶龙吐毒风，雨砂砾，过千仞壁立，遇寒风暴雨，经历了千难万险，同伴离散，这位心中怀有坚定信念的信徒终于走鄯善、于阗，到印度、斯里兰卡，并乘船走海路返国。其间，遇"黑风暴雨"，漂流 100 多天。经过 14 年的跋涉，过往 30 余国，终于返回故乡。有许多研究者，包括英法学者，以及章太炎等认为，他返国时遇"黑风暴雨"漂流至墨西哥，是最早"发现"美洲的人。重要的是，法显回国后，撰写了《佛国记》一书，成为研究西域及印度最为重要的著作。而金之名士、山西浑源人刘祁、刘郁兄弟分别撰写了《北使记》《西使记》，介绍了蒙古及西域的情况。特别是刘郁的《西使记》，就西域的地理、人事进行了考证、补记，引起了国内外学界的重视。清时，山西地理学派崛起，在中国及世界地理学的建立、发展等方面产生了重大影响。他们对中国西部、北部、南部的地理状况多有研究，成果卓著。特别是他们的治学方法被世人标榜。太原人阎若璩著有《四书释地》等著作；而后有寿阳人祁韵士在发配伊犁期间，对西北地理进行了详细的考察，著有《伊犁总统事略》（《西陲总统事略》）、《西陲要略》（《新疆要略》）、《万里行程记》、《西域释地》等大量著作；山西平定人张穆校订了《西域释地》等，均成为清代中国西北地理学的重要成果。他们在学术研究中注重实践、亲历，强调"目验"而不"泥古"，对西域地理进行了大量的实地考察，纠正了许多以讹传讹的结论。其治学方法对后人产生了重大的影响。而今天，当我们能够开着汽车、坐着飞机旅行的时候，是不是已经难以理解这些先人？他们是怎样一步一步地走遍了西部的山山水水？是谁和他们结伴而行？谁来给他们一粥一食？他们渺小的身躯是如何仰望这苍茫辽阔的大地的？似乎我们已经得不出答案。

《立秋》的演出当然成功，受到了五家渠观众的一致好评。这部以晋商为题材的话剧已经在全国各地，包括台湾演出了 600 余场。晋商不仅开通了从内地至欧洲的茶叶之路，实际上晋地商人也把南方的茶叶运至新疆一带。直到今天，乌鲁木齐还有一条太原街。我们曾想去这条记录着晋地先人筚路蓝缕、艰苦创业的太原街参观拜访，但时间已不允许。这是此行的一大遗憾。也许正因为有了遗憾才会有念想，才使人们能够常常追思自己的先人是经过了怎样的艰难困苦，要有多大的毅力和精神才徒步走过了这万里之遥的漫漫长途，并创造了辉煌的业绩。其实，西域也好，新疆也好，从来就不是单一民族的生存之地。在新疆，自古就是一个多民族共同生活的地区，有维吾尔、汉、哈萨克、回、蒙、满等 13 个世居民族。就山西来看，至少在汉时即有民众来到这块神奇而又充满希望的土地。汉设西域都护府后，就从中原地区的山西、河南等地调遣汉族居民在楼兰、伊循、轮台、高昌等地实行屯垦。那时，前来者相望于道，络绎不绝。唐时，这里的汉族人口已占三分之一至二分之一之多。12 世纪，金灭辽后，耶律大石在西北地区建西辽政权，一时成为中亚强国。其中，有数万契丹人和汉人西迁。在耶律大石的队伍中，有一支燕云汉军。所谓燕、云，相当一部分即今天的晋西北一带。所以，当他一路征战来到西域后，多有晋地之民跟随。清时，政府鼓励内地民众到新疆一带通商贸易。许多人从张家口、归化经宁夏、甘肃，到乌鲁木齐、伊犁等地。其中直隶、山西的商人居多，人称

"北套客"，多有资本殷实者。所以人们常说"大贾多从北套来"。这些商人由归化等地"兴贩杂茶，领票行销"，甚至经销酒类、果品和海鲜。纪晓岚在谪居乌鲁木齐时发现，这里的内地食品非常丰富，"一切海鲜，皆由京贩至归化城，北套客转贩而至"。我不知道现在需空运的海鲜，在当时是怎样由南而京，又从归化转运至乌鲁木齐，还能够保持新鲜。也许，我们今天的智力和体力，比起先人来都退化了许多吧。

五家渠是一个新兴的城市，是新疆建设兵团六师的所在地。六师的人们对我们这些从山西来的客人非常热情，说他们这支部队与山西渊源颇深。该部的前身是曾经在山西抗战的 129 师 386 旅，曾参加过著名的"百团大战"等重要战役。电视剧《亮剑》的主人公李云龙的原型就是他们的旅长王近山，而现在的政委则是山西和顺人。1953 年，六师师部迁至五家渠时，这里只是一个有三五户人家的自然村。当时的六师猛进农场在五家渠一带开荒生产，人口逐渐增加，目前已成为新疆建设兵团范围内最具成长潜力的区域。到了五家渠，马上就可以感到她的生机和活力。这里树多、水多，人少、车少，被誉为西域水城，街道清洁，建筑宜人。我们参观了援建的中学、幼儿园，看望了山西的援建人员。据当地的同志讲，在最近的考核中，山西的资金投入和项目建设都受到了有关部门的表彰。而援建前方指挥部的同志已然成为新疆历史文化的专家。只要一有时间，他们便滔滔不绝地为我们介绍当地的历史沿革、风土人情、民俗文化，使我们感到像在听一场专业的学术讲座。他们的热情和骄傲让人感动，甚至怀疑，他们是不是已经产生了错觉，认为自己是新疆的一员？实际上，新疆许多东西和山西非常接近。比如吃饭，新疆人喜欢吃"拉条子"，而在我的故乡，这种所谓的"拉条子"叫拉面，是贵客登门时招待客人才能吃的。不同的是，山西人是喝完酒之后再吃面，而新疆人则是先吃一碗拉条子，再喝酒。新疆人爱吃羊肉，新疆的羊肉也很好吃。据说是非常的天然环保、无污染。吃一口，果然没有羊膻之气，只有一种纯香，是一种来自阳光的香。这使我想起曾经在山西最北部的右玉吃过的羊肉。新疆人最重要的食品是"馕"，而这所谓的"馕"，在山西人看来其实就是烧饼。不同的是，馕有各种各样、大大小小的样式，而在山西，烧饼大概只有几种。甚至一些地方话也有相同之处。新疆人称捆草捆的草绳为"要子"，这也使我回想起自己的故乡，也是这样的说法。哦，"要子"，这个久违了的称呼，使我想起早已淡漠了的童年。虽然身在远方，但这一切都使我感到亲切、温暖，以至于常常想，什么时候能在五家渠散淡地住几天啊！

　　其实新疆离我们并不遥远。在我们的日常生活中，有许许多多的东西与新疆有关，只是我们已经习以为常，没有感觉而已。据说葡萄是张骞出使西域时带回来的。而在山西有很多很多的葡萄产地，比如我生活的城市，就是历史上非常著名的葡萄之乡，这里出产的葡萄酒也非常有名。马可·波罗在他著名的游记中曾经介绍了从大同到晋南的所见，说这里有许多葡萄园，出产葡萄酒，以及其他各种水果。曾经，新疆的哈密瓜是我们想象中的可说而难以一见的果实。而今天，季节一到，哈密瓜已成为市场上最流行的水果。许多乐器也是从西域而来。比如琵琶，我们一直说这是我们的民族乐器，但并不是中原本土出现的，而是从西域传过来的，已经成为我们最为常见的东西。我的一个朋友就是学琵琶的，这使我对琵琶感到亲近。在悠久的昨日，从西域而来的商人、使节、游客、兵士进入内地，随着时间的流逝，融为我们生活中的一员。在我生活的太原，曾经是国际性都市。这里有许许多多的从西域而来的商人，政府为此设立了专门进行管理的官职"萨宝"。还有人在这里求学任职。唐时，在今天的灵石县，曾经有一个非常重要的地方叫"贾胡堡"，类似于今天的物流中心，是西域商人商品的集散地。据考古发现，灵石、太原等地都出土了罗马钱币。不知这些从罗马而来的钱币是中原商人带回来的，还是罗马商人带进来的。但可以肯定的是，它们是经过新疆这样的地方传进来的。山西大量的墓葬壁画和出土人俑中有许多关于西域商人、士人、武士、乐伎的内容。最著名的是虞弘墓。虞弘是传说中的"鱼国"人，但鱼国在什么地方，人们所说不同。有人认为在欧洲，更多的人说是一个今天仍然难以考证清楚的地方。但可以肯定的是在"西域"。当年的大同，那个曾经使马可·波罗惊讶赞叹的地方，在他来中国前几百年的北魏是当时真正的国际性大都会。这里聚集了大量的从西域而来的工匠、商人、艺伎、民众。巍峨的云冈石窟，其实是希腊艺术、中亚艺术与中国本土艺术的一个典型的集合体。这些难以一一尽数的关于历史、文化、人口的流动，通过今天的新疆在中原，特别是山西汇聚并融合，为这里的文化注入了新的活力和生命，并发生了新变，形成了能够进一步发展进步的文化。这种文化已经成为我们日常生活的一种常态，以至于我们以为本来就如此而难以分辨。当然，这并不能简单地认为我们愚蛮、无知。因为它们经过时间的聚合已经发生了变化，并融为一体，生成了新的属于我们自己的文化。

在写这篇文章的时候，偶然看到了王蒙的《你好，新疆》。这本书出版时已经买了回来，但是时光把它掩盖了。其中的小说和文章许多早已熟读。再次翻阅，我被王蒙笔下的新疆所感动。乐观的买买提处长、好汉子依斯麻尔、独眼伊敏、善良的穆罕默德·阿麦德……这些在作家笔下鲜活生动、有情有义的人们又重新出现在我的面前。他们，还有他们的后人今天可好吗？你们还是那样质朴、憨厚、充满热情吗？维、汉、回、蒙……虽然民族不同，但仍然是昔日那样地相亲相爱、互帮互助，和谐无间地唱着快乐而又有些忧伤的歌，跳着赛乃姆和刀郎舞，弹着热瓦甫，敲着纳合拉，在那块广袤神奇、一望无际，生长着小麦、棉花、谷子、苜蓿、葡萄、哈密瓜、香梨的土地上生活吗？你好，新疆，我在这遥远而又亲近的黄土高原祝福你！

2014 年 1 月 13 日于太原

太阳毫不羞涩地从远处的山上升起

——在那遥远的地方

飞了三四个小时，心开始惶惑起来。真的是出远门了。这里是新疆，距我所在的城市大概有 3000 公里。如果用走的话，假如一天走 50 公里，需要两个多月。但是，现代交通改变了一切。现代人也逐渐弱化了行走的功能，我们已经失去了曾经拥有的能力与本领。时间大大地缩小了距离。尽管如此，还是有些不同。独在异乡为异客？却还有很多同行的人们。西出阳关无故人？却分明是去寻访故人。

一碗盖面端上来，家的味道在每个细胞里扩散。这是正宗的新疆拉面。面是奇台的小麦磨的，它的韧性非同一般，最适合"拉"。援疆指挥部的同志立马就打电话，说太原的哪个街道上就有奇台面粉的专卖店。浇的卤菜有红色的胡萝卜丁、白色的土豆丁、绿色的油菜丁，还有最最天然的羊肉丁。在内地如太原这样的城市，已经很难吃到正宗的拉面了，因为这需要很多人工。店家们更喜欢用机器做的各种面食来对付顾客，因为这样可以减少成本。但却也因此而丧失了食物本来的感觉与味道。但是，在这遥远的地方，却吃到了心心念念的正宗拉面，仿佛又回到了自己的家乡。心，立刻就坦然起来。

相隔十万八千里，真的是很少来到这样的遥远之地。但新疆对我来说并不是一个陌生的地方。实际上，对她的牵挂关注并不因为遥远而减少。幼时，有阿凡提的故事，给了我们多少快乐，也萌发了对阿凡提生活之地的向往。后来，读了很多王蒙关于新疆生活的小说，噢，那真是一个充满了神奇、温情的地方。而后来，由于对中西文化交流的兴趣，又看到了很多历史文化的记载。假如学者们不反对的话，我生活的地方与新疆的联系还真的是千丝万缕，时时事事。

读文学史，有一首十分著名的北朝民歌，叫《敕勒歌》。它的第一句就是"敕勒川，阴山下"。敕勒，是族群名，北齐时居住在今天的山西朔州一带。敕勒川，专家注释说是在今山西、内蒙古一带。或者也可以简单地说，在北齐时期，敕勒族群居住在今山西北部朔州一带。他们所居住的地方朔州即为敕勒川，或者说，是敕勒川的一部分。而据记载，敕勒族又称赤勒、高车、铁勒、丁零、回鹘，是今维吾尔族的主要族源。唐时，回鹘助唐平安史之乱，与内地往来非常密切。他们从草原出发，千里迢迢进入中原，要从山西朔州、太原至今运城一带再过黄河，才能到了唐都长安。除了与唐的军事联盟之外，贸易是两地间最常见的活动。特别是回鹘地区的战马很受中原王朝的喜爱。朔州一带，连接草原与中原，往往成为西域之马，当然也包括回鹘地区所贩之马的中转地。这些马要在山西北部停留一段时间，以适应中原的气候和水土。故朔州从秦汉时即置马邑县，唐时设马邑郡。虽然最早是因为秦时蒙恬为驱逐匈奴在此围城养马而名，但与朔州一带长时期里是西域之马的中转地有关。伟大的唐太宗李世民在他的《饮马长城窟行》中曾说，"都尉反龙堆，将军旋马邑"，可见马邑在当时的重要。

西域，有狭义与广义之分。广义的西域，可延至中亚地区，甚或欧洲、东非，那是丝绸之路西向的终点。威尼斯、罗马，今天埃及已经消失的亚历山大城，是商人往来的重地。那样的西域，不是一个地区，而是连通东西与世界的证明。它们因为丝绸之路而互通有无，交流融合，共生共存。如果不是贪欲与私利，不是对他者的排斥与拒绝，也许历史将因西域而改写，人类将会在更大范围里形成共同体。而狭义的西域，就是我们今天的新疆。尽管西域是中华之国土，但也常常被别人觊觎。清时，准噶尔部的叛乱被平息，左宗棠从阿古柏手中收复西域，沙俄侵

262

略者也归还了伊犁。于是，"故土新归"，清政府在此建省，是为新疆省——故土新归的疆域之省。这西域就是我们的爱与痛。人们向往西域，多少曾经在内地生活的人、家庭、族群迁往这遥远的地方。多少商人、将士、使节、信徒、艺术家往来于西域与中原。他们贩运货物，传播教义，商谈协议；他们牵着骆驼，骑着战马，赶着货车；他们在沙漠中迎风面雨，夜宿朝起，千里迢迢；他们埋锅造饭，以酒当水，天地为舍；他们在这千里行走中谱写出一曲曲令人叹为观止的乐章，勾画出一幅幅令人慷慨激昂的画卷。直至今天，这历史的身影依然在我们的心中涌动。

曾经读过一本英国学者苏珊·惠特菲尔德的《丝路岁月：从历史碎片拼接出的大时代和小人物》，主要是介绍唐代有名有姓的"小人物"的丝路经历。其中的两个人与山西有关。一个是克什米尔王国的年轻佛教徒，叫楚达。他在克什米尔时曾见到了许多从五台山而来的僧人，也听到人们说五台山的许多佛事，发愿要到五台山朝圣。后来，他穿过塔里木盆地，到了当时的于阗，也就是今天的和田，再过敦煌，再到长安，又过黄河，北上至五台山。还有一位是唐之太和公主，被唐穆宗嫁与回鹘崇德可汗。太和公主和亲的路线就是从长安出发，过黄河，到太原休整，再沿黄河北岸前往回鹘。他们之所以在太原休整，除了太原是都市，有比较好的条件外，还有一个极为重要的原因就是太原建有摩尼寺。当时，回鹘信奉摩尼教。山西是连通内地与回鹘的重要通道。太原建摩尼寺，肯定与回鹘的往来频繁有关。后来回鹘败落，投降大唐求生。唐封回鹘王子为怀化郡王，赐名李思忠。其孙李彦图在唐末时从长安迁居太原。唐特置摩尼寺，用来安置李彦图。这一座摩尼寺也可以被看作是内地的最后一座摩尼寺。山西，乃是连通丝绸之路的重要地带。

不过，丝绸之路并不总是通畅的。在很多时候，它被南下的游牧族群控制，中原连接西域的道路发生了变异。为保证丝路的畅通，许许多多的将士浴血疆场。著名的边塞诗人岑参著有《走马川行奉送封大夫出师西征》《轮台歌奉送封大夫出师西征》等诗篇。岑参曾经在高仙芝的幕府中掌书记，后来又随封常清任安西、北庭节度判官。这两首诗是他为封常清破敌凯旋而作。而赏识岑参的封常清，是蒲州猗氏人，也就是今天的运城临猗人。他幼年家贫，随外祖父流放至安西，也就是今天新疆的库车，后在高仙芝军中征战，因料敌准确、杀敌英勇，终于成为安西四镇节度，后又代理北庭都护等。岑参的这些诗就是描写封常清率兵击败突厥叛军获胜之事。"将军金甲夜不脱，半夜军行戈相拨，风头如刀面如割。马毛带雪汗气蒸，五花连钱旋作冰，幕中草檄砚水凝。虏骑闻之应胆慑，料知短兵不敢接，车师西门伫献捷。"其实，像封常清这样的山西籍将士并不少见。汉时之平阳卫青、霍去病，自然人们都清楚。雁门之班超、班勇父子经营护卫西域，亦名留青史。直至今天，喀什市仍然建有班超的纪念公园。除他们之外，还有许许多多三晋将士驰骋沙场，为国而战。如汉时之太原人常惠、赵破奴，黎城人冯奉世，运城人张次公；唐时祁县人温彦博、王方翼、王忠嗣，河津人薛仁贵，闻喜人裴行俭等。"醉卧沙场君莫笑，古来征战几人回"；"但使龙城飞将在，不教胡马度阴山"；"古来青史谁不见，今见功名胜古人"。

　　除了那些不教胡马度阴山的将士醉卧沙场，征战几回外，另一些人同样值得我们敬仰。他们以异乎常人的意志行走在西域的雪山、沙漠与绿洲之中，用脚步丈量土地，用心性感受时光，并用笔墨来描绘这千里江山、万年光阴。公元 399 年，一个据记载为平阳武阳，就是今天长治襄垣的高僧法显与同伴从长安出发，开始了他的天竺之行。后来的僧人们陆续加入。他们至张掖，经河西走廊到达焉耆，再越过塔克拉玛干沙漠，到了于阗，就是今天的和田，然后翻越葱岭，经过今天的巴基斯坦、阿富汗终于到达天竺，也就是印度。之后，又穿过尼泊尔，最后抵达狮子国，就是今天的斯里兰卡，再乘船返回，前后达 14 年之久。在这一过程中，同行者或死或返或留，最后只剩法显一人。这期间，要翻越雪山，要蹚过大河，要经过荒无人烟的沙漠，要忍受风霜雪雨的侵袭，"上无飞鸟，下无走兽。遍望极目，欲求度处，则莫知所拟，唯以死人枯骨为标帜耳"。但是，他并没有退缩，没有气馁，而是一直坚持下去开西行求法之滥觞。法显撰写了《佛国记》这部极为重要的著作，这是一部罕见的古代中亚及南亚地区交通史、社会学、历史学方面的著作，对我们重建南亚历史具有十分重要的意义。

隋朝的时候，一位闻喜人叫裴矩，受到了隋炀帝的重用，他命裴矩署理突厥事务，后又掌管西域事务。裴矩在任上广结善缘，熟悉西域，受到西域各国的尊重。据记载，隋炀帝巡行至张掖，裴矩召西域数十国前来朝拜。他还根据自己了解的情况，撰写了《西域图记》，记录了西域各国的事务民情、道路交通，并配以地图画像。他还在书中记录了内地通往西域的道路，成为极其重要的历史文化与地理著作。金元时期，山西浑源人刘祁的《北使记》记录了金使者乌古孙仲端两次出使西域蒙古大营，与成吉思汗和谈的经历。其中对西域的见闻记载尤为详细，包括季节气候、民情风俗、人种性格、生产生活、动物植物等均一一尽列。而他的胞弟刘郁亦曾受元宪宗蒙哥之使，与使臣常德前往西域了解旭烈兀征讨黑衣大食的情况。他们曾到了今天的巴格达，在那里住了四年时间。刘郁因此著《西使记》。这两本著作皆为了解金元及当时西域地区历史文化的重要典籍。清时，另一位山西寿阳人祁韵士被发配至伊犁。在大约八年的时间里，他开始了对西域一带的徒步考察，终于写出了《西陲总统事略》等一系列重要著作，成为西北历史地理学的奠基之作。特别是他第一次把蒙古、西藏、新疆划入"国史"来写，意义重大。

不论是马上驰骋，抑或笔底风云，我所生活的地方与遥远的新疆总是有着这样那样的牵连，或在历史的长河中隐隐而现，或在人们的口传笔录中闪闪发光，或者竟成为文人骚客的素材不断演绎，传诵天下。如此说来，地处中原的山西与地处西域的新疆，历来就有着说不清、割不断的联系。这种联系，不是文人的触景生情，而是基于历史与文化的血脉相连。它是我们内心世界久久不能释然的深重情结，是一种难舍难分的气息相通。那个遥远的却又是时时刻刻不能忘怀的西域，那个有着广袤的田野、丰富的矿藏，生长着鲜花、绿草，流淌着雪山之水与地底河流的新疆，那些与我的族人曾经共同生活在同一片蓝天、白云之下，唱着悠扬的曲调，又会跳不同于家乡的舞蹈的人们，我们本来就有着那样的联系与亲密，有着那样的血与火的遭遇，那样的共同的兴与衰的命运。我终于知道，自己为什么会惶惑，为什么会忐忑，又为什么会在一顿盖面之后就获得了一种回家的释然。

即使是今天，人们依然会津津乐道于新疆与山西的联系。五家渠，新疆建设兵团六师所在地。其有光荣的传统，有辉煌的过去。抗日战争时期，该部的前身曾经在太行山抗敌，是为王近山所部。这里的人们以此为骄傲。他们的战绩被写进了各种史传之中。他们谈起自己的前辈，脸上总是流露出发自内心的光彩——这使他们充满了自信与自豪。那个水多、树多，街道宽阔的城市，曾经是一片泥沼地。当年的解放大军在一声令下之后，就开赴这荒凉的地方。但是，今天他们把这里建设成为一处现代化城市。在展览馆的墙上挂着一幅照片，其中的师长豪迈地用手指向前方。这是一支英雄的军队，是一支不怕困难，也从来没有困难能够难倒他们的军队。他们战无不胜，攻无不克，勇往直前，只知道获取胜利。他们把地窝子当家，把泥沼当敌人，把铁锹与平车当武器，把胜利当使命。一代又一代的兵团人战斗在这里，创造在这里，并且胜利在这里。"山西的干部是好干部，人好，吃苦，能用"，师政委的话好像是一场大战之后的总结，语气慷慨，句短情长。"希望你们能留下来，欢迎你们，兵团就是你们的家"。是的，援疆干部已经换了好几茬。在新疆期间，是他们一生中最难忘的时光。他们有自己的父母，有自己的妻子，有自己的工作，但是，他们还有新疆，有五家渠，有昌吉，有阜康，有需要六个多小时才能到达的北塔山，还有自己的学生，自己的病患，自己的"亲戚"，自己的项目，自己深潜内心却不愿明说的责任。站在大街上，他们和我们一样，普普通通，再平凡不过。但在那些普普通通之后，又有些不同——一种人们察觉不到的，难以言说的不同。他们是一些能够像自己的先人那样醉卧沙场的人，是一些能够坚持14年做好一件事的人，是一些能够用脚来丈量土地的人。他们并不炫耀自己的行为，事实上也不太好说，因为都是一些琐琐碎碎的日常之事。只是他们长时间不能回家；只是他们常常工作到天色微亮；只是他们常年在火车、汽车、飞机上来往；只是他们讲好了每一节课，看好了一个又一个生病的人们；只是他们要到一个本来非常陌生、语言不同、生活习惯相异的"亲戚"家中，与他们一起吃馕，一起收麦，一起拉家常，并悄悄地把自己的工资拿出来，给亲戚家的孩子们买上衣服、笔墨、书包，或者取暖的煤炭等等。确实，他们普通得很，就像绿洲中的一片树叶，在大地上随风而动，装点这越来越绿的江山。

飞机再一次飞翔在空中。看着远离的城市，戈壁进入了眼帘。那些戈壁，真的是千变万化，一会儿是黑色的，坚硬如铁；一会儿就变成了蓝色，波澜壮阔；又一会儿，突然就变成金色，瑰丽壮观。太阳毫不羞涩地从远处的山上升起，并闪射着耀眼的光芒，仿佛要用自己最强烈的光照亮这高远的山水与土地。

（2019年6月，山西省作家协会与山西省援疆前方指挥部联合组织20余位作家赴新疆昌吉市、阜康市、五家渠市及其所属单位进行采访创作。其间，大家对山西援疆的有关同志进行了细致采访，并考察了他们工作生活所在地，接触了当地的干部职工，了解了这些援疆同志的工作生活状况。返并之后，大家又根据情况进行了后续采访，创作了这些反映山西援疆工作的报告文学作品。这期间还与当地文联、作协的同志们进行了交流，在兵团作协召开了座谈会，参观了兵团展览馆等。由于事务繁忙，先期返并，我本人没有承担采访任务，只是在昌吉与五家渠为两所学校进行了公益讲座。现在，这些作品就要与大家见面了，需要我写一个序。但在阅读他们的作品后感慨良多，以为一般的序无法表达我的所思所想，便写成了这个样子，权以为"代序"。感谢援疆前方指挥部的同志们，感谢所有为我们的采访与交流提供支持的同志们，感谢那些远离家乡而勤勤恳恳地工作在援疆前线的战友们。你们是我们的骄傲！）

2019 年 12 月 29 日于并州

在安泽，想象炎帝神农氏……

车在太岳山上盘旋回还，一会儿爬上一个并不知名的山峰，有一览众山之态；一会儿又进入谷底，需仰望才见天空。通往安泽的公路上，往来车辆你挤我拥，汽笛声凌乱，很不适应。据说，再过几个月这里将通高速。那时，人们就不再需要在这拥挤的普通公路上走走停停了。高速公路将改变人们的时间与空间，以及心情。

不过，这太行山脉的深处，还是有很多让人新奇的地方。漫山遍野的绿，这在那些交通发达的地区还是少见的，更何况空气是格外的好。山高水深，地处偏远，土地与庄稼就成为这里最主要的存在。有农人在地里不知道干什么。四月的太行山，谷雨将到的季节，正是肆虐了一季的寒潮将要消退，气温快速回升的日子。那些被农人们埋在地里的种子，正期盼着雨水的滋润，为日后的生长储存足够的水分。天，真的是晴空万里，也因此而感到更加空旷、辽远、无际。

太阳落山的时候，终于来到了安泽县城。沁水穿城而过，将其分割成东西两部。这县城并不大，门脸可能在平坦大街上，而进了门，可能就在山脚下了。山，是这方水土的主要象征。没有了山，也就没有了这里的人，没有了这里的历史与生活。直至今天，这里仍然是一处开发不足而原生态浓郁的所在。之前没有来过安泽，对其也所知不多。如果说知道一点东西的话，就是这里是荀子的故里。但令我吃惊的是，据史籍记载，这里还是炎帝建伊氏国之地，是冀国之故地……很多传说及史籍

基于历史的想象

中的记载均与今天的安泽有关。无疑，安泽是一处历史文化重地，与中华民族的生成、发展密切相关。

当然了，如果说黄河是中华民族的母亲河，太行山就是中华民族的父亲山。在这崇山峻岭中，孕育了许许多多的生命，以及由这些生命创造的文化。没有了太行山，他们就没有了生存的土地。而这土地，纯朴、厚重、绵长，正是呵护人类生命的襁褓。炎帝，自然是这土地上最具标志性的象征。

关于神农氏炎帝，各家所说不同。但就我所掌握的资料而言，更大的可能性应该是，山西上党一带是这一部族活动的重要地区。这一点不仅从众多的史料中可以找到记载，也能从上党一带流传的民间传说及神话中找到证明。更主要的是，考古发现了太行山一带关于农业生产的遗存，证明以粟作为代表的北方农业发源于太行山地区。这已成为学界的共识。而炎帝，正是中国传统农业形成的开创性人物。他活动的时期，与这些考古发现的时代大致吻合，那就是距今 7000 年左右的历史时期。

大约 7000 年前的时候，原始农业已经得到了发展。人们能够耕种土地，并饲养家畜。受气候变化的影响，冰川融化，海平面上涨。人们从较低的地区转移至丘陵与高山地带，寻找适宜的生存之地。据记载，炎帝生于"姜水"。而这"姜水"，并不是陕西宝鸡一带的姜水。宝鸡的姜水是一处晚出的地名，与炎帝生活的时代并不相符。炎帝所生的"姜水"，乃是太行山地区的"姜水"，亦称"绛水"或"漳水"。历史也许是这样的。炎帝，当时的人们是怎样称呼他呢？在他刚刚出生的时候，肯定不是叫"炎帝"，当然也不可能是"神农氏"。炎帝生于太行山一带的"姜水"流域。大概是随着海岸线的上升，他所生活的地带逐渐被水淹没。于是，神农氏部族的人们开始寻找适宜的生存之处，从"姜水"之地往地势更高的山地迁徙。一路跋涉，来到了今天的安泽一带。这里山势巍峨，树木丛生，正是绝好的生存之地。当然，那一时期，人们还没有"安泽"的概念，很可能是来到了"伊氏"部族生存的地区。他们与伊氏部族之间的融合，更大的可能性是炎帝部族掌握有相对先进的农业生产技术，而居住在高山地区的伊氏部族在接受了他们的技术之后，也接纳了这一族群，并融合为同一部族。这一部族逐渐发展壮大，人口越来越多。他们在共同的劳动生产中形成了统一的价值形态——对农业、农耕的认可，以及对自然的认知，及其信仰、礼仪与社会形态。品德更为高尚、具有更多智慧的神农氏炎帝成为受众人拥戴的首领。伊氏国在太行山系的太岳山深处形成了。

不知道那时的神农氏炎帝部族具体的生产生活状况是怎样的，但是母系对族群的统治已经完结，父系社会已经形成，人们有了大致的分工。主要是从事管理与生产的人开始分化。炎帝自然是管理者，但他仍然是劳动者。有一些人主要负责祭祀、技术等方面的工作，而另一些人则从事狩猎与农耕。为了掌握农业生产的规律，炎帝族人已经开始在高山之顶测量太阳运行的规律。但可以肯定地说，这种测量的结果还比较初级，对一年四季 360 天的循环运行还缺乏科学的认知。他们进行生产的工具仍然是石器，但是陶器已经出现，最典型的就是小口尖底瓶。陶器的出现使当时的人们能够到较远的地方取水。渔猎仍然是最重要的劳动，因为大水漫延，其中生活着丰富的水族生物。而在高山密林中，有很多动物生存，它们似乎是为了这里的人们而存在。这一时期，农业的复杂性还难以掌握。天的意图并不明确，还没有达到靠天吃饭的层次，而是靠运气吃饭。大山之侧是浩荡的大水，部族中那些勇敢的人们抱着树干在水中往来。但是这很不方便，尤其是不能把更多的果实运回驻地。还有一些灵巧的人们用葫芦系在身上，更便捷地在水中来来往往。伊氏物产就这样慢慢丰富起来。炎帝让人们在日至午时把各自多余的东西带到市场交换。这里的人口越来越多，一些邻近的部族前来投靠。炎帝不忍心驱赶他们，他们也是生灵。但是，伊氏地窄人稠，能够猎获的动物越来越少，能够耕种的土地也显得捉襟见肘。炎帝便开始在伊氏国的四周寻找能够种植的谷物与土地，但这并不容易。洪水漫漫，烟波浩

271

渺，只有在很高的地方才有土地。但是，他们并不能把这些土地上的树木、植物全部砍伐掉。因为这样的话，那些动物们就不会来了。

女儿女娲知道父亲的焦虑，她长途跋涉，来到地的尽头、水的边缘——发鸠山上，用土石填海。但是，这并不是一时一刻就可以完成的。洪水浩漫，一望无际。但是女娲并不气馁，她一刻不停地劳作着，终于累得昏死过去，化为一种叫做精卫的飞鸟，鸣叫着在四方盘旋。她想让更多的人来填海，想让天知道人间的艰难。炎帝的儿子则四处寻找能够食用的果实。一天，他吃了一种后来人们称之为"豆子"的东西。他想尝一尝这种果实能不能吃。谁知这一尝就中了毒，以至于他的身体再也直不起来。炎帝拿着豆子琢磨良久，用石刀从中辟开，一丝汁液从豆中流出。炎帝又把这劈开的豆子种到地里。一段时间后，这豆子竟然长出了幼苗，又开了花，结了果。他的儿子抢先吃了这果实，感到一股淡淡的腥甜。炎帝便让人们四处寻找这样的果实，用石刀劈开种在地里。但是，有的人劈得太过力，豆子裂成两半，不能生长。有的时候，不知为什么，刚刚种下，还没有发芽，天气突然变得寒冷，这豆子也就生长不出来了。

炎帝也带了人四处寻找，他甚至与十来个年轻人披挂了葫芦，渡过了几道河水，又翻过几座大山，真正是一路上跋山涉水。渴了，就地饮用河水；饿了，就采摘树上的果实。日落日升，也不知道行走了多长时间，终于到了一个被后人叫做"古谷城"的地方。这就是今天的隰县合桑村。他们把这里的豆子等果实带回伊氏，加工后种植。他们又到了一个叫做"耆"的地方，在伊氏之东北，就是今天的黎城一带。炎帝把种植谷物的技术教给他们，这里的人很快就掌握了，逐渐变得富裕起来。炎帝曾经与耆氏的首领商量，能否把伊氏的人迁徙一些过来。但是这位首领不太愿意，因为他们的土地也很有限。炎帝只好继续往南寻找，来到一个被人称为"泫氏"的地方，也就是今天的高平。这里有山连绵，有水浩荡，有地延展。四面群山环抱，中部土高水平。炎帝感

272

叹道，有土可居，有水可生，有麻可衣，有桑可种，地高且平，生民可凭。真是一处上好之地！

可是耆氏传来话说，他们希望伊氏民众迁徙过来，因为要回报伊氏人教民稼穑之恩。他们可以一起寻找新的土地来养育生民。炎帝与国中有德望的人士讨论，感到还是先迁徙至耆氏比较方便，或者将来可以再向泫氏迁移。这想法一旦定下来，就选择春祭后先行迁徙部分族人前往耆氏。

又是一个好晴天，阳婆早早地挂在半空。最后一场寒潮已经消退，风吹在脸上暖洋洋的。年轻人们挂着葫芦从深水里抓回了好多鱼。一大捧谷子已经放在树干凿成的盆中，用水泡上。有人用烧红的石子放在这盆里，水立刻沸腾起来。石子的温度降下来后，又有人继续放入烧红的石子，那谷粒渐渐发胀变熟。盛着发酵的果实汁液的小口尖底瓶已经摆成两排，人们将把这些佳酿分到瓷壶中一饮而尽。场地的中央已经燃起了一堆圣火，烈烈生辉，烟气直上天空。耆氏来迎接的队伍也围坐在四周。

273

炎帝换下了自己常年披挂的兽皮，穿上妻子缝制的麻布袍。这麻布袍时间太久，袖口已经磨出了丝丝缕缕的线头。不过，看起来还是很庄严体面的。日至头顶，祭师击打石磬，发出啪啪啪—啪啪的乐声。族人开始静下来，匍匐在圣火的四周。炎帝站立中央，吟诵道：

土反其宅！

水归其壑！

昆虫毋作！

草木归其泽！

土反其宅！

水归其壑！

昆虫毋作！

基于历史的想象

丰年若土，岁取千百！

伊氏有国，

厚土爱民。

今往耆地，

修德远人！

德相共分，运相通。

伊耆氏分，尚纮昭明！

载歌载舞中，族人开始了行走。他们一会儿爬上一个并不知名的山峰，有一览众山之态；一会儿又进入谷底，需仰望才见天空。漫山遍野的绿，空气是格外的好。四月的太行山，谷雨将到的季节，正是肆虐了一季的寒潮将要消退，气温快速回升的日子。那些被农人们埋在地里的种子，正期盼着雨水的滋润，为日后的生长储存足够的水分。天，真的是晴空万里，也因此而感到更加空旷、辽远、无际。

（注：史料主要依据《溯源炎帝初国伊》，高成锁主编、高剑峰执行主编，三晋出版社出版；《安泽地域文化通览》，高凌飞、李丽蓉著，临汾市三晋文化研究会、安泽县三晋文化研究会印制。）

2018 年 6 月 4 日于并州劲松